大学生军事理论教程

主　编　宋晓文　杨云山
副主编　易良春　杜贵芳　刘　军
　　　　赖洁辉　贺　忠　钟晓春

合肥工业大学出版社

CONTENTS 目录

军事理论篇

军事技能篇

1

军 事 理 论 篇

第一章　中国国防

从古至今，国无防不立，民无兵不安。作为一个国家、一个民族，最重要的无非两件大事，一个是发展问题，一个是安全问题。国防是人类社会发展与安全需要的产物，它是关系到国家和民族生死存亡、荣辱兴衰的根本大计。作为中华民族的一员，关注国防、了解国防、建设国防，是我们义不容辞的责任。

第一节　国防概述

一、国防的含义和要素

（一）国防的含义

国防是指国家为防备和抵抗侵略，制止武装颠覆，保卫国家的主权、统一、领土完整和安全所进行的军事活动以及与军事有关的政治、经济、外交、科技和教育等方面的活动。

（二）国防基本要素

1. 国防的主体

国防的主体，是指国防活动的实行者，通常指国家。任何国家，从其诞生之日起就要固国强边，防备和抵御各种外来侵略，以保障国家安全，维系国家生存，谋求国家发展。和平时期，人们容易产生一个极其错误的想法，认为国防只是军队的事情，与其他人、其他部门关系不大。其实，军队只是国家工具的一部分，国防的职能绝不仅仅由军队单独承担。国防建设的主体是国家，一切国家机构都应当按照有关法律、法规的要求，履行其职责，每一位公民也必须依照法律规定自觉履行公民的国防义务。国家以立法的形式，对国防行为进行保护和规范，也只有通过国家、依靠全民，才能完成真正意义上的国防行为。可见，国家是国防的基础，国防是国家的保障。两者互为一体，密不可分。

2. 国防的目的

国防的目的是保卫国家的主权、统一、领土完整和安全。它包含三方面的内容：一是捍卫国家的主权。国家主权不可分割，主权是国家存在的根本标志。如果一个国家的主权被剥夺，其他一切，包括国家的独立、领土的完整、传统的生活方式、基本的政治制度、社会准则和国家荣誉等都无从谈起了。因此，捍卫国家主权，是国防的首要目的和任务。二是保卫国家统一、领土完整。国家的统一是指国家由一个中央政府对领土内一切居民和事务行使完整的管辖权，不允许另立政府或分割国家的管辖权。从国际法角度说，保卫国家的统一，反对分裂，历来是国家的内部事务，不允许外国干涉。领土完整是指凡属本国领土，决不能丢失、决不允许被分裂、肢解和侵占。领土既是国家行使主权的空间，又是国家主权行使的对象。三是维护国家的安全和稳定。国家要正常地生存与发展，必须有一个和平安全的外部环境和稳定的内部环境。如果一个国家没有和平、稳定的环境，不仅难以建设和发展，甚至连生存也会受到威胁。因此，维护国家安全与稳定，国防就必须履行自己的职能，抵御和挫败外来的侵略和颠覆，确保国家的和平与稳定；当国内敌对分子勾结外国敌对势力进行武装暴乱，危及国家安全与稳定时，国防力量就要采取一切措施，坚决制止与平息，保卫国家的安全和稳定。

3. 国防的对象

国防的对象，就是指国防所要防备、抵抗和制止的行为，即"侵略"和"武装颠覆"。侵略，包括武装侵略和非武装侵略，武装侵略是指战争状态的侵略行为，对付武装侵略，国防行为使用战争手段进行制止。非武装侵略，是指运用各种经济、外交等手段进行的侵略行为，对付非武装侵略，国防行为则相应使用非战争手段。武装颠覆，是指颠覆国家政权、推翻社会主义制度的武装叛乱或者武装暴乱，这些武装叛乱、武装暴乱，对国家主权、统一、领土完整和安全以及对我们的社会主义制度都构成严重威胁。

4. 国防的手段

国防的手段，是为达到国防目的而采取的方法和措施。面对对国家利益的各种形式的侵犯、威胁和危害最大的是武装侵犯，因此军事手段始终是主要手段，但又不是唯一手段，军事活动以及与军事有关的政治、经济、外交、科技、教育等方面的活动共同构成国防的整体，战时以军事手段为主，和平时以威慑为主，使平时的国防建设能量有节制地释放，达到"不战而屈人之兵"的最佳战略效果。

（1）军事手段。军事手段是国防的主要手段，现代国防的根本职能是捍卫国家利益，防备和抵御各种形式和不同程度的侵犯，防备和平息内部和外部敌对势力相互勾结所发动的武装暴乱。对付武装入侵和武装暴乱最根本的及最有效的手段就是军事手段。

（2）政治手段。政治手段是国防的主要手段之一，指的是"与军事有关的"政治活动。政治对国防起着决定性的支配作用：国家的政治需要决定着国防的根本性质和类型；国家的政治指导思想和路线决定着国防的方向、方针和原则；国家的政治制度决定国防的根本制度；国家的政治素质制约国防的客观效应。其中，构成国防手段的政治活动主要是政治制度、政治思想工作、政治宣传等。

（3）经济手段。经济是国家的物质基础，社会经济制度决定国防活动的性质，社会经济状况决定国防建设的水平。在现代条件下，无论是国防建设还是国防斗争，都要广泛采取经济手段，如国防经济活动、经济动员、经济战、经济制裁等。

（4）外交手段。国防外交主要是指国家与国家之间为了国防目的而展开的外交领域的活动。它涉及军事政治关系、军队关系、军事战略关系、军事科技关系和军事经济关系等，它们都不是孤立的，而是有机联系的。具体可划分为：军事双边往来、多边军事交往、非官方军事交往、军事科技交流和军事合作、军事结盟、军事援助、军事经济合作、边防管理等。

另外，与军事活动相关的科技、教育等也是国防的重要手段。

二、国防的基本类型

国防的类型是由国家的性质决定的，不同社会制度的国家其国防性质也不同。按军事战略和国防建设的目标，可分为扩张型国防和防御型国防；按国防力量的构成方式，可分为自卫型国防、中立型国防和联盟型国防。

（一）扩张型

该类国家奉行霸权主义政策，它们以国家安全和防务需要为幌子，将其疆域以外的国家和地区纳入本国的势力范围，对别国进行侵略、颠覆和渗透。如美国为了扩张在世界各地建立了上百个军事基地，在全球各地实行军事力量前沿存在的国防，以维护美国的利益，同时对他国进行侵犯和干涉。

（二）自卫防御型

该类国家以防止外敌侵略为目的，在国防建设上主要依靠本国力量，广泛争取国际上的同情和支持，以达到维护本国的安全、周边地区和世界的和平与稳定。我国的社会制度、国家利益决定了我国是自卫型的国防。

（三）中立型

该类国家主要是中小发达国家，为了保障本国的发展和安全，严守和平中立的国防政策，制定总体防御战略和寓兵于民的防御体系。其中一些国家采取全民防卫式的武装中立，如瑞士、瑞典，是全民皆兵的国防。也有采取完全不设防方式的国家，如圣马力诺，是一个无军队的国家，不实行义务兵役制，只有少数宪兵、警察和民兵用于国内安全、治安和执法。

（四）联盟型

该类国家为弥补自身力量的不足，以结盟的形式联合相关国家进行防卫。联盟型国防又分为两种：一种是一元体联盟；另一种是多元体联盟。

三、现代国防的基本特征

现代国防即社会国防、大国防、全民国防，它是对传统国防内容、对象、手段的继承和发展，是一种全新的观念和国防实践活动，其基本特征主要有几个方面：

（一）现代国防是国家综合国力的体现

现代国防的主体是军事力量，但它还包括与国防相关的非军事力量，如政治、经济、外交、科技、文化，等等。此外，它不仅依赖于国家的现实实力，而且还依赖于国家的潜力以及将潜力转化为现实实力的能力，诸如国土面积、地理位置、自然资源、生产能力、人口数量和质量、科技和文化水平、交通运输、通信状况、国家政策、管理能力、国际关系和国际地位等。如何充分运用本国所具有的各种条件，并在战时尽快而有效地使其转化为战争能力，是一个国家综合国力强弱的重要体现。

（二）与国家安全和发展紧密相连

从古至今，战争和军事就与国家的安危联系在一起。现代国防的出现，把国家的安全和发展联系得更加紧密了，国防已不单是军队的事，它渗透于国家的各个领域、各行各业，贯穿于平时和战时的全过程，成为党政军民的共同大事。它不仅是为了打赢战争，也是为了制约战争，防止战争，推迟战争，维护和平。国家安全需要加强国防来捍卫，国家建设和发展同样需要加强国防来保障。

（三）现代国防既是一种国家行为又是一种国际行为

一个国家想要持续发展，重要条件之一是巩固国防。国防巩固，政府才能集中精力制定正确的政策，才能调动一切人力物力进行经济建设，人民也才能安居乐业。然而，经济全球化的发展趋势，使得国家的发展离不开国际环境，世界的和平与战争、经济的繁荣与衰退，都是一个国家持续发展的相关因素，也涉及国防的方方面面。世界尤其是周边国家局势动荡，该国就得在国防方面给予更多的关注，如果他国武力相加，该国就必须进行国防动员，以迎接外来挑战。可见，现代国防作为一种国家基本行为的同时，也日益成为一种国际行为。

（四）具有多层次的目标

国际政治、经济在现代国防上打下的烙印越来越深刻。由于各国的国家利益不同，特别是经济利益不同，因此，所制定的战略也各有千秋，再加上各国军事实力和综合国力的差异，就使得现代国防呈现出多层次的目标体系。

第二节　中华人民共和国国防建设

从 1949 年中华人民共和国成立至今，中共中央和中央政府都十分重视加强国防建设，中华人民共和国国防建设取得了举世瞩目的巨大成就，中华人民共和国国防斗争取得了伟大而辉煌的胜利。经过 60 多年的努力，中华人民共和国在政治上独立，经济上迅速发展，综合国力不断增强，以一个负责任大国的形象屹立于世界。

一、中华人民共和国国防发展历程

1949 年，中华人民共和国成立后，国防建设取得了举世瞩目的成就。中华人民共和国国防大体经历了四个发展时期：

一是初创时期（1949 年底—1953 年）。这一时期中华人民共和国的主要任务是外御侵略，内治创伤，振兴民族经济。依据国防的需要，我们建设了强大的国防军。主要完成三大国防任务：解放祖国大陆和大部分沿海岛屿，奠定了国内安定局面；取得抗美援朝战争胜利；消除了国外势力对我国安全的直接威胁：人民解放军正规化建设开始全面起步，逐步完成从单一陆军向诸军兵种全面建设的过渡。

二是全面建设时期（1953年底—1966年）。在这个时期，蒋介石在美国的支持下，策划反攻大陆。苏联单方面撕毁合同，逼迫我国还债。内困外压，使我们倍感强大国防的重要性，因此我国加快了国防现代化建设的步伐。我国的国防建设突飞猛进，初步形成了具有中国特色的国防体系。中央制定了"积极防御"的战略方针，开始实施我国国防现代化的重大战略措施。军队全面展开革命化、现代化、正规化建设，在现代条件下，合同作战能力基本形成。国防科技工业体系初步建立，常规武器基本实现国产化，某些领域已经接近当时的世界先进水平，并成功地爆炸了我国第一颗原子弹。全军加强战备，保卫边防，捍卫了祖国领土的完整。

三是曲折中发展时期（1966年5月—1978年）。在"文化大革命"中，国防和军队建设遭到了严重的干扰和破坏，军队正常的教育训练受到严重冲击。但军队基本保持稳定，顶住了国际霸权主义的压力。国防尖端技术在困难中长足发展，成功地进行了导弹核武器试验和地下核试验，且第一颗氢弹爆炸成功，第一颗人造卫星发射成功，极大地增强了国防实力。

四是现代化建设新时期（1978年12月至今）。中国共产党的十一届三中全会确立了全党的工作中心和国防建设指导思想实行战略转变，国防建设步入了快速发展轨道，进入了一个新的历史时期。1985年，国防和军队建设从立足于"早打、大打、打核战争"的临战状态转变到和平时期建设的轨道。1993年，中央军委确立了"打赢高技术条件下的局部战争"的新时期军事战略方针。1995年，提出了实现由应付一般条件下的局部战争，向打赢现代技术特别是高技术条件下的局部战争转变；由数量规模型向质量效能型、由人力密集型向科技密集型转变的战略思想。坚持质量建军，走精兵之路，实施科教强军战略，极大地提高了打赢高技术局部战争的能力。

1997年和1999年中国人民解放军分别进驻香港和澳门，标志着中国政府对这两个地区恢复行使主权，从而洗刷了百年的耻辱。

中国数千年的国防历史，给予我们许许多多的告诫和启迪。主要有以下几个方面：

第一，经济发展是国防强大的基础。经济是国防的物质基础，国防的强大依赖于经济的发展。早在春秋时期齐国的政治家管仲就提出"富国强兵"的思想。我国古代凡是有作为的政治家、军事家和王朝，无不强调富国强兵。秦以后的汉、唐、明、清各代前期国防的强盛，都是与民休养生息、发展经济的结果；与此相反，以上各朝代的衰败，也都由于经济的衰落导致政治腐败和国防羸弱所至。无数历史史实证明：经济发展是国防强大的基础。

第二，政治开明是国防巩固的根本。政治与国防紧密相关，国家的政治是否开明，制度是否进步，直接关系到国防能否巩固，良好的政治是固国强兵的根本。纵观我国数千年的国防史，不难发现，凡是兴盛的时期和朝代，都十分注意修明政治，实行较为开明的治国之策。原本西陲小国的秦国，从商鞅变法开始，修政治，明法度，发展生产，繁荣经济，国防日渐强大，为吞并六国奠定了坚实的基础；大唐初建之时，满目疮痍，百废待兴，正是由于制定并实施了一系列开明的政治制度，使国家很快从隋末的战争废墟中恢复过来，很快成为国力昌盛、空前统一的大唐帝国。凡是衰落的时期和朝代，无不因为政治腐败导致国防虚弱。唐朝中期以后，两宋乃至于晚清都是如此。

第三，国家的统一和民族的团结是国防强大的关键。翻开几千年的国防史，人们都会发现这样的一个规律：凡是国家统一、民族团结的时期，国防就巩固、就强大；凡是国家分裂、民族矛盾尖锐的时期，国防就虚弱、就颓废。晚清时期，在西方列强的进攻面前，旧中国不仅不敢发动反侵略战争，不依靠、不支持人民群众进行战争，反而认为"患不在外而在内"、"防民甚于防火"；对人民群众自发组织的反侵略斗争实行残酷的镇压，最终造成对外作战中屡战屡败，割地赔款，逐步沦为半殖民地半封建社会。

二、中华人民共和国国防建设成就

中华人民共和国成立60多年来，我国的国防建设取得了辉煌的成就，主要表现在以下三个方面：

（一）铸造了一支现代化的合成军队

我军从人员数量由庞大型向质量强大型跨越，由单一军种发展成为诸军兵种合成的强大军队，大大提高了现代条件下的合成作战能力。并且高技术军兵种已成为我军战斗力的骨干力量。如今陆军的装甲兵、炮兵、陆军航空兵等技术兵种已占70%。

海军已发展成为拥有水下潜艇、水面舰艇、航空兵、陆战队、岸防部队五大兵种在内的军种，成为海上的精锐之师，具备现代海上综合作战能力，也可协同其他军种进行海上作战。空军已拥有航空兵、空降兵、地面防空兵、雷达兵等诸多兵种，具备较强的空中攻防作战能力。在全国范围内，构成了航空兵和地面诸兵种合成的完整防空体系。

火箭军（前身为第二炮兵）是我军的一个新军种，起步虽慢但发展很快，已形成了能独立或协同其他军种对敌实施自卫核反击和纵深常规打击能力。特别是核潜艇导弹和车载式机动洲际导弹的发射成功，标志着我国具有机动、隐蔽的二次核打击能力。

（二）形成了综合的国防工业和国防科研体系

我国已成为世界上少数几个能独立研制和发射人造卫星的国家，是世界上第三个掌握卫星回收技术的国家。我国已成功研制和发射了几十颗人造卫星，且长征运载火箭已形成比较完整的系列，成功地发射了几十颗国内外卫星。"神舟"一号宇宙飞船的发射成功和顺利返回，直到"神七"成功完成中国人首次太空行走。我国在航天领域有了实质性的飞跃。

航空工业，从1956年10月的第一架喷气式歼击机研制成功起，已累计研制生产了包括歼击机在内的各种军用飞机以及多种民用飞机。国防工业各领域的发展和取得的成绩充分说明我国国防科研体系的成熟，不仅具备较强的设计能力，而且具有综合研制能力。

船舶工业，为中国海军设计建造了各类舰艇、辅助船舶达100余万吨；现在，为保卫我蓝色国土，将建造出我们自己的航母。

中国正在加快国防科技工业改革创新，推进军工企业战略性结构调整、专业化重组，提高武器装备研制的自主创新能力，努力构建军民结合、寓军于民的国防科技工业新体系。

（三）建立了比较完善的国防动员体制

改革开放以来，在提高综合国力的同时，健全了国防动员机构。我国于1995年成立了战争动员委员会，下设兵员动员、经济动员等4个办公室，负责指导、协调全国的后备力量建设和动员工作，保证国家在一旦发生战争的紧急情况下，能很快地由平时状态转入战时状态，调动足够的人力、财力、物力应付战争的需要。

我国国防后备力量建设，经过一系列的调整改革，实现了指导思想的战略性转变，走上了在相对和平时期稳步发展的轨道，确立并实行了民兵与预备役相结合的制度，初步形成了具有中国特色的国防后备力量体系。民兵、预备役部队在参战支前、保卫边疆、发展生产、扶贫帮困、抢险救灾、维护社会治安等方面发挥了重要作用，为国家的改革、发展和稳定做出了巨大的贡献。

此外，我国在边防、海防建设方面也取得突破性进展，在国际安全合作方面做出了巨大的贡献。

第三节　国防政策

中国始终把维护国家的主权、统一、领土完整和安全放在第一位。1840年鸦片战争以后，中国逐渐变成半殖民地半封建国家，中华民族屡遭帝国主义列强的侵略、压迫和欺凌。中国人民经过长期前赴后继的英勇奋斗才取得国家独立和民族解放，因而极为珍惜来之不易的独立自主。保卫祖国，抵抗侵略，维护统一，反对分裂，是中国国防政策的出发点和立足点。

中国的发展需要一个长期的国际和平环境，特别是良好的周边环境。中国始终不渝地奉行独立自主的和平外交政策，主张从中国人民和世界人民的根本利益出发来处理国际事务，不同任何大国或国家集团结盟；主张通过协商和平解决国家间的纠纷和争端，反对诉诸武力或以武力相威胁，反对霸权主义和强权政治；主张在和平共处五项原则的基础上，建立公正合理的国际政治经济新秩序，同所有国家发展友好合作关系。中国永远是维护世界和平及地区稳定的重要力量，中国即使将来强大了，也坚决不走对外侵略扩张的道路。中国实行防御性的国防政策，这源于我国的历史文化传统。中国是一个有着五千年文明历史的古国，有爱好和平的传统。中国古代思想家曾提出过"亲仁善邻"的思想，反映了自古以来中国人民就希望天下太平、同各国人民友好相处。这种思想表现在军事上，就是主张用非军事手段来解决争端、慎重对待战争和战略上后发制人。在几千年的历史进程中，爱和平、重防御、求统一、促进民族团结、共御外侮，始终是中国国防观念的主题。中华人民共和国的国防政策，继承和发扬了我国优良的历史文化传统。

国防政策，是国家在一定时期所制定的关于国防建设和国防斗争的行动准则。我国的国防政策是在坚持中国共产党和国家对国防活动的统一领导的基础上，从维护国家安全和发展利益的需要出发，依据宪法和法律，着眼国际安全形势的特点和发展变化，立足于我国的政治、经济、军事、科技、文化、地理等方面的客观实际，在科学总结中国革命战争和国防建设历史经验的基础上制定的，对国防建设和军事斗争具有全面的指导作用。它包括以下主要内容：

一、维护国家安全统一，保障国家经济发展

我国坚持走和平发展的道路，奉行防御性的国防政策。我国国防的基本目标是：维护国家安全统一，保障国家经济发展，建立符合中国国情和适应世界军事发展趋势的现代化国防。坚持科学统筹发展，运用多元化手段应对传统和非传统安全威胁，防范和打击一切恐怖主义、分裂主义和极端主义，谋求国家政治、经济、军事和社会的综合安全。

巩固国防，防备和抵抗侵略。建立强大巩固的国防是我国现代化建设的战略任务，是维护国家安全统一和保证实现全面建设小康社会目标的重要前提。在霸权主义、强权政治和多种威胁依然存在并有新的发展的情况下，我国保持与国家安全需求相适应的国防力量，增强运用军事手段捍卫国家主权的能力，确保领海、领空和边境不受侵犯，为维护国家发展的重要战略机遇提供坚强的安全保障，为维护国家利益提供有力的战略支撑。

制止分裂，维护国家统一。我国政府始终如一地坚持一个中国原则，积极推进祖国和平统一，坚决反对和遏制"台独"分裂势力及其活动，反对任何形式的外来干涉，绝不允许任何人以任何方式把台湾从中国分裂出去。如果台湾当局铤而走险，胆敢制造重大"台独"事件，我国人民和武装力量将不惜一切代价，坚决彻底地粉碎"台独"分裂阴谋。

制止武装颠覆，维护社会稳定。我国宪法和法律禁止任何组织或个人策划、实施武装叛乱或武装暴乱，颠覆国家政权，推翻社会主义制度。我国武装力量把依法维护社会秩序作为重要职责，严厉打击敌对势力的渗透和破坏活动，打击危害社会稳定的各种犯罪活动，保障人民群众的政治、经济、文化权益，促进社会的安定团结，为中国共产党巩固执政地位提供重要的力量保证。

二、坚持自卫防御的核战略和军事战略

我国的核战略贯彻国家的核政策和军事战略，根本目标是遏制他国对我国使用或威胁使用核武器。我国始终奉行在任何时候、任何情况下都不首先

使用核武器的政策，无条件地承诺不对无核国家和无核地区使用或威胁使用核武器，主张全面禁止和彻底销毁核武器。我国的核力量由中央军事委员会直接指挥，坚持自卫反击和有限发展的原则，建设一支精干有效的核力量，增强核武器的安全性、可靠性，保持核力量的战略威慑作用。我国对发展核武器采取极为克制的态度，过去没有、将来也不会与任何国家进行核军事装备竞赛。

我国在战略上实行防御自卫和后发制人的原则，贯彻积极防御的军事战略方针。和平时期，采取积极的遏制危机、遏制战争的策略，灵活运用政治、经济、军事、外交等手段，改善国家的战略环境，减少不安全、不稳定因素，尽量使国家建设免遭战争的冲击；战争爆发之后，实行战略上的防御、战斗上的进攻，以积极的攻势作战行动来达成战略防御的目的。新的历史时期，海洋安全、太空安全、信息安全、电磁安全等领域的安全问题对国家生存和发展的影响日益突出，国家的利益空间逐步扩展。我国根据新时期军事战略方针，针对国家在各个领域所面临的新威胁，努力建设与我国的国际地位和国家利益相称的军事力量。立足于打赢信息化条件下的局部战争，加紧做好军事斗争准备。创新发展人民战争的战略思想，坚持军事斗争与政治、经济、外交、文化、法律等各领域的斗争密切配合，综合运用各种手段和策略，主动预防和化解危机，遏制冲突和战争的爆发。以诸军兵种联合作战为基本作战形式，建立能够充分发挥武装力量整体效能和国家战争潜力的现代作战体系。陆军逐步由区域防卫型向全域机动型转变，提高空地一体、远程机动、快速突出和特种作战能力；海军按照近海防御战略的要求，坚持把信息化作为现代化建设的发展方向和战略重点，大力发展新型武器装备，优化装备结构，建造以新型国产潜艇、驱逐舰、护卫舰和飞机为骨干的武器装备体系；空军加快由国土防空型向攻防兼备型转变，提高空中打击、防空反导、预警侦察和战略投送能力；火箭军逐步完善核常兼备的力量体系，提高信息化条件下的战略威慑和常规打击能力。

三、坚持独立自主地建设和巩固国防

我国立足于依靠自己的力量保障国家安全，不与任何国家或国家集团结盟，不参加任何国际军事集团。坚持从本国的国家利益出发，根据本国的安全需求，独立自主地进行国防决策和制定国防发展战略，独立自主地处理对外军事关系，开展国际军事交流与合作，保持国防事务的自主权。坚持以自力更生为主，建设相对完整的国防工业体系，加强国防科学技术研究，努力提高自主技术创新的能力，改善武器装备，推进国防现代化建设。在国防活动中坚持独立自主并不意味着闭关自守，自力更生也不意味着排斥外援。我国在坚持"以我为主"的前提下，有选择有重点地引进武器装备，开展国防科技和军工领域的国际交流与合作，吸收利用国外先进技术，提高武器装备研制的起点和自力更生的能力，加速国防现代化建设的进程。

四、推进国防和军队建设全面协调可持续发展

贯彻落实科学发展观，实现国防建设与经济建设协调发展。在相对稳定的和平时期，经济建设是国家的中心任务，国防建设服从和服务于国家经济建设大局；国家在集中精力进行经济建设的同时，高度重视国防建设，使国防和军队现代化进程与国家现代化进程相一致，坚持"平战结合，军民结合，寓军于民"的方针，在经济基础设施建设中兼顾平时和战时的需要，积极开发军民两用技术和产品，实行军地设施共用、人才通用，以一项投入同时获得经济效益、社会效益和国防效益，形成国防建设和经济建设协调发展的机制，使国防建设融入经济社会发展体系之中，在发展经济的同时增强国防实力。

深化体制编制和政策制度调整改革，注重解决体制机制上的制约军队发展的深层次矛盾和问题，着力推进军事组织体制创新和军事管理创新，提高军队现代化建设的效益，加强部队的严格管理。弘扬革命英雄主义，大力培育战斗精神，继承和发扬优良传统，保持我军的政治本色。

适应世界新军事变革的发展趋势，大力加强以信息化为主要标志的军队质量建设。坚持以机械化为基础，以信息化为主导，推进信息化机械化复合发展，实现军队火力、突击力、机动能力、防护能力和信息能力整体提高。实施科技强军战略，依靠科技进步加快战斗力生成模式的转变。充分利用最新的科技成果，跨越发达国家军队发展进程中的某些步骤，加快赶超步伐，尽快缩小与世界军事强国差距。实施人才战略工程，培养大批适应军队信息化建设、胜任信息化条件下作战任务的高素质新型军事人才。提高国防科研能力，力争在一些基础性、前沿性、战略性的技术领域取得重大突破，加速高新技术武器装备发展，改造现役武器装备，形成系统配套武器装备体系。提高训练的科技含量，创新训练内容、方式和手段，推动军事训练向更高层次发展。加紧构建适应信息化战争需要的联合作战指挥体制、训练体制和保

障机制，加强诸军兵种的综合集成建设，优化军队结构，发展信息化条件下的作战理论，不断提高应付多种安全威胁、完成多样化军事任务的能力，确保在各种复杂形势下能够有效地应对危机，维护和平，遏制战争，打赢战争。

五、维护世界和平，反对侵略扩张

我国奉行独立自主的和平外交政策，反对霸权主义和强权政治，反对一切侵略和扩张行为，反对任何国家以任何方式把自己的政治制度和意识形态强加于别国，反对以任何借口干涉别国内政，支持国际社会为维护世界和地区和平、安全、稳定所做的努力。积极倡导"互信、互利、平等、协作的新安全观"，强调以对话增进相互信任，以合作谋求共同安全，建立适应时代要求的国际政治、经济新秩序，努力构建和谐世界，营造有利于国家和平发展的安全环境。

我国高度重视并积极参与国际安全合作。坚持在和平共处五项原则的基础上发展与世界各国的友好合作关系，开展各种形式的国际安全对话，加强与主要大国和周边国家的战略协作和磋商，推动建立公平、有效的集体安全机制和军事互信机制，共同防止冲突和战争。我国坚持与邻为善、以邻为伴，奉行睦邻、安邻、富邻的周边外交政策，积极推动亚太地区安全对话合作机制的建设，维护周边地区的安全与稳定。我国重视与各国在非传统安全领域的合作，逐步加大参与国际反恐合作的力度，支持联合国特别是安理会发挥主导作用，主张采取综合措施，标本兼治，共同应对非传统安全威胁。

第四节 国防法规

国防法规是由国家制定和认可的，并由国家强制力保证实施的行为规范。是国家法律体系的重要组成部分，是加强国防和武装力量建设的基本依据。其主要任务是调整和规范国家在国防领域中及各种社会关系。国防法规对于保障国防和军队建设的顺利进行，做好军事斗争准备具有十分重要的意义。

一、国防法规的特性

国防法规是国家法律的组成部分，具有法律的一般特性：即鲜明的阶级性、高度的权威性、严格的强制性、普遍的适用性和相对的稳定性。同时，国防法规还有其特殊性，主要表现在以下几个方面。

（一）调整对象的军事性

国防法规所调整的是国防和武装力量建设领域的各种社会关系，包括军队内部的社会关系、武装力量内部的社会关系、武装力量与外部的社会关系等。这些带有军事性的社会关系是国防法规特有的调整对象，是其他任何法律规范所不能代替的，这是国防法规特殊性的基本表现。国防和武装力量建设领域的社会关系是军事性的，但这些社会关系所涉的行为主体并不都是军队和军人，也包括公民和组织。

（二）调整手段的多样性

国防法规是一个独立的部门法，除了有自己的调整对象之外，往往还有一种或几种独特的调整手段来保证它的实施。国防法规的实施需要综合运用各个部门法规所使用的各种调整手段。同时，他还有自己独特的调整手段。因此，我们说国防法规在调整手段上具有多样性，或者说是综合性。

（三）内容公开的相对性

一般来说，法律作为规范人们行为的准则，只有予以公开，才能够得到人们的了解、遵守和执行。但是具体到某些领域的国防法规，它的公开程度相对很低，特别是一些特殊的涉及作战、训练、军队编制和国防科研等方面的法规，在不同程度上具有一定的保密性，它的内容只要求在一定范围内有限的相关人员了解。

（四）规范效力的优先性

所谓国防法规规范效力的优先性是指，在国防法律规范与普通法的适用过程中，如果发生"法规竞合"的现象，应当优先适用国防法规，而且这种优先并不是指排列先后次序，而是一种排除法的单项选择。

（五）处罚措施的严厉性

对危害国防利益的犯罪实行比较严厉的处罚，如《刑法》规定，抢劫罪通常处3年以上10年以下有期徒刑，而冒充军警人员抢劫的，或抢劫军用物资的，处10年以上有期徒刑、无期徒刑或死刑；对同一类型的犯罪，战时的处罚严于平时。《兵役法》、《刑法》的许多条款都有战时从重处罚的规定。

二、我国国防法规的体系

国防法规是以国家宪法为基础，根据国防建设实际需要而制定的，内容十分广泛，目前我国现行的国防法规有规范我国国防建设基本任务、方针原则、领导体制及制度的《中华人民共和国国防法》（简称《国防法》）；规范我国兵役制度的《中华人民共和国兵役法》（简称《兵役法》）；规范武装力量作战、训练、管理内容的行政法规；规范军官和士兵服役、军衔等内容的国防人事法规；规范发展武器装备、保护军事设施的《国防科技法》、《军事设施保护法》等。国防法律体系是指由现行的全部国防法律规范（法律、法规、规章）以及将要制定的法律规范组合而形成的一个呈体系化的有机联系的统一整体。

我国的国防法规按立法权限区分为四个层次：第一层次是法律，是由全国人民代表大会及其常务委员会制定的；第二层次是法规，是由中央军委和国务院制定的，由中央军委制定的称为军事法规，由国务院制定或国务院与中央军委联合制定的称为军事行政法规；第三层次是规章，由中央军委各总部、各军兵种、各军区制定的军事规章，由国务院有关部委与军委有关总部联合制定的军事行政规章；第四层次是地方性法规，是由各省、自治区、直辖市人民代表大会及其常务委员会制定的贯彻执行国家国防法规的实施办法、实施细则和补充规定等。

我国的国防法规按调整领域可以划分为 16 个门类：国防基本法类、国防组织法类、兵役法类、军事管理法类、军事刑法类、军事诉讼法类、国防经济法类、国防科技工业法类、国防动员法类、国防教育法类、军人权益保护法类、军事设施保护法类、特区驻军法类、紧急状态法类、战争法类、对外军事关系法类。不同门类的国防法规调整、规范国防和军事活动的领域不同。

三、公民的国防义务和权利

公民的国防义务是指由宪法和法律规定的公民在国防活动中必须履行的责任，由国家强制力保证其落实。公民的国防权利是指宪法和法律赋予公民在国防活动中享有的权利和利益，国家从法律和物质上保障其享有这种权利的可能性。每一个公民都必须担负法定的国防义务，同时享有相应的国防权利。

（一）公民的国防义务

1. 兵役义务

《宪法》第 55 条规定："依照法律服兵役和参加民兵组织是中华人民共和国公民的光荣义务。"《兵役法》第 3 条规定："中华人民共和国公民，不分民族、种族、职业、家庭出身、宗教信仰和受教育程度，都有义务依照本法的规定服兵役。"公民履行兵役义务的主要形式有三种。

（1）服现役。现役是公民在军队中服兵役，包括参加中国人民解放军和武装警察部队。按照《兵役法》的规定，每年12月31日以前，年满18周岁的男性公民应当被征集服现役。当年未被征集的，在22周岁以前，仍可以被征集服现役。根据军队需要，也可以征集18～22岁的女性公民服现役。如有特殊需要，在自愿的原则下，也可征集少量在18岁以下的男女公民服现役。

《兵役法》还规定，应征公民是维持家庭生活的唯一劳动力或者是正在全日制学校就读的学生，可以缓征。除了征集新兵，军队平时还采取其他一些方式从适龄公民中选拔人员。军事院校从青年学生中招收学员，部分普通高等学校招收国防生，军队招收高等学校毕业生入伍，军队从非军事部门具有专业技能的公民中招收志愿兵。符合服兵役条件的公民，可以通过以上途径参加人民解放军或武警部队服现役。另外，《兵役法》规定，士兵包括义务兵和志愿兵。义务兵服现役时间为2年。

（2）服预备役。预备役是公民在军队以外所服的兵役，是国家储备后备兵员的形式。根据《兵役法》规定，预备役分为军官预备役和士兵预备役，并分别区分为第一类预备役和第二类预备役。公民服士兵预备役的年龄为18～35岁。

登记服预备役。每年9月30日之前，兵役机关要对到年底满18周岁的男性公民进行兵役登记。

参加民兵组织。民兵是不脱离生产的群众武装组织，是国家武装力量的重要组成部分，是中国人民解放军的助手和后备力量。民兵分为基干民兵和普通民兵。28岁以下退出现役的士兵和经过军事训练的人员以及选定参加军事训练的人员，编为基干民兵；其余18～35岁的男性公民，编为普通民兵。根据需要，吸收部分女性公民参加基干民兵。我国实行民兵与预备役相结合的制度，所有的民兵同时都是预备役人员，参加民兵组织也是服预备役。

预备役部队。其是以现役军人为骨干，以预备役军人为基础，按照军队的编制体制建立起来的军事组织，是战时成建制快速动员的重要形式。公民编入预备役部队担任预备役军官或士兵，都是服第一类预备役。

（3）参加学生军事训练。《兵役法》规定："高等院校的学生在就学期间，必须接受基本军事训练"。高级中学和相当于高级中学的学校，配备军事教员，对学生实施军事训练。接受军事训练是学生必须履行的兵役义务。学生军事训练依据教育部和解放军总参谋部、总政治部联合制定的《高等院校学生军事训练大纲》《高级中学和相当于高级中学军事课教学大纲》组织实施。高等院校将军事训练作为必修课纳入教学计划，将学生军事训练考核成绩载入本人档案，考核不合格的，按高等院校学籍管理办法和有关规定处理。

2. 接受国防教育的义务

国防教育是国家为防备和抵抗侵略，制止武装颠覆，保卫国家的主权统一、领土完整和安全，对全体公民所进行的一种具有特定目的和内容的教育，是国家整体教育事业的组成部分，国家通过立法把接受国防教育作为公民的法律义务规定下来。

《兵役法》第43条和第45条规定："高等院校的学生在就学期间，必须接受基本军事训练，""高级中学和相当于高级中学的学校，配备军事教员，对学生实施军事训练。"学生军训是法律赋予每个学生公民的权利和义务，是增强学生的国防观念加强组织纪律性，促进其德、智、体、美全面发展，提高学生的综合素质的重要手段。它既是推进素质教育的重要举措，更是储备高质量后备兵员的有效途径，在国防后备力量建设中有着其他形式不可替代的极其重要的作用。

3. 保护国防设施的义务

国防教育是对全体公民进行的一项基本教育，涉及各个方面，内容十分丰富，范围非常广泛。国防建设的整体性决定国防教育内容，现代国防不仅仅是指军队建设和武器装备以及战场和战略要地的建设，而且同国家的经济实力、政治状况、民族心理、文化水平和人口素质等因素息息相关，因此我国公民承担保护国防设施的范围也非常广泛。

4. 保守国防秘密的义务

国防秘密是指关系国家安全利益，依照法定程序确定，在一定时间内或只限一定范围人员知悉的军事或与军事有关的政治、经济、外交、科技和教育等方面的事项。国防秘密的主要表现形式是国防秘密信息和国防秘密载体，保守国防秘密事关国家的安危。

5. 支援国防建设、协助国防活动的义务

我国的国防是全民国防，公民应当积极参与和支持国防建设。《国防法》规定："公民和组织应当支持国防建设，为武装力量的军事训练、战备勤务、防卫作战等活动提供便利条件或其他协助。"根据这一规定，我国公民和组织协助国防活动的主要义务有三种：一是开展经常性的拥军优属工作；二是为武装力量的活动提供便利条件；三是支前参战。

（二）公民的国防权利

1. 提出建议权

公民依法对国防建设的指导思想、方针、原则、规章制度和实施方法等提出建议，是公民依照宪法享有的对国家事务建议权在国防建设方面的体现。

2. 制止和检举权

公民和组织有对危害国防的行为进行制止或者检举的权利。对于危害国防安全的行为，公民有权采取一切合法手段制止其发生、发展；危害国防的行为发生后，公民有权对违法行为进行揭发。

3. 获得补偿权

国家进行国防建设，武装力量开展军事活动，在某些情况下可能对公民的合法权益产生一定的影响甚至造成经济损失，公民享有取得补偿的权利，公民可以按国家有关规定请求政府或军事机关予以补偿。

（三）国防义务与国防权利的关系

根据义务与权利相一致的原则，公民、组织的国防义务，亦是其国防权利。但是，公民、组织除上述国防义务即国防权利外，还有以下四种相对独立的国防权利：

1. 对国防建设提出建议的权利

《国防法》第54条规定："公民和组织有对国防建设提出建议的权利"。这一规定是公民依法享有对国家事务的建议权在国防法方面的体现。

2. 制止、检举危害国防行为的权利

《国防法》第54条规定，"公民和组织有对危害国防的行为进行制止或者检举的权利。"这一规定是对宪法关于公民有维护国家安全、荣誉和利益的义务和关于公民检举权规定在国防方面的体现。

3. 国防活动中经济损失补偿的权利

《国防法》第55条规定："公民和组织因国防建设和军事活动在经济上受到直接损失时，可以依照国家有关规定取得补偿。"这样规定，既保护了公民和组织的经济权利，又有利于调动公民和组织依法积极参加国防建设和军事活动。

4. 依法履行国防义务的公民同军人一样享有优抚补偿的权利

《国防法》第64条规定："民兵、预备役人员和其他人员依法参加军事训

练，担负战备勤务、防卫作战任务时，应当履行自己的职责和义务。国家和社会保障其享有相应待遇，按照有关规定对其实行抚恤和优待"。

四、主要国防法规简介

（一）《中华人民共和国国防法》

《中华人民共和国国防法》于1997年3月14日经中华人民共和国第八届全国人民代表大会第五次会议审议通过，时任中华人民共和国主席江泽民签署公布实施。《国防法》总共12章70条，对涉及国防领域各方面的关系进行了调整，明确规定了我国国防的方针、政策、性质、任务、制度、建设目标以及实行国防建设等的一系列国防原则；规范了国防建设的基本制度，如兵役，军事人事，军事经济，国防科技，国防动员，国防协调会议，国防教育等若干基本制度；规定了党对武装力量和国防活动的领导及国家机构的国防职权等；规范了公民、国家机关、社会组织的国防义务和权利，如依法征兵，保证兵员质量，公民依法服兵役，自觉接受国防教育，相关企事业单位要保质保量地完成国防科研生产、接受国家军事订货等。

《国防法》是国家在新的历史条件下组织和动员全国各族人民积极投身于国防建设事业的基本法律。因此，在学习贯彻《国防法》时，应着重把握以下基本方针原则。

1. 坚持实行积极防御的战略方针

积极防御，又叫攻势防御，其中包括反攻和进攻，它是在自卫的原则下坚持后发制人。坚持实行积极防御战略方针，就是要把战略上的防御与战役、战斗上的进攻相统一，把威慑与制胜相统一，把遏制战争与赢得战争相统一，充分做好战争准备，随时歼灭一切来犯之敌。

2. 坚持独立自主、自力更生地建设和巩固国防的原则

坚持独立自主、自力更生地建设和巩固国防，是国家主权的必然要求。要建设一个强大的社会主义现代化国防：第一，必须坚持独立自主的原则。根据国家实际情况，决定国防建设的目标、重点、步骤、措施，独立自主地处理国防事务。依靠自己的武装力量，为国家安全提供可靠保障，创造良好的生存与发展条件。第二，必须坚持自力更生的原则。国防现代化建设，要在自力更生的基础上，依靠自己的努力去创造。当然，强调坚持独立自主、自力更生，不是搞"闭关锁国"或拒绝外援。

3. 坚持全民自卫的原则

坚持全民自卫原则，就是在高技术局部战争条件下仍然要坚持人民战争的战略战术思想。维护国家主权独立，捍卫国家安全利益，是国家军事战略的最高准则。我国是社会主义国家，历来奉行独立自主的和平外交政策。反对侵略、坚持自卫权、坚持和平，是我们的一贯立场；反对霸权主义、强权政治，永不称霸，是我们的既定国策。所以，任何时候我们都要坚定不移地恪守自卫原则，绝不主动地挑起事端或发动战争。但是，如果敌人硬要把战争强加在中国人民头上，那我们就一定会用人民战争去彻底地打击和消灭侵略者。

4. 坚持国防建设与经济建设协调发展的原则

加强国防必须首先发展经济，在坚持以经济建设为中心的同时，加强国防建设，使其协调一致地共同发展。

5. 坚持国家对国防活动实行统一领导的原则

在我国，国家的领导与党的领导是统一的，党是国家的领导核心。我国现行的领导体制体现了党与国家领导的统一性。中央军委是我国最高军事统率机关。我们国家有两个军委：即中国共产党中央军事委员会和中华人民共和国中央军事委员会。党中央军委主席由中央委员会决定，国家军委主席由全国人大会议选举产生，两个军委虽然名称不同，但其组成人员是相同的，中央军委主席，既是党中央军委主席，又是国家军委主席。这种特殊的领导体制具有中国特色，符合我国国情。它体现了党对武装力量的绝对领导与国家领导的统一性。这种统一性有利于运用国家机器来加强国防建设，有利于武装力量的高度集中和统一指挥，从根本上保证了国家政权的巩固、社会稳定、民族团结和国家安全。

（二）《中华人民共和国兵役法》

我国现行的《中华人民共和国兵役法》（以下简称《兵役法》），是1984年5月31日由第六届全国人民代表大会第二次会议通过，根据1998年12月29日第九届全国人民代表大会常务委员会第六次会议《关于修改〈中华人民共和国兵役法〉的决定》修正，共分为12章68条，其内容包括国家的兵役制度，公民服兵役的条件、形式、期限以及由此而产生的权利义务关系，兵员的平时征集和战时动员，预备役人员及学生的军事训练以及违反兵役法的法律责任等。

1. 我国的兵役制度

兵役制度是兵役法的核心内容。我国兵役制度是关于我国公民参加中国人民解放军、中国人民武装警察部队和民兵组织的规程。我国实行"两个结合"的基本兵役制度：一是义务兵与志愿兵相结合；二是民兵与预备役相结合的兵役制度。实行"两个结合"的基本兵役制度，既体现了我国兵役制度的特色，又适应了新时期军队和国防建设发展的需要。

2. 公民服兵役的形式

我国公民服兵役的形式分为：现役和预备役。现役是我国公民服兵役的主要形式，包括士兵的现役和军官的现役，在中国人民解放军和中国人民武装警察部队服现役的军官和士兵称为现役军人；预备役，是指公民在军外所服的兵役，它是国家储备后备兵员的一种兵役形式。这种兵役是将公民编入民兵组织或者进行预备役登记，编入民兵组织或者经过预备役登记的公民称为预备役人员。

3. 关于应届大学毕业生入伍的规定

根据《兵役法》及有关政策规定，应届大学毕业生入伍通常有三种形式：一是作为义务兵应征入伍；二是按军官待遇入伍；三是作为士官应征入伍。同时也有相应的程序规定以及入伍后的训练及待遇。

（三）《中华人民共和国国防教育法》

2001 年 4 月 28 日第九届全国人民代表大会常务委员会第二十一次会议通过的《中华人民共和国国防教育法》（以下简称《国防教育法》），对国防教育的地位、目的、方针、原则，国防教育领导、保障，学校的国防教育，社会的国防教育和法律责任等作出了具体规定。2001 年 8 月 31 日第九届全国人民代表大会常务委员会第二十三次会议通过《关于设立全民国防教育日的决定》，确定每年 9 月第三个星期六为全民国防教育日。依照法律规定，全体公民都是国防教育的对象，都有接受国防教育的权利和义务。

《国防教育法》对国防教育的地位、目的、方针和原则以及具体内容做了明确的规定。这些教育相互联系、相互渗透、相互促进，其核心都是爱国主义精神教育。

《国防教育法》专门设置了学校国防教育一章，并根据现行学校教育制度和不同年龄段学生身心发展的特点，区别不同情况，对学校的国防教育作了具体要求。此章规定着重体现了学校是国防教育主阵地的立法意图。

（四）《中华人民共和国人民防空法》

人民防空法律法规是人民防空建设的重要法律依据。《中华人民共和国人民防空法》（以下简称《人民防空法》），由中华人民共和国第八届全国人民代表大会常务委员会第22次会议于1996年10月29日通过并同日公布，自1997年1月1日起施行。此法是指导和规范人民防空的法律，它的颁布实施能有效地组织人民防空，保护人民的生命和财产安全，保障社会主义现代化建设的顺利进行。

《人民防空法》共9章53条，主要内容为：人民防空的方针和原则，对人民防空实行的优惠政策，人民防空工作的领导和管理体制，人民防空工程的建设要求及维护管理，人民防空通信和警报建设与管理，疏散组织、方法，群众防空组织，人民防空教育，破坏、危害人民防空工程、设施的各类违法犯罪行为的法律责任。

（五）《中华人民共和国反分裂国家法》

《中华人民共和国反分裂国家法》（以下简称《反分裂国家法》），由中华人民共和国第十届全国人民代表大会第三次会议于2005年3月14日通过并公布，自公布之日起施行。《反分裂国家法》共10条，完整定位了两岸"同属一个中国"的基本事实，客观定位了两岸关系目前的状况，提出了争取和平统一的具体考虑，详细表述了祖国大陆坚持在一个中国原则下进行两岸商谈的主张，包括了6条具体内容，表现了在原则性不可动摇基础上的巨大灵活性，这是祖国大陆最大的诚意，更为反对分裂、遏制"台独"而划下警戒线。《反分裂国家法》从一个方面体现了国家主权和领土完整神圣不可侵犯的宪法精神，从法律的高度上表明了中国政府和全体中国人民的坚定决心。这部重要的法律也体现了中国政府"依法治国"的执政理念，对台方针政策的法制化，将有利于保持方针政策的稳定和落实，因此也将有利于推动两岸关系的稳定与发展。

第二章 军事思想

军事思想是对战争、军队和国防基本问题的理性认识，是人们长期从事军事斗争实践的经验总结和理论概括，是军事科学的重要组成部分。军事思想作为一种独立的意识形态是从奴隶社会开始的，它来源于人类的军事实践，又给军事实践以理论指导，对于军事实践具有宏观的和根本的指导作用，同时接受军事实践的检验，并伴随着战争和军事实践的发展而发展。战争的产生及对人类社会产生的重要影响，迫使人们很早就开始对军事领域的基本问题进行思考，逐渐形成了不同的军事思想。

第一节 军事思想概述

一、军事思想的基本概念

军事思想是对战争、军队和国防的基本问题的理性认识，是人们长期从事军事实践的经验总结和理论概括。军事思想揭示战争的本质和基本规律以及进行战争的指导规律，阐明军队建设的基本理论和原则，从总体上反映研究战争和军事问题的成果。军事思想来源于人类的军事实践，同时又给人类的军事实践以理论指导，并在军事实践中接受检验和发展。军事思想作为一种独立的意识形态是在奴隶社会形成的，它产生于一定的社会物质生产和战争实践基础之上，并且受到其他社会意识形态的制约与影响。军事思想对其他社会意识形态也具有一定的能动作用和影响，军事思想和军事领域所揭示的一些事物的普遍规律、原则、概念和范畴，常常被用于政治、经济、外交以及商业竞争和体育比赛等方面。

军事思想的内容大体可以分为两个层次：一是军事哲学问题，主要内容有战争观、军事问题的认识论和方法论；二是军事实践基本指导原则问题，主要内容有战争指导的基本方针和原则、军队建设的基本方针和原则、国防建设的基本方针和原则等。

军事思想具有鲜明的阶级性。军事思想来源于社会实践，人们为了自己阶级的利益所奉行和推崇的军事思想，反映出各个阶级对战争和军队建设的不同认识和立场。

军事思想具有强烈的时代性。军事思想来源于战争实践，不同历史时期的战争有着不同的形态和战略战术，有着不同的军队组织原则和编制。这种不同时代的特征往往最能反映当时的物质生产水平（生产力水平），军事思想所反映的这些特征代表着这一时代的特性。

军事思想具有明显的继承性。战争的特征之一，是强制人们的主观认识同客观实际相一致才能取得胜利。因此在战争中，必须按事物的客观规律办事。

古代著名军事家孙武说："先知者，不可取于鬼神，不可象于事，不可验于度，必取于人，知敌之情者也"。因为只有这样，才做到"知彼知己，百战不殆，知天知地，胜乃无穷"。所以，历史上所形成的具有规律性的军事原则、概念和范畴被流传下来为后人使用，并不断地加以丰富和发展。

军事思想按不同的标准有不同的划分。如按阶级来划分，军事思想可分为奴隶主阶级军事思想、封建地主阶级军事思想、资产阶级军事思想和无产阶级军事思想。按国家来划分，可分为外国军事思想和我国军事思想。按阶段来划分，可分为古代军事思想、近代军事思想、现代军事思想等。

二、军事思想的内容与基本特征

战争的产生及其对人类社会的重要影响，迫使人们很早就开始对军事领域的问题进行思考，逐渐形成了不同的军事理论。军事著作特别是军事理论著作，是军事思想的主要载体。军事思想以战争这一特殊的社会现象作为研究的基本对象，从总体上考察和回答军事领域的普遍性、根本性问题，揭示军事领域的一般规律，提出军事斗争和军队建设的基本方针及指导原则，为人们研究和解决军事问题提供理论指导。

（一）军事思想的内容体系

军事思想的内容体系大体可分为两个层次：一是军事哲学层次上的问题，主要包括战争观、军事问题的认识论和方法论；二是军事实践基本指导原则层次上的问题，主要包括战争指导的基本方针和原则、国防建设的基本方针和原则等。具体表现为：

1. 战争观

战争观是指人们对战争问题的根本看法，是人们的世界观在军事领域的具体体现及其运用。包括战争起源和消亡、战争本质、战争性质、战争根源、战争与和平、战争与革命、战争的制胜因素、战争在社会发展中的地位和作用等问题的一系列理论观点。它揭示了战争的基本规律，为正确认识战争提供了完整的、系统的科学理论。

2. 战争指导方针和原则

战争指导方针和原则是指符合战争客观规律的指导战争的方针、原则，是人们对战争客观规律的正确反映和自觉运用，是对战争的主观指导和战争的客观实际相统一的产物。如：知彼知己，百战不殆；集中兵力各个歼敌；力争主动，力避被动；周密计划，认真准备，不打无准备之仗，不打无把握之仗；攻防结合，灵活运用；诸种作战形式相互配合；在决定性的时间和地区集中优势兵力，各个歼灭敌人；正确处理兵力的集中和分散的关系等，都是经过长期战争实践的检验，对各种战争具有普遍指导意义的基本方针和原则。

（二）军事思想的主要特征

作为一种独立的意识形态，军事思想在其形成和发展的过程中，呈现出四个方面的特点：

1. 具有鲜明的阶级性

阶级性是军事思想的本质属性。战争是政治的继续，军事从属于政治。以战争、军队和国防为主要研究对象的军事思想具有鲜明的阶级性。不同历史发展阶段、不同社会条件下的军事思想主要反映的是占统治地位的阶级对军事问题的认识和立场，是不同阶级为了各自的利益所奉行和推崇的理论原则。

2. 具有明显的继承性

军事思想的形成与发展是各阶级各社会军事斗争经验的积累过程，每一个历史阶段的军事思想既是在一定的观点指导下，按照一定的军事斗争实践需要去继承和发展以往的军事思想，同时又是对当时军事斗争实践的反映。凡是前人或外国流传下来的军事思想，只要有利于当前军事斗争实践需要的，都被当成合理的成分加以吸收，作为发展自己军事思想的素材和原料。军事思想发展史中长期总结出来的方法原则，是不分阶级、不分社会发展时期而普遍适用的，是人类社会发展中的共同财富。

3. 具有强烈的时代性

军事思想是长期军事斗争实践经验的总结，不同时代的生产力发展水平决定了军事思想的物质基础，包括技术层面的武器装备水平、部队的编制体制、战争的指导思想和作战理论等。军事思想不能超越于时代的进步，也不能落后于时代的发展。

4. 具有一定的创新性

人类社会发展至今，没有两场完全相同的战争，没有两支完全相同的军队，也没有两种完全相同的国防。丰富多彩的军事斗争实践，造就了形式多样的作战指挥原则，不同的历史背景，诞生了不同风格的军事家。军事思想在其发展过程中，从来就不可能是先前的简单重复，必然是根据发展变化的军事斗争实际推陈出新的结果。毛泽东军事思想正是对中国革命战争出现的一系列新问题给出的创新性回答。中国革命战争从一开始就长期处于敌强我弱、敌优我劣的客观条件下，毛泽东在马克思、恩格斯科学理论的指导下，结合中国的革命实际，创造性地提出了一整套如何以弱胜强、以劣胜优的军事理论。刘伯承曾评价说："毛泽东军事思想是以人民的弱小武装战胜其现代装备之强大敌人的军事学说"。

三、军事思想对军事实践具有宏观的及根本的指导作用

(一) 为认识军事问题提供基本观点

人们总是基于一定的思想观念，去评判军事问题的是非与价值，进而确定对其采取何种态度和行动。运用马克思主义的战争理论去看待战争，就能全面认识战争在人类社会生活中的作用，正确判断正义战争与非正义战争。坚持正义的、进步的、革命的战争，反对非正义的、反动的、反革命的战争。

(二) 为进行军事预测提供思想方法

科学的军事思想，揭示了军事领域矛盾运动的规律，为军事预测提供了正确的认识论和方法论工具。恩格斯和列宁关于资本主义列强之间的争夺将导致世界大战的预见，毛泽东关于中国人民抗日战争进程与结局的论断，就是科学地进行宏观预测的范例。

(三) 为从事各项军事实践活动提供全局性指导

人们从事军事实践活动，离不开军事思想的指导。军事实践的成败，与

军事思想的科学与否关系甚大。以科学的军事思想作指导，军事实践方可保持正确的方向，并能达到预期的目的。否则，军事实践的方向就难免发生全局性的偏差，达不到预期的目的。

第二节　毛泽东军事思想

毛泽东军事思想，是以毛泽东同志为代表的中国共产党人，根据马克思主义的基本原理，把中国长期革命战争实践中的一系列独创性经验作了理论概括，才形成了适合中国国情的科学指导思想。它的产生，标志着马克思主义军事理论进入了一个崭新的阶段，使无产阶级军事思想大放光彩。

一、毛泽东军事思想的形成发展

毛泽东军事思想是在中国革命长期的战争实践中逐步形成和发展起来的，并经历了武装斗争与和平建设两个历史时期。其整个思想体系的形成发展可分为三个阶段。

（一）毛泽东军事思想的产生

从1921年中国共产党诞生，到土地革命战争中期，是毛泽东军事思想的产生时期。这一时期的主要标志是：毛泽东开始形成关于武装斗争思想、农村根据地思想、人民军队思想、人民战争思想和人民战争战略战术思想等。这些思想集中反映在毛泽东在这一时期的《政权是由枪杆子中取得的》、《关于红军的情况报告》、《井冈山的斗争》、《关于纠正党内的错误思想》、《星星之火，可以燎原》、《反对本本主义》、《兴国调查》等主要著作中。

（二）毛泽东军事思想的形成

在中国共产党第一次全国代表大会上通过的第一个纲领，就提出了用革命手段推翻旧政权的历史任务。1924年国共两党合作以后，中国共产党派周恩来等人帮助孙中山建立黄埔军校和革命军队，并先后参加了广东战争和北伐战争，这是中国共产党参与组织武装、参加战争的重要尝试。大革命失败后，毛泽东提出了"上山"以"造成军事势力的基础"的主张。随后，在"八七会议"上，毛泽东又进一步提出"政权是由枪杆子中取得的"重要论断。1927年8月1日，中国共产党发动南昌起义，进入了独立领导武装斗争的新时期。同年9月，毛泽东组织领导了湘赣边秋收起义。然后，在井冈山斗争中，提出了"十六字诀"的游击战争的基本作战原则。1928年至1930年初，毛泽东在他的《中国的红色政权为什么能够存在?》、《井冈山的斗争》等著作中，提出了中国革命必须走农村包围城市道路的理论。古田会议又明确了建设新型的人民军队的建军原则。在1930年至1931年的反"围剿"作战中，红军取得了丰富的作战经验，提出了诱敌深入的方针，形成了红军的全部作战原则。这表明，毛泽东军事思想的基本内容已经产生，为其后来科学体系的形成奠定了坚实的基础。

（三）毛泽东军事思想的发展

全国解放战争、中华人民共和国成立后的抗美援朝战争以及社会主义革命与社会主义建设，是毛泽东军事思想继续得到全面丰富和发展的时期。在全国解放战争中，毛泽东等老一辈军事家的战争指导艺术得到了充分的发挥，毛泽东军事思想得到极大地丰富，在《抗日战争胜利后的时局和我们的方针》、《以自卫的战争粉碎蒋介石的进攻》、《集中优势兵力，各个歼灭敌人》、《解放战争第二年的战略方针》、《关于辽沈战役、淮海战役、平津战役的作战方针》等著作和文电中得到充分体现。抗美援朝战争，是一场现代化战争，指导这场战争取得伟大胜利，为毛泽东军事思想增添了适应现代化战争需要的新内容。中华人民共和国成立后，毛泽东又提出了国防建设理论、制定了积极防御的战略方针。特别是中共十一届三中全会以后，邓小平坚持实事求是的思想路线，提出了新时期加强国防建设和军队建设的一系列重要思想方针、原则，继承和发展了毛泽东军事思想。

二、毛泽东军事思想的科学含义

毛泽东军事思想这一概念具有四个方面的含义。

1. 毛泽东军事思想是马克思列宁主义普遍原理同中国革命战争具体实践相结合的产物

马克思主义是放之四海而皆准的真理，是指导世界无产阶级革命的科学。但是它所提供的原理只是一般性的，每一个国家必须结合本国的历史条件和具体特点加以运用，才能发挥作用。马克思说过："正确的理论必须结合具体情况并根据现存条件加以阐明和发挥"。中国革命战争，是发生在占世界人口四分之一的半殖民地半封建的东方大国，在这个以农民群众为主体的国家中，无产阶级政党怎样组织军队，怎样进行革命战争，在马克思主义著作中找不到现成的答案，在实践中也没有先例可循。以毛泽东为代表的中国共产党人，创造性地运用马克思主义的立场、观点和方法，研究中国的历史、分析中国社会具体情况，探索中国革命战争的特点和规律，最终解决了在半殖民地半封建中国的革命道路、人民军队、人民战争等一系列根本问题，创立了具有中国特色的马克思主义的军事理论——毛泽东军事思想。

2. 毛泽东军事思想是中国革命战争实践经验的科学总结

中国长期革命战争实践是毛泽东军事思想赖以产生和发展的源泉与基础。毛泽东军事思想具有鲜明的实践性。中国共产党在领导全国人民为完成民主革命而斗争的过程中，经历了国共合作的北伐战争，领导了土地革命战争、抗日战争和全国解放战争，推翻了帝国主义、封建主义和官僚资本主义三座大山在中国的反动统治，建立了中华人民共和国。这场革命战争，其时间之长，规模之大，情况之复杂，道路之曲折，内容之丰富，形式之多样，歼敌数量之多，在中国历史上是空前的，在世界历史上也是罕见的，这是一场代表人民利益的、得到人民群众广泛参加和支持的人民战争。

3. 毛泽东军事思想是全党集体智慧的结晶

毛泽东军事思想是中国共产党集体智慧的结晶，说明了集体智慧和个人贡献的辩证关系，强调了毛泽东军事思想形成的集体性，它不是一个人或少数人之所为，而是党领导广大革命群众进行的集体的实践活动，是千百万烈士用鲜血写出来的。毛泽东军事思想是全党集体智慧的结晶，主要表现在它是人民群众战争经验的总结、领袖集团的集体智慧、毛泽东的贡献三个方面的结合。在革命战争中，我们党和军队关于战争问题的许多重大决策，都是经过了党中央的集体讨论决定的，它凝聚着全党的智慧，也包含着亿万人民群众和广大指战员的斗争经验。毛泽东及老一辈无产阶级革命家、军事家，正是在从战争实践中汲取各种营养，才发展和丰富了毛泽东军事思想体系。

4. 毛泽东军事思想是毛泽东思想的重要组成部分

在整个毛泽东思想科学体系中，毛泽东军事思想占有极为重要的地位。党的十一届三中全会通过的《关于建国以来党的若干历史问题的决议》，从关于新民主主义革命的理论、关于社会主义革命和社会主义建设的理论、关于革命军队的建设和军事战略的理论、关于政策和策略的理论、关于思想政治工作和文化工作的理论、关于党的建设的理论等几个方面，对毛泽东的历史地位和毛泽东思想给予了高度的评价，其中第三点就是军事思想，高度赞扬了毛泽东对马克思主义军事理论的杰出贡献。另外，在毛泽东的全部著作中，其军事著作占有大量篇幅，他的军事思想在其整个思想体系中占有重要地位。因此我们说，毛泽东军事思想是毛泽东思想的重要组成部分。

三、毛泽东军事思想的主要内容

一个科学理论体系的构成，是对这一理论本身最本质、最核心内容的高度概括，并按其属性和内在联系所做的科学划分，是对其所揭示的规律体系的集中反映，是一个具有严密逻辑顺序的有机整体。作为一个完整的科学理论体系，毛泽东军事思想主要由战争观和军事问题方法论、人民战争思想、人民军队思想、人民战争的战略战术和国防建设思想等五个方面构成。

（一）战争观和军事问题方法论

战争观和军事问题方法论，揭示了中国革命战争的指导规律，是毛泽东军事思想的理论基础。

（1）革命战争是群众的战争，只有动员和依靠群众，才能进行革命战争。战争力量的对比不但是军力和经济实力的对比，而且是人力和人心的对比。战争伟力之最深厚的根源存在于民众之中，兵民是胜利之本，真正有力量的是人民而不是反动派，革命战争是群众的事业，动员了广大军民，就造成了陷敌于灭顶之灾的汪洋大海，造成了弥补武器等缺陷的补救条件，造成了克服一切战争困难的前提。对广大军民的政治动员是一件绝大的事，是夺取战争胜利最基本的条件。

（2）在政治、经济发展不平衡的中国社会条件下，要首先在反动统治力量最薄弱的广大农村建立革命根据地，并采取"波浪式"的推进政策逐步加以扩大，作为进行人民战争的依托。建立了巩固的根据地，才能造成军事上、政治上、经济上、文化上的伟大革命阵地，使之成为发动群众、扩大武装、发展生产、准备干部的战略基地，成为为人民军队提供人力物力支援的巩固后方和作战的良好战场，借以达到保存和发展自己，消灭和驱逐敌人的战争目的。建立和发展农村革命根据地，必须把武装斗争与土地革命结合起来，建立革命政权，广泛组织和武装群众。同时，也不可忽视城市工作和非根据地的农村工作。实行现代条件下的人民战争，国家必须建设巩固而强大的战略后方。

（3）革命战争是为人民利益而战的战争，要实行代表绝大多数人民利益的奋斗纲领和基本政策。战争中要兼顾人民群众的长远利益和眼前利益，重视发展生产，尽可能地减轻人民群众的负担，尽力改善群众生活，以调动和保持人民群众支持长期革命战争的积极性。

（4）必须团结一切可以团结的阶级、阶层和社会集团，利用一切可以利用的矛盾，结成最广泛的统一战线，使革命获得最广泛的国内社会基础和国际同情援助，最大限度地孤立和打击最主要的敌人。

（5）要把武装斗争这种主要斗争形式同其他各种非武装斗争形式相结合。包括工人的、农民的、青年和妇女的斗争，经济战线、外交战线和思想文化战线上的斗争，合法的和非法的斗争，公开的和秘密的斗争等，在总体上配合起来，从一切方面的努力中不断增加革命的战争力量，减杀反革命的战争力量，使力量对比朝着有利于己不利于敌的方面逐步变化，最后达到获得力量优势、战胜敌人的目的。

（6）以人民军队作为进行人民战争的骨干力量，实行主力兵团（野战军）和地方兵团相结合，正规军和游击队、民兵相结合，武装群众和非武装群众相结合的体制。主力兵团可以随时执行超越地方的作战任务，地方兵团执行保卫地方和进攻当地敌人的任务；游击队和民兵则是正规军的助手和后备力量，主要执行在固定地区内直接配合正规军作战和保卫地方的任务。

（二）农村包围城市的武装斗争思想

毛泽东依据马克思主义关于暴力革命、武装斗争的原理，认真分析中国的国情，指出中国革命的主要斗争形式，只能是武装斗争；中国的武装斗争，又只能走农村包围城市的特殊道路。毛泽东认为：中国不同于资本主义发达国家，不能走城市武装起义的道路，因为中国是一个政治经济发展不平衡的半殖民地半封建的大国，在敌强我弱的条件下，不能把武装斗争的矛头指向敌人统治力量强大的中心城市，而应指向敌人统治薄弱的农村，在各省交界处建立农村革命根据地，实行"工农武装割据"，把武装斗争、土地革命和建立政权结合起来，在农村聚积力量，以农村包围城市，逐步发展壮大，最后夺取城市，取得全国胜利。实践证明，这是中国革命唯一正确的道路，是毛泽东军事思想对马克思主义暴力革命学说的重大发展。

（三）人民军队建设思想

毛泽东高度重视人民军队在夺取政权和保卫政权中的作用，强调"没有一个人民的军队，便没有人民的一切。"他从中国革命战争的实际出发，系统地创立了人民军队的建军原则，成功地解决了如何把以农民为主要成分的革命军队建设成为一支无产阶级性质的、具有严格纪律的、同群众保持紧密联系的新型人民军队的问题。

（1）强调党对军队的绝对领导这一人民军队的性质。这是毛泽东建军思想的核心，也是我军从弱到强、从胜利走向胜利的根本保证。正是坚持了党对军队的绝对领导，才保证了我军的无产阶级性质，使其保持胜利的方向，而党对军队的绝对领导是通过政治、思想和组织领导来实现的。

（2）提出了人民军队的建军宗旨。人民军队是为无产阶级利益服务的。建军宗旨是军队行为价值的根本所在，也是我军区别于其他任何军队的本质特征。毛泽东在此基础上又提出了人民军队的三大任务，即战斗队、工作队和生产队。

（3）指出了政治工作是人民军队的生命线，强有力的政治工作是战胜敌人的重要因素。在政治工作中，坚持官兵一致、军民一致、瓦解敌军的三大原则，实行政治、军事、经济三大民主、执行三大纪律八项注意。

（4）在强调加强人民军队政治建设的同时，还提出必须重视军事建设，使军队不断向正规化、现代化方向发展。毛泽东提出要通过扩大数量和提高质量、加强教育训练等方式提高主力军的战斗力，通过逐渐改善军队的装备、改革军队的编制体制和培养大批掌握和驾驭技术的人来逐步实现军队的正规化和现代化建设。

（四）人民战争思想

人民战争是指广大人民群众为了反抗阶级压迫或民族压迫而组织和武装起来进行的战争。人民战争必须具备两个条件：一是战争的正义性，这是进行人民战争的首要条件和政治基础；二是广泛的群众性，这是人民战争的重要标志。这两个条件存在于一个战争的统一体中，缺一不可。人民战争思想是毛泽东军事思想的核心，是唯物史观和党的群众路线在革命战争中的运用和体现。其主要内容包括：

（1）人民群众是战争的主体。这是因为人民群众不仅是战争人力、战争物力、战争财力的源泉，而且还是强大的精神力量的源泉。这也是毛泽东人民战争思想的基本出发点之一。而革命战争只有动员群众，才能取得最终的胜利。

（2）创建革命根据地，走农村包围城市最后夺取政权的道路，是毛泽东指导中国革命战争的伟大战略思想，是人民战争思想的显著特点之一。根据地是革命战争"赖以执行自己的战略任务，达到保存和发展自己、消灭和驱逐敌人之目的的战略基地。没有这种战略基地，一切战略任务的执行和战争目的的实现就失掉了依托"。

（3）实行"三结合"、"一配合"的组织形式和斗争形式。在中国革命战争的长期实践中，毛泽东创造性地提出了主力兵团和地方兵团相结合、正规军和群众组织相结合、武装群众和非武装群众相结合的"三结合"的组织形式，充分发挥人民群众的整体威力。在斗争形式上，以武装斗争为主，其他各种斗争形式相配合。

（4）将创造战场的任务当作战略任务来对待。毛泽东不仅强调选择和创造战场的重要性，而且提出了如何选择和创造有利于我而不利于敌的战场的问题，从而充分利用和充分发挥人民军队的各种条件和力量，最终赢得人民战争的胜利。

（五）人民战争的战略战术

毛泽东关于人民战争的战略战术思想其实包含了战略指导原则和具体的作战指导方针两部分内容。这是毛泽东和老一辈无产阶级军事家在敌强我弱条件下，创造出的一整套以劣势装备战胜优势装备敌人的灵活机动的战略战术，其特点表现为以人民战争为基础、以积极防御为核心、以劣胜优为前提、以灵活机动为灵魂。

毛泽东战略战术思想主要包括：

1. 积极防御的战略思想

这是毛泽东战略思想的核心内容，他多次指出积极防御是指导中国革命战争的总战略方针。最基本的内容和最根本的作战形式体现在：战略上的防御战和战役战斗上的进攻战；战略上的持久战和战役战斗上的速决战；战略上的内线作战和战役战斗上的外线作战。而战略上的反攻是积极防御战略积极性的最根本的体现，是区别积极防御和消极防御的重要标志。在敌大我小、敌强我弱的条件下，战略防御阶段必须实行战略上的内线的持久的防御战和战役战斗上的外线的速决的进攻战。通过战役战斗上的歼灭战达到战略上不断消耗敌人，借以逐渐改变战争力量的总体对比，最终把战略防御推向战略进攻。

2. 军事战略的转变思想

毛泽东指出，军事战略的转变"关系于整个抗日战争的坚持、发展和胜利，关系于中国共产党的前途非常之大"。我军历史上的军事战略转变不仅在内容上表现为作战形式的转换，还包括战略指导思想和战略方针的转变，是一个辩证否定的过程。

3. 丰富多彩的作战指导原则

具体包括：保存自己，消灭敌人；在战略上藐视一切敌人，在战术上重视一切敌人；不打无准备无把握之仗，也不打只有准备但无把握之仗；慎重初战；力争主动，力避被动；主要和重要的作战形式是运动战和游击战，进行必要的和可能的阵地战；以消灭敌人有生力量为主要目标，集中优势兵力各个歼灭敌人；力求实现歼灭战等。

（六）国防建设思想

加强国防建设，实现国防现代化是毛泽东军事思想的重要组成部分。在抗日战争爆发后，他就提出过一整套抗日救国的国防思想。1949 年 9 月，在中国人民政治协商会议中，他又明确指出："我们的国防将获得巩固，决不允许任何帝国主义者再来侵略我们的国土"。中华人民共和国成立后，他则提出了一系列加强国防现代化建设的重要主张，并向全党全军提出向国防现代化进军的战略任务。

毛泽东的国防建设思想还包括领导我军兴办各类军队院校，加速培养干部，成立军事科学研究机构，加强军事理论研究；强调后备力量建设，充分发挥民兵和预备役力量在保卫和建设国防中的作用；提出了有计划地进行国防工程建设的方针原则，并建立人民防空工作；把国防教育作为巩固和加强国防的重要手段来抓等。

四、毛泽东军事思想的历史地位

毛泽东军事思想的产生，是历史发展的必然结果，也是中国革命战争这一整个世界历史上最宏伟的人民战争的必然产物，具有前所未有的历史地位。

（一）毛泽东军事思想是中国无产阶级军事理论确立的重要标志

以毛泽东为代表的老一辈无产阶级革命家，运用马克思主义的军事理论，结合中国革命战争的实际，不仅以前所未有的深刻性揭示了中国革命战争的特殊规律，系统全面地论述了军事领域的普遍规律，而且为人们提供了完整而科学的认识军事规律的思想路线和运用军事规律的实践路线，从而成为中国化的马克思主义军事理论——毛泽东军事思想。由于中国革命战争艰难复杂程度之甚，最终胜利之辉煌，均属中外战争史上所罕见，战争实践中所创造的成功经验也就异常丰富多彩。正因为如此，毛泽东军事思想是中国历史上最科学、最先进、最完整的军事理论。它一经问世，就成为中国各族人民及其军队百战百胜的武器。从军事思想发展史的阶段性和主导地位来说，毛泽东军事思想的产生，标志着中国旧的军事观念的终结和新的无产阶级军事理论的确立。

（二）毛泽东军事思想是指导中国革命战争和我军建设的指南

中国共产党领导下的波澜壮阔的中国人民的革命战争和军事实践活动，为毛泽东军事思想的形成和发展，提供了最好的实践基础。毛泽东军事思想是在中国革命战争实践中产生的军事理论，反过来它又对中国革命战争的实践起着巨大的指导作用。作为一个完整的科学体系，毛泽东军事思想不仅系统地揭示了军事领域的客观规律，而且为人们提供了一整套正确认识和运用军事规律，解决军事问题的立场、观点和方法，开辟了认识真理的途径，因而具有长期稳定的指导作用。正是在毛泽东军事思想指引下，我军从无到有，从小到大，取得了夺取全国政权和保卫国家社会主义建设的伟大胜利。毛泽东军事思想并没有结束真理，它需要随着历史条件的变化而不断发展。

（三）毛泽东军事思想是对马克思主义军事理论的继承和发展

毛泽东军事思想科学体系本身，是具有中国特色的马克思主义军事理论，是对马克思主义军事理论的继承和发展。毛泽东军事思想不仅指导中国革命战争取得了胜利，而且在一系列重大问题上发展了马克思主义军事理论，为无产阶级军事科学增添了新的光彩。具体表现在：一是开辟了农村包围城市的道路；二是开创了把以农民为主要成分的军队建设成为无产阶级军队的先例；三是丰富和发展了人民战争的学说；四是系统地制定了适合中国特点的人民战争的战略战术；五是科学地阐明了无产阶级的战争观和方法论。

（四）毛泽东军事思想在世界上享有广泛的影响

随着中国革命战争的胜利，毛泽东军事思想日益引起世界的瞩目。抗美援朝战争和支援印支人民抗美战争的胜利，更引起西方对毛泽东军事思想的极大兴趣。日、美、英、法、德等国的学者，曾在 20 世纪 60 年代和 70 年代掀起过两次研究毛泽东军事思想的热潮。而今在一些发展中国家，毛泽东军事思想依旧是他们赢得战争、巩固政权的理论基石。毛泽东军事思想的影响已经超越国界，在世界军事思想史上占有重要的地位，成为全世界革命人民的共同财富，并将永远载入人类进步事业的史册。

第三节　邓小平新时期军队建设思想

中国共产党十一届三中全会召开以后，中国进入了一个新的历史时期——中国社会主义改革开放时期。邓小平作为全党全军全国人民公认的第二代领导集体的核心，创造性地开创了一条有时代精神和中国特色的军队和国防建设的道路，继承和发扬了新时期军队和国防建设的理论体系。他的军队建设思想，概括说来，是邓小平1975年参加党中央和中央军委领导工作，尤其是粉碎"四人帮"和党的十一届三中全会，依据马列主义、毛泽东思想原理，坚持解放思想、实事求是的思想路线，对世界战略形势、新时期中国国情、现代战争特点和军队建设的现状，进行深刻分析判断的基础上，对于中国人民解放军的建设所作的科学的理论概括。

一、邓小平军事思想的科学含义

邓小平军事思想是以邓小平为代表的中国共产党人关于当代中国军事的科学理论体系。它是邓小平理论的重要组成部分，是毛泽东军事思想在新的历史条件下的继承和发展，是社会主义新时期军队建设的科学理论体系。

（一）邓小平新时期军队建设思想是马克思主义军事理论与新时期军队和国防建设实践相结合的历史产物

邓小平新时期军队建设思想的产生并被确定为新时期军队和国防建设的指导思想，不是偶然的，根本原因在于我国军队和国防建设所处的历史条件发生了重大历史变化。

一是国际环境发生了变化。这主要在当今世界，其基本矛盾运动已由过去的革命战争转变为和平与发展的新的历史时期，经济竞争、市场开发代替了过去的战争、军队对抗。虽然战争危险还存在，但制约战争的力量却有了更大的发展，争取较长时期的和平是有希望的。这种变化对我军新时期的建设提出了新的要求、新的挑战，也提供了新的机遇。

二是国内情况出现了新的变化。粉碎"四人帮"的胜利从危机中挽救了党和国家，以党的十一届三中全会为标志，党和国家工作重心转移到社会主义现代化建设上来，确立了以经济建设为中心，实行改革开放，建立社会主义市场经济，进一步解放和发展生产力的基本方针和原则。这对军队和国防建设提出了新的更高要求。

三是军队建设的自身特点也有了新的变化。邓小平对军队和国防建设提出了以现代化为中心的目标和任务，建设的指导思想实行了战略性转变，从而使军队建设走上了新的征途，步入了新的发展轨道。邓小平在领导军队和国防建设的伟大实践中，运用马列主义军事理论、毛泽东军事思想的立场、观点和方法，研究新情况，解决新问题，创造性地提出了一系列理论原则、方针和政策，形成了一个完整的科学体系。

（二）邓小平新时期军队建设思想是对毛泽东军事思想在新的历史条件下的继承和发展

为了适应新时期军队和国防建设的客观需要，邓小平以大胆创新的精神和求真务实的态度，运用马克思主义军事理论和国防建设的理论、方针和原则，揭示了新时期武装力量建设和军事斗争的基本规律，为创立新时期军队和国防建设的正确指导思想做出了重大贡献。

（三）邓小平新时期军队建设思想是邓小平理论的重要组成部分

邓小平新时期军队建设思想，是邓小平理论与中国军队建设实际相结合的产物。首先，解放思想，实事求是，是邓小平理论的精髓，也是邓小平新时期军队建设思想的理论基础；其二，邓小平关于时代主题的理论，既是邓小平理论的重要理论基石，也是我们正确认识国际战略环境，做出一系列战略决策的重要依据，同时，还是邓小平新时期军队建设思想的重要内容；其三，以经济建设为中心，坚持改革开放，坚持四项基本原则的基本路线，是邓小平理论的核心。而正是这一点构成了邓小平新时期军队建设思想的灵魂，规定了我军以现代化建设为中心，建设一支强大的现代化、正规化、革命化军队的总目标、总任务，这既是邓小平新时期军队建设思想理论体系的核心内容，也是我国社会主义建设理论的重要内容。

（四）邓小平新时期军队建设思想是新时期中国军队和国防建设实践的科学总结

邓小平亲自领导了新时期军队和国防建设的伟大实践，具体研究和解决了军队和国防建设实践中遇到的一系列重大现实问题。他的许多重要论述都是针对军队的现实问题提出的，是对新时期军队和国防建设实践经验的科学总结。

二、邓小平军事思想的主要内容

邓小平在新的历史条件下，继承和发展毛泽东军事思想，以巨大的政治勇气和理论勇气，开创有中国特色的精兵之路，创造性地总结和提出新时期军队建设思想。这一思想是新时期军队和国防现代化建设的根本依据和指导方针。邓小平新时期军队建设思想的内容极其丰富，从宏观上可以概括为三个方面。

（一）阐明了新时期加强军队建设的根本依据

邓小平阐明的新时期必须加强军队建设的根本依据，主要包括以下三点：

1. 必须始终不渝地坚持人民军队的性质

军队是国家政权的主要成分，谁想夺取国家政权并想保持它，谁就应该拥有强大的军队。我国在新的历史条件下要巩固无产阶级政权和保卫社会主义制度，一个重要的条件就是保持我军的无产阶级性质，使我军永远是一支在中国共产党绝对领导下的人民军队。邓小平明确指出："这个军队永远是党领导下的军队，永远是国家的捍卫者，永远是社会主义的捍卫者，永远是人民利益的捍卫者"（《邓小平文选》第三卷，第304页）。面对改革开放和复杂环境，特别是在国内外各种敌对势力妄图改变我军性质的情况下，加强政治建设，坚持党对军队的绝对领导，对于始终不渝地保持人民军队的性质、粉碎国内外敌对势力"西化"、"分化"的阴谋、巩固国家政权和发展社会主义事业，都具有十分重要的意义。

2. 必须更好地履行我军的根本职能

我军是一支执行革命的政治任务的武装集团，对外反侵略、对内反颠覆是我军的根本职能。面对国际、国内形势发生的深刻变化和现代科学技术的发展，要使我军更好地履行自己的职能，必须加强自身建设，有效地提高我军的战斗力。早在1978年的全军政治工作会议上，邓小平就指出："这次会议着重研究和解决在新的历史条件下，发扬政治工作的优良传统，提高我军战斗力的问题。"（《邓小平文选》第二卷，第113页）正是根据邓小平的有关论述，中央军委连续在1988年、1989年和1990年的三次扩大会议上，都强调要把提高战斗力作为军队建设和改革的出发点和落脚点，从而为我军建设指明了正确方向。

3. 必须适应军队建设指导思想的战略性转变

进入20世纪80年代以来，世界形势发生了明显的变化。邓小平正确把握国际战略形势发展的总趋势，及时地做出和平和发展是当代世界的两大主题的正确论断，为我军建设指导思想实行战略性转变奠定了理论基础。他指出："冷静地判断国际形势，多争取一点时间不打仗还是可能的。在这段时间里，我们应当尽可能地减少军费开支来加强国家建设。"（《邓小平文选》第二卷，第285页）在邓小平主持下召开的1985年的军委扩大会议上，做出了军队建设指导思想实行战略性转变的重大决策。军队建设指导思想实行战略性转变的实质，就是要充分利用今后较长时间内大仗打不起来的和平环境，在服从国家经济建设大局的前提下，抓紧时间，有计划、有步骤地加强以现代化为中心的根本建设，提高军政素质，增强我军在现代战争条件下的自卫能力。

（二）指出了走有中国特色的精兵之路必须解决的主要问题

邓小平关于新时期军队建设的思想，不仅为我军确立了"三化"建设的总目标，而且明确指出了注重质量建设走中国特色的精兵之路，必须着重解决好以下三个问题：

1. 军队建设必须服从国家建设大局，与经济建设相适应

军队建设指导思想实行战略性转变的首要任务，就是逐步理顺军队建设的内部、外部关系，特别是处理好军队建设与国家建设的关系。邓小平指出："现在需要的是全国党政军民一心一意地服从国家建设这个大局，照顾这个大局。这个问题，我们军队有自己的责任，不能妨碍这个大局，要紧密地配合这个大局，而且要在这个大局下面行动。"（《邓小平文选》第三卷，第99页）对于在服从国家建设大局的前提下，如何搞好军队建设的问题，邓小平一方面提出军队要"忍耐"，"军队装备真正现代化，只有国民经济建立了比较好的基础才有可能。"（《邓小平文选》第三卷，第128页）另一方面又明确指出这种"忍耐"是积极的，绝不是消极的，要求我们立足现有条件，努力做好各项工作，绝不能降低我军的装备水平和忽视人员素质的提高。这些论述深刻地反映了邓小平关于军队建设必须在忍耐中积极求发展的基本思想。

2. 军队建设必须在改革中前进

邓小平指出："改革是全面的改革，不仅经济、政治，还包括科技、教育等各行各业。"（《邓小平文选》第三卷，第117页）根据邓小平的有关论述和指示，中央军委于1988年制定的《关于加快和深化军队改革的工作纲要》提出：军队改革的总任务，就是要建立适应国际战略环境、适应国民经济发展水平和国防建设需要、适应现代战争要求的军事体制和运行机制，把我军建设成为具有中国特色的现代化、正规化革命军队。邓小平对我军改革的重点和必须遵循的基本原则，做出一系列重要的理论阐述。他一方面强调现阶段我军必须把搞好体制改革作为一个重点问题来抓；另一方面，他要求军队改革必须积极而稳妥地进行，强调"胆子要大，步子要稳。"（《邓小平文选》第三卷，第 118 页）

3. 军队必须减少数量，提高质量，增强战斗力

早在 1975 年邓小平就指出"现在，好多优良传统丢掉了，军队臃肿不堪。军队的人数增加很多，军费开支占国家预算的比重增大，把很多钱花费在人员的穿衣吃饭上面。更主要的是，军队膨胀起来，不精干，打起仗来就不行。"（《邓小平文选》第二卷，第 1 页）邓小平还进一步地指出精简军队与提高战斗力的关系，他说："军队要提高战斗力，提高工作效率，不'消肿'不行。"（《邓小平文选》第二卷，第 285 页）对于我军如何减少数量、提高质量的问题，邓小平着重强调了三点：一要进行体制编制整顿，从体制、编制上解决"肿"的问题。二要把精简军队与体制改革结合起来，通过体制改革来克服我军存在的一些弊端，有效地提高战斗力。三要通过健全各种制度来精简军队。实践证明，只要认真贯彻落实邓小平的这些基本要求，就能够通过减少数量、提高质量来保证我军战斗力的不断增强。

（三）确立了我军"三化"建设的总目标

邓小平根据新时期我军肩负的历史使命，为我军确立了"三化"建设的总目标，即"把我军建设成为一支强大的现代化、正规化的革命军队"（《邓小平文选》第二卷，第 395 页）。

1. 加强革命化建设，确保我军政治上永远合格

邓小平深刻地分析了新时期我军面临的复杂环境，对加强我军革命化建设，给予了极大的重视。他在接见首都戒严部队军以上干部时的讲话中指出："处理这件事对我们军队是一次很严峻的政治考验，实践证明，我们的解放军考试合格。""我讲考试合格，就是指军队仍然是人民子弟兵，这个性质合格。"（《邓小平文选》第三卷，第 303 页、304 页）邓小平对于如何加强我军革命化建设、确保我军政治上永远合格的问题，一方面要求我军加强思想政治工作，发扬优良传统，使政治工作在新的条件下发展提高；另一方面要求我军深入开展坚持四项基本原则、反对资产阶级自由化的教育，切实保证党对军队的绝对领导。

2. 以现代化建设为中心，努力适应现代战争的要求

邓小平指出："现在我们一定要承认我们的科学技术水平与世界先进水平相比，还差很长的一截。要承认我们军队打现代化战争的能力不够。"（《邓小平文选》第二卷，第 61 页）这就指明了现代化水平不高是我军的薄弱环节。邓小平进一步提出："我们一定要在国民经济不断发展的基础上，改善武器装备，加速国防现代化。"（《邓小平文选》第二卷，第 395 页）"靠空讲不能实现现代化，必须有知识，有人才。""要办各级学校，经过训练，使军队领导干部掌握现代科学文化知识和现代战争知识"。（《邓小平文选》第二卷，第 40 页、41 页）对体制编制的现代化问题和军事科学理论研究工作，邓小平也非常重视。

3. 加强正规化建设是搞好革命化、现代化建设的重要保证

在强调加强革命化和现代化建设的同时，邓小平深刻阐明了我军加强正规化建设的必要性和重要意义，对如何加强我军正规化建设的问题，邓小平特别强调要通过努力完善各种法规制度，来进一步提高我军的正规化水平。进入新时期以来我军在完善法规制度方面做了大量工作，取得显著的成效，明显地减少了工作指导上的主观随意性，提高了我军的正规化水平。

三、邓小平军事思想的形成与发展

邓小平新时期军队建设思想，是从新时期面临的国际国内形势出发，为适应军队建设和国防建设的需要，在实践中逐步形成和发展的。

（一）邓小平新时期军队建设思想形成阶段（1975—1978 年党的十一届三中全会前）

1975 年 1 月，邓小平担任中央军委副主席兼总参谋长，主持军委日常工作。邓小平在这一时期先后发表了一系列重要讲话，就新时期军队建设问题提出了许多重要的论断和方针，指导我军各方面的工作胜利地实现了拨乱反正，为在新的历史条件下研究新情况，解决新问题，全面推进军队和国防现代化建设铺平了道路。针对"两个凡是的错误方针"，他提出了要完整准确地领会和把握毛泽东思想科学体系的论断；提出了一切从实际出发，理论联系实际，实事求是，是毛泽东思想的出发点和根本点；提出了要把军队办成一个大学校，要把教育训练提高到战略地位以及在新的历史条件下加强思想政治工作等重要原则。针对林彪、"四人帮"对军队的破坏，他高举军队要整顿的旗帜，恢复了毛泽东的建军传统，提出了一系列重要的建军思想，如抓编

制、抓装备、抓战略的思想；要克服软懒散，建立"敢"字当头的领导班子的思想；要建立调整干部队伍和领导干部交流的思想；军队要建立克服派性，增强党性，加强纪律性的思想等。

（二）邓小平新时期军队建设思想成熟阶段（1978年党的十一届三中全会—1985年6月军委扩大会议）

1978年12月，党的十一届三中全会召开，实现了党的工作重心的转移。这次全会在思想上、政治上和组织上全面地恢复和重新确立了马克思主义的正确路线，军队建设也进入了新的发展时期。1979年2月，邓小平同志亲自部署了对越自卫还击作战并取得了胜利。1980年秋，中央军委将"积极防御，诱敌深入的战略方针"调整为"积极防御的战略方针"，使我军战略指导思想更加明确。1981年6月，在党的十一届六中全会上，邓小平同志当选为中央军委主席以后，从国家发展战略的高度，本着解放思想，实事求是的精神，分析了我军建设所处的国际环境、国内条件，现代化科学技术对战争方式的影响及其对军队建设的要求，在党和国家工作重心转移后就新时期军队建设进行了总体设计，提出了军队建设的总目标和总任务以及基本指导思想，使邓小平新时期军队建设思想形成了一个完整的科学理论体系。

（三）邓小平新时期军队建设思想丰富发展阶段（1985年6月以后）

在这一阶段，邓小平就我军在国家改革开放不断深入的新形势下，对如何更好地履行自己的职能，提出了关于军队建设的重大理论原则并进一步明确了军队的性质、任务和地位作用。1987年11月，党的十三届一中全会再次选举邓小平为中央军委主席。1989年6月，邓小平接见驻首都部队军以上干部并发表重要讲话，为新时期军队建设进一步指明了方向。同年召开的党的十三届五中全会批准邓小平辞去军委主席的请求之后，邓小平仍然继续关心着国家和军队的建设。无论是在南方谈话中，还是在军队发展的重要关头，邓小平敏锐地、有针对性地提出了一些重要的思想原则。如关于社会主义本质的理论和党的基本路线一百年不动摇的思想；关于人民民主专政的历史地位和军队的作用的思想；关于在新的历史条件下必须发扬红军光荣传统的思想等，都进一步丰富和发展了新时期军队建设思想的科学体系。

第四节 江泽民国防和军队建设思想

江泽民同志说："一个国家，一个民族，要生存和发展，要在竞争激烈的国际环境中站稳脚跟，就不能没有正确的军事战略方针。在当前复杂多变的国际新形势下，为了掌握战略主动，我们必须确立正确的军事战略方针。"为此，江泽民同志根据国际国内形势的发展变化，发表了关于国防与军队建设的一系列重要论述。

江泽民国防和军队建设思想是指江泽民关于新时期军事战略、军队建设和国防建设等基本问题的科学理论体系。它是以江泽民为核心的党的第三代领导集体继承和发展毛泽东军事思想、邓小平新时期军队建设思想的体现；是根据时代发展的新要求、新任务，创立的新时期我军建军学说；是我军新时期革命化、现代化、正规化建设的纲领。

一、江泽民国防和军队建设思想的定义

江泽民国防和军队建设思想，是江泽民关于中国国防和军队建设等问题的理性认识，是对毛泽东军事思想、邓小平新时期军队建设思想的继承和发扬，是指导新时期中国国防和军队建设的根本依据。

（一）是关于中国国防和军队建设等问题的理性认识

江泽民国防和军队建设思想，科学地回答了在新形势下建设一支什么样的军队和怎样建设军队，中国的国防现代化建设应该走什么样的发展道路等一系列问题。它研究范畴明确、内容丰富、思想深刻、特色鲜明，是一个系统的理论体系。

（二）它是"三个代表"科学体系的重要组成部分

党的"十六大"把以江泽民为主要核心的中国共产党人创立的"三个代表"重要思想确立为党的指导思想，对于全面开创中国特色社会主义事业新局面产生了极其重要的作用，这是我党的立党之本、执政之基、力量之源。作为"三个代表"科学体系的重要组成部分，江泽民国防和军队建设思想紧紧围绕"打得赢、不变质"这两个历史性课题，按照政治合格、军事过硬、作风优良、纪律严明、保障有力的总要求，坚定不移地走有中国特色的精兵

之路，从严治军，依法治军，加速推进军事斗争准备，加强军队的革命化、现代化、正规化建设。

（三）是指导新时期中国国防和军队建设的根本依据

江泽民国防和军队建设思想，坚持与时俱进，在研究新情况、解决新问题、开创新局面的实践中，总结提炼出来的指导新时期中国国防和军队建设的理论结晶，是当前和今后一个较长时期我国国防和军队现代化建设的根本依据和科学指南。

（四）它是我们党和军队集体智慧的结晶

江泽民同志继承和发扬了党内的光荣传统，开创了国防和军队现代化建设的新局面。在构建其理论体系的过程中，他一方面非常重视发挥党中央的集体领导作用；另一方面在十一届三中全会之后，我军军事理论和国防建设理论研究的空前繁荣，如群众参与的广泛性、研究内容的多样性、进入决策的影响性等都为形成江泽民国防和军队建设思想提供了极为丰富的理论基础。

二、江泽民国防和军队建设思想的主要内容

十三届四中全会以来的 13 年，江泽民在带领我党全面推进改革开放和社会主义现代化建设的同时，从新的历史条件出发，创造性地运用毛泽东军事思想、邓小平军事理论，做出了一系列重大决策和重要论述，形成了系统完整的国防和军队建设思想。其主要内容包括以下几个部分：

（一）战争与和平理论

江泽民继承和发展了毛泽东、邓小平的战争与和平理论，进一步深化了对当代战争与和平问题的认识，指明了人类战争正从机械化向信息化发展的当代战争形态的基本趋势，明确了制止战争、维护和平与安全的基本途径，形成了有中国特色的和平与安全学说，进一步丰富了马克思主义战争与和平理论。

（1）在深刻揭示战争与经济相互关系的基础上，他提出要"正确处理国家经济建设与国防建设的关系"，"国防建设和军队建设必须以经济建设为依托，同国家的经济实力相适应。只有把国民经济搞上去，国家有了强大的经济实力，才能为国防现代化提供更雄厚的物质技术基础。因此，军队建设必须服从国家经济建设的大局"。

（2）2002 年，在从理论上揭示出当今世界局部战争和武装冲突发生的不可避免性之后，江泽民提出："总体和平、局部战争，总体缓和、局部紧张，

总体稳定、局部动荡，是当前和今后一个时期国际局势发展的基本态势"，他还对新军事变革和对未来战争作了深刻的揭示："新军事革命，实质上是一场军事信息化革命。高技术战争，是以信息化为主要特征的。信息化正在成为军队战斗力的倍增器。……可以预见，信息化战争将成为二十一世纪的主要战争形态。"

（3）关于战争与和平相互关系的规律的认识，关系到国防和军队建设的战略发展方向。1995年，中央军委做出了实行"两个根本性转变"的战略决策，即在军事斗争准备上，由应付一般条件下局部战争向打赢现代技术特别是高技术条件下局部战争的转变；在军队建设上，由数量规模型向质量效能型、由人力密集型向科技密集型转变。党的"十六大"报告中又进一步明确提出："努力完成机械化和信息建设的双重历史任务，实现我军现代化的跨越式发展"。与此同时，江泽民还积极探索维护和平与安全的新途径，强调树立共同安全和普遍安全的思想，"营造共同安全是防止冲突和战争的前提"。在解决国家间和平与安全问题上，他积极倡导以互信、互利、平等、合作为核心的新安全观，为世界和平与国际安全提供保障。

（二）军队建设理论

（1）强调军队在新的历史时期的地位和作用，"中国人民解放军是人民民主专政的坚强柱石，是捍卫社会主义祖国的钢铁长城，是建设有中国特色社会主义的重要力量"；建立一支强大的人民军队，是维护国家安全统一和全面建设小康社会的重要保障。同时，他多次重申"党对军队的绝对领导是我军永远不变的军魂"，"军队要始终以党的旗帜为旗帜，以党的方向为方向，以党的意志为意志"。针对国际敌对势力的政治图谋尤其是对我军的渗透活动，江泽民指出"我们一定要提高警惕，毫不动摇地坚持党对军队的绝对领导"。

（2）提出军队建设的"五句话"总要求，即"使全军部队做到政治合格，军事过硬，作风优良，纪律严明，保障有力，努力把我军建设成为一支强大的现代化、正规化革命军队"。为此，要努力培养和造就大批高素质新型军事人才，努力更新武器装备，积极稳妥地推进军队体制编制的改革。在人才建设方面，走有中国特色的精兵之路，核心是一个"精"字。精，既是对"量"的要求，更是对"质"的要求。

（3）积极推进中国特色的军事变革，这是实现军队建设总目标，解决好"打得赢"、"不变质"两个历史性课题的必由之路。通过大力推进中国特色的军事变革，使我军适应当代科学技术和新军事变革加速发展的形势，加快推进军队的各项改革和建设，实现我军由机械化半机械化向信息化的转变，全面提高我军的实战能力，实现军队建设的整体转型，使我军成为一支能够打赢信息化战争的现代化军队。

（三）高技术条件下的人民战争理论

人民战争理论是我党指导战争始终坚持的根本路线。科学技术的不断发展，世界军事领域的深刻变革，使人民战争面临许多新情况、新问题，必须探索新条件特别是高技术条件下的人民战争理论。

1. 高技术局部战争胜负的决定因素仍然是人

在对 20 世纪末几场高技术战争特别是海湾战争、科索沃战争、阿富汗战争进行深刻分析后，江泽民同志指出"先进的武器毕竟是重要的，科学技术是不能忽视的"，但"我们不是唯武器论者，相信最终决定战争胜负的是人，而不是物"。高素质的人力是战争重要的物质条件，是要培养一大批适应军队革命化、现代化、正规化建设要求，适应打赢现代技术特别是高技术条件下局部战争要求的合格指挥人才。同时，要积极调动和发挥人的主观能动性，否则"就无法掌握新的武器装备，无法创造和运用新的战法，也就不可能赢得未来战争的胜利"。

2. 加强高技术条件下人民战争的理论研究

研究高技术条件下人民战争战略思想和作战方法是一个重大的时代课题，必须要"结合新的历史条件和新的实践，坚持和创造性地发展人民战争的思想"。比如要解放思想，拓宽思路，敢于突破以往的条条框框，用创新的观念研究高技术条件下的人民战争，积极探索现代条件下人民战争的指导规律和新战法，"努力探寻现代条件下以劣势装备战胜优势装备之敌的战法，丰富和发展有中国特色的军事理论"。

（四）国防建设理论

国防建设事关国家的兴衰、荣辱和存亡，是国家生存和发展的安全保障。江泽民多次强调"建立巩固的国防是我国现代化建设的战略任务，是维护国家安全统一和全面建设小康社会的重要保障"。

1. 正确认识国防建设与经济建设的关系

1995 年，江泽民在党的十四届五中全会闭幕时作了题为《正确处理社会主义现代化建设中的若干重大关系》的重要讲话，明确指出："国防建设和军队建设必须以经济建设为依托，服从国家的经济建设的大局。国民经济发展了，才能为国防现代化提供必要的物质技术基础。"加强国防必须首先发展经济，这是国际竞争日趋激烈的必然要求。而随着国家经济实力的发展，要及时把一部分经济实力转化为军事实力，形成与经济实力相协调和与国防建设需要相符合的不断壮大的军事实力，才能有力地保证国家的安全。因此，在党的"十六大"报告中第一次明确提出"坚持国防建设与经济建设协调发展的方针，在经济发展的基础上推进国防和军队现代化建设"。

2. 科学技术是建设现代化国防的关键

没有现代科学技术就不可能建设现代化国防。现代科学技术的发展及其在军事领域内的应用不仅是世界军事变革的重要内容，也是衡量一个国家国防实力的重要标志。党和国家领导人始终把发展国防科技放在重要的战略位置上，充分肯定科学技术在国防现代化建设中的地位和作用，从国家实施"科教兴国"战略，到军队贯彻"科技强军"战略，都是适应时代要求做出的正确选择。

3. 探索一条符合时代特征的国防现代化建设之路

国防现代化建设不但要遵循独立自主、自力更生的指导方针，维护国家的主权和尊严，也要面向世界，学习和借鉴其他国家的先进水平，不断探寻符合我国国情并反映时代特征的国防现代化建设之路。在当今世界，任何一支军队，如果关起门来搞建设，拒绝学习国外先进的东西，是不可能实现现代化的。我军进行现代化建设，必须面向世界，跟上世界军事变革和发展的潮流，积极借鉴各国军队特别是发达国家军队现代化建设的有益经验，尤其是在国防科技领域，坚持"两条腿走路"：一是要坚定不移地发扬自力更生、奋发图强的精神，坚持自主创新，不断攀登科技高峰；二是要抓住有利时机，有选择地引进先进的技术装备和管理方法，提高我国的武器装备水平。

三、江泽民论国防与军队建设思想的历史地位和指导作用

江泽民国防和军队建设思想，是时代发展的产物。20 世纪 90 年代以来，我国国防和军队建设所处的历史条件出现了新的变化，经济全球化的发展，世界战略格局的变化，高科技的迅猛发展，军事领域革命性的变化，对我军建设提出了新的挑战。所以，国防和军队建设需要新的理论指导，这对我国国防和军队建设具有长远的指导意义。

（一）江泽民国防和军队建设思想发展了马克思主义军事理论

在和平与发展仍然是时代主题的大背景下，国际战略格局又出现了一些

重大转变。世界新军事变革迅猛兴起，争取军事高技术质量优势已成为国际军事竞争的主要标志；我军对外开放日益扩大，发展社会主义市场经济以及由此引起的社会生活多样化趋势迅速发展；军事斗争准备在军事战略全局中的地位更加突出。这些发展变化的客观实际，给国防和军队建设带来新的机遇，也带来严峻挑战，提出了一系列前所未有的崭新课题。

（二）江泽民国防和军队建设思想是国防和军队建设实践的科学指南

江泽民敏锐地把握世界发展趋势和中国改革开放的脉搏，始终把国防和军队建设放在当代世界深刻变化的大背景下加以思考，放在当代中国与当代世界的密切联系中加以思考，放在当代中国的发展走向中加以思考。对如何在世界局势变幻不定、军事安全因素呈上升趋势的情况下，有效维护国家安全和发展利益；如何在国家经济实力不断增强、对安全保障提出更高要求的情况下，实现国防建设与经济建设的相互促进、协调发展；如何在改革开放不断深入、社会处于重大变动情况下，始终不渝地坚持党对军队绝对领导，确保人民军队的性质、本色和作风不变；如何在世界军事发展突飞猛进、信息化成为军队现代化的核心和本质的情况下，走出一条我军现代化建设跨越式发展的道路；如何在战争形态发生重大转变，军事斗争任务面临新的挑战和考验的情况下，不断完善和发展积极防御的军事战略；如何在实行依法治国、建设社会主义法治国家的情况下，提高依法治军水平等等，提出了一系列新思想、新观点和新论断。

（三）江泽民国防和军队建设思想是我军做好军事斗争准备的指导原则

江泽民国防和军队建设思想，揭示了高技术条件下战争的特点和规律，为现代高技术条件下局部战争的作战指导提供了理论武器。江泽民强调，为了维护国家主权和领土完整，必须准备应付可能发生的局部战争和武装冲突，对战争危险要保持足够的警惕；他要求国防和军队建设要从长计议，有计划、有步骤地进行军队现代化建设，同时也要抓紧做好现实军事斗争准备，把两者正确结合和统一起来的新理论，极大地丰富了马克思主义的战争观；他提出的现代条件下的人民战争理论，强调把建设强大的常备军与建设强大的后备力量相结合；他为我军制定了新时期积极防御战略方针，赋予了具有时代特点的新内涵；他为我军建设确定的总目标，在加强军队机械化建设的同时，加快军队信息化建设，以信息化带动机械化，最大限度地发挥后发优势，努力争取我军建设的跨越式发展，指明了我军在军事变革的大势下的发展方向；他按照现代战争的客观要求，全面加强军队质量建设，做好军事斗争准备等，不仅是新时期军队和国防建设的依据，也是赢得高技术条件下局部战争胜利的锐利思想武器。

第五节　胡锦涛国防和军队建设的重要论述

胡锦涛同志的国防和军队建设重要论述是胡锦涛关于新世纪新阶段我国军事战略、国防建设和军队建设的思想理论体系，是以胡锦涛为总书记的党中央，根据新世纪新阶段的国际战略格局、国家安全形势和经济全球化趋势，而制定的我国国防建设和军队建设的纲领、路线、方针、政策，是对毛泽东军事思想、邓小平新时期军队建设思想和江泽民国防和军队建设思想成果的继承和发展，是新的领导集体智慧的结晶。

一、胡锦涛国防和军队建设重要论述的科学含义

胡锦涛国防和军队建设的重要论述，是新世纪新阶段用科学发展观统筹国防和军队现代化建设，打赢信息化战争的军事指导理论，是毛泽东、邓小平和江泽民国防与军队建设思想的丰富和发展，是科学发展观在国防和军事领域的展开和延伸，是当代中国马克思主义的创新军事理论。

（一）它是新世纪新阶段国防和军队建设的理论指南

世纪之初，国际战略环境正发生着冷战以来最为深刻的变化：一方面，和平与发展仍然是当今世界的时代主题，要安全、求合作、促发展已成为世界各国人民的共同愿望和不懈追求；另一方面，世界总体和平与局部战争、总体缓和与局部紧张、总体稳定与局部动荡相伴，国际形势错综复杂，各种不确定因素有增无减，传统安全与非传统安全问题相互交织。近年来，随着中国实力的不断发展和对世界影响力的不断提高，我国的安全环境在总体上得到改善，但也存在着各种现实的挑战和潜在的危机，国防和军队现代化建设面临诸多新的课题。如何维护国家的主权、统一和稳定等重大的战略利益？如何适应世界新军事变革的潮流，推进国防和军队现代化建设？胡锦涛国防和军队建设重要论述正是对这些问题所做的理论概括。

（二）它以科学发展观为重要的指导方针

以科学发展观为国防和军队建设的重要指导方针，是胡锦涛对我们党关于国防和军队建设指导理论所做的新概括。"以人为本，全面、协调、可持续"的科学发展观蕴含着马克思主义的世界观和方法论，是马克思主义发展观的集中体现，也是党的思想认识路线和工作指导路线的继承和发展。新世纪新阶段，国际国内形势发展的新变化、新特点，要求我们必须坚持以科学发展观为指导，自觉从国际国内大局出发统筹国家安全与发展，以科学的思路、模式和方法推动国防和军队建设全面协调可持续地发展，不断提高应对危机、维护和平与遏制战争、打赢战争的能力，从而确保我军在日益激烈的世界军事竞争中立于不败之地。

（三）它是当代中国马克思主义的创新军事理论

从毛泽东到邓小平，从江泽民到胡锦涛，从新民主主义革命阶段到社会主义建设时期，从改革开放的社会主义初级阶段到21世纪初的重要战略机遇期，中国共产党人始终不渝地坚持马克思主义，并将它与不同历史阶段中国社会发展的特点相结合，不断探索出符合中国国情的、经实践证明行之有效的军事理论。新世纪新阶段，胡锦涛对军队建设的指导方针、历史使命、优良传统、奋斗目标、全面建设、军事斗争准备、思想政治建设、后勤建设、装备建设等重大问题做出了一系列重要论述，进一步丰富发展了马克思主义的军事指导理论，是马克思主义军事指导理论的最新成果。

二、胡锦涛国防和军队建设重要论述的主要内容

（一）倡导当代革命军人核心价值观，把军队的思想政治教育摆在首位

重视思想政治教育历来是我党我军的优良传统。胡锦涛把当代革命军人核心价值观概括为："忠诚于党、热爱人民、报效国家、献身使命、崇尚荣誉"，把军队的思想政治教育工作摆在首位。"忠诚于党"，是我军核心价值观的"魂"，明确的是我军官兵与党的关系准则；"热爱人民"，是我军核心价值观的"根"，明确的是我军官兵与人民的关系准则；"报效国家"，是我军核心价值观的"本"，明确的是我军官兵与国家的关系准则；"献身使命"，是当代革命军人核心价值观的"主题"，明确的是我军官兵在使命任务面前的行为准则；"崇尚荣誉"，明确的是我军官兵在荣誉面前的道德准则。这五句

话是相互联系的整体，是反映我军官兵与党、人民、国家、军队的关系以及我军官兵相互间关系最基本、最核心的价值观念，体现了我军优良传统、时代发展要求、官兵价值追求的统一。

（二）提出"三个提供、一个发挥"，明确人民军队在新世纪新阶段的历史使命

2004 年，胡锦涛从维护国家的发展利益和安全利益出发，以战略家的远见卓识，提出新世纪新阶段全面履行党和人民赋予的"三个提供、一个发挥"的军队历史使命，即"军队要为党巩固执政地位提供重要的力量保证，为维护国家发展的重要战略机遇期提供坚强的安全保障，为维护国家利益的拓展提供有力的战略支撑，为维护世界和平和促进共同发展发挥重要作用"。

1. 为党巩固执政地位提供重要的力量保证

这是新世纪新阶段党和人民赋予我军的核心使命。中国共产党是中国特色社会主义事业的领导核心。我们党成为执政党，是历史的选择、人民的选择。人民军队的历史使命，历来同党的历史任务紧密相连，同国家安全和发展利益紧密相关。我军作为党绝对领导下的人民军队，在巩固党的执政地位、坚持社会主义制度和维护人民群众根本利益方面，肩负神圣使命，具有重要作用。坚持党对军队的绝对领导，是履行核心使命的根本保证。

2. 为维护国家发展的重要战略机遇期提供坚强的安全保障

21 世纪头 20 年，是我们必须紧紧抓住并且可以大有作为的重要战略机遇期。所谓战略机遇期，是指某个时间段出现了有利于国家发展的契机、条件和环境，能够对一个国家或地区的历史命运产生全局性、长远性、决定性的影响。战略机遇期来之不易，抓住和用好战略机遇期，更不容易。在历史上，我国既有丧失机遇而落伍的沉痛教训，也有抓住机遇实现快速发展的成功经验。抓住和用好战略机遇期，关键是要有一个稳定可靠的安全环境，我们要运用军事实力所产生的威慑作用，遏制或延缓战争的爆发，必要时以果敢的军事行动控制危机，以战止战。

3. 为维护国家利益提供有力的战略支撑

国家利益包括生存利益、安全利益和发展利益。维护国家利益，是军队的神圣职责，是军人的崇高准则。随着时代的进步和社会的发展，我国安全利益的内涵和外延已发生了深刻变化。国家安全逐渐超出传统的领土、领海和领空范围，不断向海洋、太空和电磁空间扩展和延伸，同时，安全利益中出现了多元化的非传统威胁，这就要求军队必须拓展安全战略和军事战略视野，必须具有维护国家利益的各种能力：不仅要维护国家生存利益，还要维护国家发展利益；不仅要维护领土、领海和领空安全，还要维护海洋、太空和电磁空间安全以及其他方面的国家安全。

4. 为维护世界和平与促进共同发展发挥重要作用

维护世界和平与促进共同发展，是全人类的共同愿望和责任。随着经济全球化的不断发展，中国经济和世界经济已经融为一体。中国的发展离不开世界，世界的繁荣稳定也离不开中国。作为联合国安理会常任理事国之一，作为世界上人口最多、发展最快的社会主义大国，我国理应在国际事务中承担起与我国国际地位相称的职责和作用。维护世界和平与促进共同发展，除了运用经济、政治、外交等和平方式外，还必须有强大的军事实力做后盾。这就要求我们必须努力建设一支与我国国际地位相称和我国发展利益相适应的军事力量，增强我军应对危机、维护和平，遏制战争、打赢战争的能力，在维护世界和平与促进共同发展中发挥更大作用。

（三）坚持"五个统筹"，实现国防建设与军队建设的协调发展

胡锦涛在党的"十七大"报告中明确提出："必须站在国家安全和发展战略全局的高度，统筹经济建设和国防建设"，具体表现为坚持"五个统筹"：

1. 统筹中国特色军事变革与军事斗争准备

推进中国特色军事变革与做好军事斗争准备是新世纪新阶段我军面临的两大战略任务。中国特色军事变革，是指适应世界新军事变革发展趋势，从我国的国情和军情出发，走以信息化带动机械化、以机械化带动信息化的跨越式发展道路，通过深化改革，实现军队建设的整体转型，建设一支能够打赢未来信息化战争的强大的现代化正规化革命军队。军事斗争准备，是指为了赢得未来战争的胜利而在相对和平时期进行的组织、物质和精神等各方面的准备。两者在本质上都统一于信息化，都是为了建设信息化军队、打赢信息化战争，但落脚点和侧重点不同。做好军事斗争准备，是当前最重要、最现实、最紧迫的战略任务，而中国特色军事变革着眼于长远的、潜在的和未来的国家安全需要。统筹中国特色军事变革和军事斗争准备，要以准备来促进变革，以变革来带动准备。

2. 统筹机械化建设与信息化建设

党在"十六大"报告中提出要努力实现机械化和信息化建设的双重历史任务，实现我军现代化的跨越式发展。胡锦涛则立足于军事变革发展的现实要求，提出随着高科技在军事领域的广泛运用，要立足机械化信息化复合发展的实际，更加自觉主动地推进机械化条件下军事训练向信息化条件下军事训练的转型；要按照打赢信息化条件下局部战争的要求，从实战需要从难从严训练，不断提高军事训练的针对性和有效性。美国等发达国家军队走的是一条机械化成熟之后再发展信息化的路子。而我军面临的形势是，国家工业化和军队机械化的路程还没走完，以信息技术为核心的新军事变革以及由此催生的信息化战争，已向我们发出挑战。在这种情况下，跃过机械化直接搞信息化是不可能，等机械化搞好后再搞信息化必然进一步拉大"时代差"。因此，只能走复合式发展道路，努力实现跨越式发展。

3. 统筹诸军兵种作战能力建设

由于历史和现实的种种原因，我军的作战力量存在着结构不够合理、关系不够顺畅、军兵种比数不够合理等问题，与信息化战争需求不相适应，制约我军战斗力的全面提升，影响我军整体的发挥。而精干充足的诸军兵种作战力量，既是国家强大的象征，也是维护国家安全、捍卫国家利益、保持国家稳定与发展的重要保障，同时还是我国维护和促进世界和平与发展的重要物质基础。因此，正如胡锦涛所强调的，在新世纪新阶段必须下功夫解决军队内部存在的各种问题，进一步优化结构，理顺关系，加强体制建设，提高整体效能，使军队建设和发展在系统筹划、协调发展中前进。统筹诸军兵种作战能力建设，首先要贯彻实施正确的军兵种发展战略。如改变以陆军为主的大陆军思想，把军队建设的重点转向大力发展海军、空军和火箭军，真正确立陆、海、空、天、电多维一体的战场空间观念。其次要围绕信息化条件下联合作战的需要实现重点突破，改变目前各军兵种纵向独立发展的轨迹，逐步向各军兵种相互渗透，朝着横向一体化、信息数字化的建设模式和三军一体化的方向发展。

4. 统筹当前建设与长远发展

实现国防和军队建设的可持续发展，必须把国防和军队建设当作一个承前启后的发展过程，既注重当前建设，做好眼前工作，又要着眼未来，谋求长远发展。当前建设主要是指国防和军队建设应对近期可能面临的军事冲突或战争威胁而进行的以军事斗争准备为主的建设活动；长远发展则是指为实现国防和军队战略目标而进行的建设活动，是通过完成阶段性任务来实现的。无论是当前建设还是长远发展，都是为了维护国家的总体利益，而统筹当前建设与长远发展，又正是国防建设与经济建设协调发展的重要体现。加强国防和军队建设，必须立足当前、解决急需，着眼长远、全面规划，建立健全科学有效、切实可行的远中近目标体系，并使其成为一个有机的整体。在实践指导上，要立足当前，兼顾长远，以当前建设促进长远发展，以长远发展的具体目标牵引当前建设，最终实现两者的和谐统一。

5. 统筹主要战略方向与其他战略方向

主要战略方向是指对国家安全和战争全局具有决定意义的方向，是敌我双方矛盾斗争的焦点，是作战力量集中使用的重点和战略指导的关键点。战略方向判断的正确与否，各战略方向关系如何处理，直接关系到国防和军队建设的大局，关乎国家的整体利益。统筹好主要战略方向和其他战略方向的关系，对于保证我国的国家安全，全面建设小康社会具有十分重要的意义。统筹主要战略方向和其他战略方向，必须做到突出重点，兼顾一般，多手准备，有备无患。要立足全局抓主要战略方向，做到有所为、有所不为。同时，要发挥主要战略方向在建设和发展中的示范和带头作用，促进其他战略方向同步协调发展，以保证主要战略方向的侧翼安全，解除后顾之忧。

第六节　习近平关于国防和军队建设的重要论述

党的"十八"大以来，习近平着眼坚持和发展中国特色社会主义、实现中华民族伟大复兴的"中国梦"，围绕强军兴军提出了一系列重大战略思想、重大理论观点、重大决策部署，深刻阐述了国防和军队建设带根本性、方向性、全局性的重大问题，丰富、发展了党的军事指导理论，是新形势下加快推进国防和军队现代化的科学指南。

一、深刻认识实现富国和强军相统一的战略思想

《决定》指出，应充分认清经济建设和国防建设的关系，认清中央对军队建设的高度重视，认清走军民融合式发展路子是实现富国和强军相统一的重要途径，认清军政、军民团结是实现富国和强军相统一的重要政治保障，在军队现代化建设中要进一步发扬艰苦奋斗精神，进一步把军民融合式发展这篇大文章做好，进一步巩固、发展新形势下的军政、军民关系。

实现强军目标，必须同心协力做好军民融合、深度发展这篇大文章，既要发挥国家主导作用，又要发挥市场的作用，努力形成全要素、多领域、高效益的军民融合、深度发展格局。军队要遵循国防经济规律和信息化条件下

战斗力建设规律，自觉将国防和军队建设融入经济社会发展体系。地方要注重在经济建设中贯彻国防需求，自觉把经济布局调整同国防布局完善有机地结合起来。要深入做好新形势下"双拥"工作，加强国防教育，健全国防动员体制机制。各级党委和政府要支持军队建设和改革，配合军队完成多样化军事任务，为实现强军目标提供有力保障。

二、建设一支听党指挥、能打胜仗、作风优良的人民军队

建设一支听党指挥、能打胜仗、作风优良的人民军队是党在新形势下的强军目标。应充分认清听党指挥是灵魂，能打胜仗是核心，作风优良是保证。三者相互联系、密不可分。强军目标明确了加强军队建设的聚焦点和着力点，切实推动了军队建设、改革和军事斗争准备。实现强军目标要铸牢听党指挥这个强军之魂，扭住能打仗、打胜仗这个强军之要，夯实依法治军、从严治军这个强军之基，努力把国防和军队建设提高到一个新水平。建设一支听党指挥、能打胜仗、作风优良的人民军队——言简意赅、高度概括的强军目标，蕴含着对实现中国梦、强军梦的深邃战略思考，实现了党的军事指导理论的与时俱进，为新形势下加强国防和军队建设提供了根本要求，指明了前进方向。

搞好军队中党的建设，是军队建设发展的核心问题，是军队全部工作的关键，关系到党的执政地位，关系到我军的性质、宗旨，关系到部队战斗力。要充分认清深化国防和军队改革的重要性和紧迫性，准确把握改革的目标和任务，牢固树立进取意识、机遇意识、责任意识，着力解决制约国防和军队建设发展的突出矛盾和问题，为实现强军目标提供强大动力和体制、机制保证。军队首先是一个战斗队，必须坚持一切建设和工作向能打胜仗聚焦，牢固树立战斗力这个唯一的、根本的标准。要与时俱进加强军事战略指导，坚持不懈拓展和深化军事斗争准备，坚定不移地把信息化作为军队现代化建设发展方向，全面建设现代后勤，大力发展信息化武器装备，着力提高军事训练实战化水平，确保部队招之即来、来之能战、战之必胜。

习近平主席对军队教育实践活动高度重视，做出一系列重要指示、批示，提出了"三个着眼""三个见到成效"等要求，强调军队进一步开展党的群众路线教育实践活动，既要贯彻中央统一要求，又要体现自身特点和建设规律，着眼永葆人民军队的性质、宗旨、本色，着眼形成和发展团结友爱、和谐纯洁的内部关系，着眼促进军队各项工作和建设，坚决反对形式主义、官

僚主义、享乐主义和奢靡之风，着力在纠治官兵反映强烈的突出问题上见到成效，在解决深层次矛盾和问题上见到成效，在构建规范化、制度化的长效机制上见到成效，努力从思想上、组织上、作风上为实现党在新形势下的强军目标提供坚强保证。

三、实现强军目标是当代革命军人的历史责任

面对新的形势、任务，必须以只争朝夕的精神推进国防和军队现代化。为了在任何时候、任何情况下，都决不放弃维护国家正当权益、决不牺牲国家核心利益，强军的责任历史落在了当代革命军人的肩上。要挑起这副担子，必须要敢于担当。各级党委和领导干部要把带领部队实现强军目标作为重大政治责任，一心一意想强军、谋强军，增强贯彻落实强军目标的能力。广大官兵要自觉践行社会主义核心价值观和当代革命军人核心价值观，坚定信念，忠诚使命，努力在强军、兴军征程中书写出彩的军旅人生。

加强作风建设，直接关系军队形象和战斗力建设。要把改进作风工作引向深入，贯彻到军队建设和管理的每个环节，真正在求实、务实、落实上下功夫，始终保持我军光荣传统和优良作风。加强高素质干部队伍建设，大规模培养高素质新型军事人才，是实现强军目标的战略性要求。要大力实施人才战略工程，把联合作战指挥人才、新型作战力量人才培养作为重中之重，努力推动人才队伍建设整体水平有一个大的跃升。实现强军目标的基础在基层、活力在基层。要抓住基层这个大头，推动贯彻落实强军目标向基层拓展、向末端延伸，发挥广大官兵为实现强军目标而奋斗的积极性、主动性、创造性。

深刻认识国防和军队建设在实现"中国梦"中的重要地位作用，有利于充分认清我国安全和发展面临的机遇和挑战，进一步增强加快推进国防和军队现代化的使命感和责任感，担当起维护国家主权、安全、发展利益的重大责任，为实现"中国梦"提供坚强的力量保证。习近平指出，实现强军目标，必须抓住战略契机深化国防和军队改革，解决制约国防和军队建设的体制性障碍、结构性矛盾、政策性问题，深入推进军队组织形态现代化。要牢牢把握改革的正确方向这个根本，牢牢把握能打仗、打胜仗这个聚焦点，坚持以军事战略创新为先导，进一步解放思想、更新观念，进一步解放和发展战斗力，进一步解放和增强军队活力，为实现强军目标提供体制、机制和政策、制度保障。要破除思维定式，树立与强军目标要求相适应的思维方式和思想

观念。要坚持以军事斗争准备为重点，坚持问题导向，坚持战斗力标准，深入研究现代战争特点规律和制胜机理，把改革主攻方向放在军事斗争准备的重点、难点问题上，放在战斗力建设薄弱环节上，以重点突破带动整体推进，让一切战斗力要素的活力竞相迸发，让一切军队现代化建设的源泉充分涌流。要有针对性地做好思想教育工作，营造有利于改革的良好氛围，凝聚起改革的正能量，确保部队高度稳定和集中统一，确保改革顺利推进和各项任务圆满完成。

第三章　国际战略环境

国际战略环境，是一个时期内世界各主要国家（集团）在矛盾、斗争或合作、共处中的全局状况和总体趋势。世界各主要国家和政治集团在一定时期内在战略上相互联系、相互作用、相互斗争所形成的世界全局性的大环境。

第一节　国际战略环境概述

一、战略环境

战略环境是指影响国家安全或战争全局的客观情况和条件，主要包括国际国内的政治、经济、军事、外交、科技、地理等方面综合形成的客观情况和条件，以及由此而形成的战略态势，特别是战争与和平的总态势。战略环境是动态的，随着国内外形势的发展而不断变化。

国内战略环境是指筹划、指导军事斗争全局具有重大影响的国内社会环境与自然环境。它反映了国家军事力量建设与运用的可能条件和制约因素，决定着战略的基本性质和方向，是制定战略的依据。国内战略环境主要包括国家的政治、经济、军事、地理等方面的基本状况。认识国内战略环境应着重把握以下因素：一是地理环境。地理环境主要包括国家或战区的地理位置、幅员、人口、资源、地形、气候，以及行政区划、交通、要地等状况。军队的集结、机动、作战、后勤补给等一切军事活动都离不开一定的地理空间，都要受到地理环境的影响和制约，它不仅是制定战略的客观依据，也是影响战争胜负的重要因素。二是政治环境。对战略影响最大的是国家的政治法律制度、基本国策和政治安全形势。其中，国家的政治法律制度和基本国策是国内政治环境的本质和核心，对军事斗争全局的筹划、指导具有决定性的影响。在国内政治安全形势中，敌对势力分裂、颠覆活动以及发生武装冲突或国内战争的情况，是直接影响国家统一和稳定的国内因素，是筹划、指导军事斗争所必须关注的重要问题。三是综合国力。综合国力是一个国家全部物质力量和精神力量的总和，是军事斗争特别是战争的物质基础。一切军事斗争和军事活动，归根到底都要依靠综合国力并受其制约。

二、战略与战略环境的关系

（一）战略环境与战略是客观实际与主观指导的关系

战略环境是独立于战略指导者意识之外的客观存在，是不以人的意志为转移的，而战略则是军事斗争规律在人们头脑中的反映，是一种主观活动。战略受一定战略环境的制约和影响，随着战略环境的变化而变化。

（二）正确认识和分析战略环境是正确制定战略的先决条件

战略环境是影响战略的客观因素，战略指导者只有了解它、熟悉它，并且认识其中各种因素的相互联系、相互作用及其对敌我行动的影响，才有可能找出其中的特点和规律，并根据这些规律制定出正确的战略。实际上，制定战略的过程就是战略指导者对战略环境的认识和分析过程。对战略环境认识和分析得越客观、越准确，所制定的战略也就越符合实际，越有成功的把握。

三、国际战略格局概述

（一）国际战略格局的基本含义

国际战略格局是指国际社会中国际战略力量之间在一定历史时期内相互联系、相互作用而形成的具有全球性的、相对稳定的力量对比结构及基本态势。国际战略格局的形成，是国际斗争和国际战略运作的结果。同时，新的国际战略格局一经产生，又会对国际战略形势产生直接的影响。

（二）国际战略格局的构成要素

国际战略格局作为国际斗争的直接产物和国际战略运用的必然结果，其构成要素是国际战略力量，而不是一般意义上的国际行为主体。

国际战略力量是指在国际关系中能够独立地发挥作用，并对国际形势及国际战略的运用和发展具有巨大影响的国家或国家集团。国际行为主体，又称国际关系行为主体，是指能够独立参与国际事务，并能独立行使国际权利、承担国际责任与义务的实体。国际战略力量与其所拥有的政治、经济、军事实力或综合国力紧密相关。一个国家的力量或一个国家集团的力量，是由多种力量要素构成的：

（1）政治力量：主要有政治稳定力、政治组织（协调）力、政治影响（号召）力。

（2）经济力量：主要有生产力、经济开发力、经济资源配置（利用）力及其储备力等。

（3）科技力量：主要有科技发展力、科技成果应用转化力、科技创造发明力等。

（4）军事力量：主要有常备军力、后背军力、战争动员力。

（5）社会文化力量：主要有社会凝聚力、社会文明影响力、历史传统继承和发扬力。

国家力量或国家集团的这些要素，虽然有其不同的作用和影响，但只有各个要素构成整体，充分发挥综合影响力，才能真正构成国际战略力量，并对国际战略格局产生应有的影响。正因为如此，当今世界各主要国家和国家集团，都很强调发展综合国力，或"综合集团力"，积极创造参与国际竞争的有利条件，以利于夺取战略优势。

（三）国际战略格局的本质

在当今国际战略舞台上，国家与国家之间的关系，最本质的是相互的力量对比关系。因此，国际战略格局本质上就是一种国际战略力量的对比关系。

国际战略力量对比是国际战略力量之间的一种实力对比，以及由此而派生的影响力对比。因此，在考察各种战略力量时，不仅要考察它们本身所具有的实力地位，而且要考察它们在国际事务中实际发挥的作用和影响力。只有把这些因素联系起来加以分析，才能确定哪些是主导性力量，哪些是从属性力量，哪些仅仅是潜在性力量，从而形成正确的战略判断。

（四）国际战略格局的结构类型

国际战略格局的结构是指它所表现出的基本形态。它是包括国际政治、经济、军事关系在内的国际战略关系的表现形式，是国际战略力量对比的结构形态。区分国际战略格局的不同类型，主要应当依据格局的内部结构和外在形态。所谓内部结构，是指构成一定格局的战略力量的特征，以及各种力量之间相互组合的状况。所谓外在形态，是指战略力量之间相互作用的形式与存在状态。因此，可把国际战略格局区分为四种基本类型：

1. 单极格局

即某一个大国在国际战略格局中占据主导地位，形成一国独霸的局面。如资本主义初期的西班牙、荷兰和英国，都曾有过独霸世界的历史。英国的世界霸权地位甚至维系了近 200 年。当然，这种格局状态是资本主义刚刚形成时期的特定产物。这个时期，由于资本主义刚刚在局部地区出现，近现代意义上的国际社会正在逐步形成，因而资本主义发展最早的国家，往往能够确立独霸地位，但这种霸权在很大程度上局限于欧洲地区，真正的世界霸权并未建立起来。

2. 两极格局

即两大战略力量之间的相互对立和相互斗争，对整个国际事务起着决定性影响的局面。这种类型的格局在历史上曾多次出现过。第一次世界大战期间的同盟国和协约国，第二次世界大战期间的法西斯轴心国和反法西斯同盟国，战后初期的社会主义和资本主义两大阵营以及随后的美苏两极对抗，都是历史上的两极格局。从中可以看出，"两极"主要是两大对立的国家集团，而不完全是两个国家之间或某个国家单独与另一个国家集团之间的对立。同时，在两极之外总有不从属于两大集团的其他国家存在。第一次世界大战前的两大集团之外有美国和日本；第二次世界大战期间也存在一些没有卷入战争的国家；战后初期则存在着广大的"中间地带"国家。

3. 多级格局

即多种战略力量既相互独立又相互联系、既相互合作又相互制约而形成的一种相对平衡的战略关系。在多级格局中，作为格局构成要素的战略力量，可以是单个的国家，也可以是国家集团。这种格局类型在 20 世纪 70 年代以后已见端倪，即中、美、苏、日、西欧和第三世界这六大力量的竞相发展。冷战结束后，多极化趋势呈现出更加强劲的发展势头，目前已经形成了初步的轮廓。

4. 多元交叉格局

这是一种由两级向多级，或由多级向两级的过渡性格局。在这种格局状态下，一方面存在着两大战略力量或多种战略力量之间的对立，同时也存在着独立于上述力量之外的其他战略力量。这些战略力量既在一定程度上受到现有格局中的支配力量的影响，又能够在国际事务中发挥自身的独特作用，从而构成国际战略格局中潜在的一级。冷战结束后，在向多级格局的过渡时期，多元交叉格局表现得更为明显。欧美虽是盟友关系，但欧洲正在成为新的一级。美日同盟也有新的发展，日本的政治独立性也有很大增强，很可能在多级格局中占有一席之地。中、俄既与其他战略力量保持着联系，同时又坚持自身的独立地位。这种多元交叉格局无疑构成了未来多级格局的基础。

四、未来国际战略格局的发展趋势

（一）"多极化"将是未来国际战略格局发展的必然趋势

目前，美国不顾世界多样性的实际情况，凭借自己的强大实力，把它的意识形态、价值观念、发展模式和社会制度强加于国情不同的世界各国，企图建立美国一家独霸的单极世界。美国主导的北约战车继续东扩，美国依仗自己庞大的军事机器和雄厚的经济实力，正在加紧全方位推行称霸世界的全球战略。

但是，从长远看，世界上从来就没有永远的"霸权"，大英帝国的衰落就是历史的见证。可以预见，美国的单极世界之路也是行不通的，多极化是必然的趋势。

（二）未来国际战略格局中各方关系将日趋复杂化

两极格局解体后，当今世界的五大力量都在通过调整对外政策来寻求自己的有利地位。美国虽然认为它是"唯一有能力进行全球干预的超级大国"，但也开始承认世界多极化的现实。近年来，美国的对外政策也在进行调整。特别是"9·11"事件后，美国出于"反恐"的需要，也在局部调整其外交政策和安全战略。在欧洲，美国一方面积极推进北约东扩，另一方面也顾及俄罗斯在苏联地区的特殊利益。同时，美国支持西欧联盟在维护欧洲安全方面发挥更大的作用。在亚洲，着手建立美日之间的新型同盟关系，支持日本在参与亚太事务中承担更多的权利和义务。对中国主张采取"全面接触"战略，使中美关系得到一定程度的改善。另外，俄罗斯也在积极调整对外政策，努力恢复其大国地位和作用。欧盟在积极推进欧洲政治、经济一体化的同时，也在加强欧洲自身的防务力量，逐步削弱美国对欧洲的控制和影响。日本为了谋求政治大国和军事大国地位，一方面加强了日美同盟关系，另一方面也积极寻求改善与亚洲各国之间的关系，企求在参与国际和地区事务中发挥更大的作用。

以上情况说明，随着冷战后国际形势的发展，当今世界五大力量对外政策和战略关系的调整，将使未来国际战略格局呈现新的特征。

（三）中国在"多极格局"中的地位与作用将愈显突出

中国是一个发展中的社会主义大国，也是当今世界维护和平的重要力量。作为未来多极格局中的一极，中国对世界的影响是多方面的，其主要作用体现在三个方面：

1. 在反对霸权主义和强权政治上起制约作用

"冷战"结束后，霸权主义和强权政治依然存在，原来被两极格局所掩盖的各种矛盾都暴露出来。在各种政治力量的矛盾与冲突中，在中、美、俄，中、美、日等三角关系中，中国将起到平衡与制约作用，并成为抑制霸权主义和强权政治的重要因素。中国之所以能起到这样的作用，除了它一以贯之的反霸政策、和平共处五项原则和不断增强的综合国力外，更重要的是中国始终站在第三世界国家一边，永远不称霸，永远不做超级大国，这种正义的立场必将得到世界绝大多数国家的信任和支持，从而使中国有可能发挥应有的作用。

2. 在经济发展上起示范作用

在改革开放30多年时间里，中国的社会主义现代化建设取得了世界瞩目的成就，经济和社会面貌发生了深刻的变化。仅就经济发展而言，过去30多年，世界的经济增长率（GDP）为2%～3%，而中国的经济增长率保持在7%～10%，相当于世界经济增长率的3倍。因此，中国的经济改革经验受到了国际社会的普遍关注。许多国家领导人和专家、学者认为，中国的经济改革是"历史上最大的实验"，具有"示范"作用，不可避免地要引起连锁反应，对世界上其他国家特别是发展中国家正在或将会"产生重大影响"。

3. 在维护第三世界权益的斗争中发挥重要作用

中国始终坚持大小国家一律平等的原则，坚决反对恃强凌弱的行为，并为维护第三世界国家的权益进行了不懈的努力和斗争。与此同时，中国对第三世界国家之间的分歧和争端，从不介入，真诚地希望它们通过和平协商求得公平合理的解决，防止和避免外来势力的插手、干涉和利用。

第二节　世界主要国家军事概况

在当今的世界军事格局中，美国成为唯一超级军事大国，形成美国一国称雄，多区真空的状态。美国充当世界警察，联合国作用有限；日、德争取参与国际军事事务；美、俄在"战区导弹防御系统"问题上存在分歧；中国坚持积极防御军事战略方针；印度谋求 21 世纪亚洲军事强国目标。目前六大军事力量相对集中在美洲军事区、西欧军事区、东欧军事区、中东军事区、非洲军事区、东亚军事区。

一、美国的军事概况

美国宪法规定，总统是武装部队总司令，全军最高统帅。总统通过国防部领导和指挥全军，紧急情况下可越级指挥。战略核力量不论何时都由总统指挥控制。

（一）美国武装力量及其部署

1. 美国武装力量组成

美国武装力量主要由现役部队、后备役部队和军内文职人员三部分组成。现役部队分陆军、空军、海军和海军陆战队四个军种，分属陆军部、空军部和海军部三大军事部领导。现役部队总兵力约 147 万人。

陆军约 49 万人。编有 3 个集团军司令部、4 个军部、10 个作战师等，共装备 MIA1 和 MIA2 主战坦克约 7620 辆。

海军约 59 万人（含海军陆战队）。编有太平洋舰队司令部和大西洋舰队司令部，5 个作战舰队；还设海军运输司令部和海军特种作战司令部，共装备各种作战舰艇约 380 艘。海军陆战队约 17 万人。编为 3 支陆战远征部队和 2 个陆战远征旅。

空军约 36 万人。编有空中作战和空中机动两个司令部。空中作战司令部下辖 4 个航空队，23 个飞行联队；空中机动司令部下辖 2 个航空队，12 个飞行联队：装备各种作战飞机约 3200 架。

2. 美国武装力量的特点

美国武装力量的特点主要表现在两个方面：一是文官控制军队。国会对宣战、动员、军队法规的制定、审批预算、任命军队的首脑等具有控制权；另外文官还直接担任军队的首脑，如国防部长、军种部长等皆为文官。二是作战指挥与行政领导相分离。美国总统是美军的最高统帅，兼任武装部队总司令，国防部是最高统率机关。他们是通过两个渠道领导和指挥全军的。即行政上是由国防部通过各军种部对全军实施领导的，作战上是由国防部通过参谋长联席会议及各联合总部对全军实施指挥的。

3. 美国武装力量的部署

截至 2002 年，美军在国内外拥有军事基地和设施共 6425 个。其中，在国内 5720 个，在国外 705 个。美军在国外的军事基地和设施遍布世界 38 个国家或地区。美军驻美国大陆约 93.2 万人，驻欧洲地区约 11.2 万人，驻太平洋地区约 26.6 万人，驻中东地区约 2 万人。

（二） 美国军事战略的演变

美国是目前世界上使用战略概念最多的国家。从国家安全利益出发制定的战略，大体上可分为四个层次，即美国的国家战略——国防战略——军事战略——战区（或军种）战略。美国的军事战略是国家战略的重要组成部分之一，也是当今美国全球战略的基本支柱。

第二次世界大战后，美国的军事战略，随着国际形势和国内政治、经济、军事力量的变化而不断地进行调整，其演变过程大致经历了八次调整。

1. 遏制战略（1945—1952 年）

在第二次世界大战中，美国大发战争横财，使美国的经济力量和军事力量急剧增强。但是，另一方面，苏联影响扩大，一批社会主义国家相继出现，中国和亚洲一些国家人民民主解放战争不断取得胜利，世界形势发生了新的变化。为了适应新的形势，杜鲁门政府制定了新的军事战略，即"遏制战略"。其主要内容是一方面控制西欧、日本，巩固美国在资本主义世界的霸主地位；另一方面包围遏制社会主义国家，向亚、非、拉地区扩张，同时准备对苏联和其他社会主义国家进行大规模的常规战争。

2. 大规模报复战略（1953—1960 年）

在美国执行"遏制战略"的过程中，苏联于 1949 年 8 月和 1953 年 8 月先后成功试爆了原子弹和氢弹，从而打破了美国的"核垄断"，宣布了美国"遏制战略"的破产。1953 年 1 月艾森豪威尔出任美国总统后，便立即屏弃了"遏制战略"，提出"大规模报复战略"。其主要内容是：大力发展核武器，保持美国核垄断地位，威慑苏联不敢轻易发动战争；一旦威慑失败，美国将以核力量为"剑"，常规力量为"盾"，对苏联进行大规模报复，以夺取战争胜利；同时，把核威慑力量作为推行"战争边缘"政策的"王牌"，企图阻止世界各国人民的革命斗争。

3. 灵活反应战略（1961—1968 年）

美国在执行"大规模报复战略"过程中，引起了世界许多国家反美运动的蓬勃发展，同时，苏联已具备了以核武器直接袭击美国本土的能力，遂使

"大规模报复战略"面临严重的挑战。1961年初肯尼迪出任美国总统后，意识到"大规模报复战略"实际上已经靠不住。因此，肯尼迪政府提出了"灵活反应战略"。约翰逊政府执政后，对这一战略的内容进行了修改。

4. 现实威慑战略（1969—1980年）

美国因陷入越南战争的泥潭，在战略上严重失调，大大削弱了其在欧洲的兵力。同时美国国内又处在经济衰退、失业人数剧增、反战情绪日益高涨的困境。另外，此时苏联趁机向外扩张。严峻的国内外形势迫使美国政府不得不作战略调整，以便迅速从越南战争中脱身，在与苏联的争夺中重新取得主动地位。于是，1969年1月尼克松出任美国总统时，提出了"现实威慑战略"。其主要内容是：首先，放弃打"两个半战争"的设想，主张打"一个半战争"，即准备在欧洲或亚洲打一场大战，同时在其他地区打一场小战；其次，准备打"短期战争"，强调"初战决胜"；其三，重视战区战争；其四，奉行"优先打击军事目标"的战略方针。

5. 新灵活反应战略（1981—1988年）

里根政府执政后，对美国军事战略及时进行了调整，于1985年2月提出了"继续奉行60年代制定的，根据苏联威胁的增长而采取的灵活反应战略"，即"新灵活反应战略"。其核心是：以攻防兼备的战略力量为"盾"，把常规力量作为实战的"剑"，全面增强军事实力，加强打一切战争的实战准备，以针锋相对的强硬态度和灵活机动的军事手段与苏联争夺世界霸权。在保持核威慑和欧洲战略重点的基础上，加强与苏联在空间领域和第三世界的争夺，维护美国在全球的霸权利益。

6. 地区防务战略（1989—1992年）

随着"冷战"的结束，两极格局瓦解，世界形势发生了重大变化。布什政府对世界和各地区的安全形势重新进行了评估，做出了近、中、长期安全判断，从而开始了美国自第二次世界大战结束以来最令人瞩目的战略调整。

1992年，布什政府的《国防报告》明确提出美国的战略环境正处于"四无"和"四有"的状态。所谓"四无"即：世界上无任何国家能对美国构成全球性军事挑战；无任何国家、集团能在常规军事技术开发和运用能力方面与美国相匹敌；无任何国家、集团或联盟能对美国的利益构成敌对的战略态势；无任何敌对的、"非民主化"势力能对美国至关重要的地区进行控制。因此，美国目前所面临的直接安全威胁，在空间和时间上都比以往更加遥远，美国拥有极为有利的"战略纵深"。所谓"四有"是指：苏联和东欧地区在演变过程中有着极大的不稳定性；复杂的、难以确定的地区冲突有着极大的危险性；美国的盟国主要是德国和日本，有着发展自己的防务能力与美国抗衡的潜在性；军事技术革命有着引起未来战争性质变化的可能性。为此，布什政府明确提出美国在 20 世纪 90 年代，将奉行"地区防务战略"，重点放在防止地区强国的崛起。其主要内容是：在威慑范围上，提出全方位的战略核威慑与战略防御；在军事部署上，强调必要的前沿存在；在作战方针上，突出地区应急反应；在部队结构上，注重增强重组能力；在军队建设上，厉行精兵政策；在武器装备发展上，侧重保持技术优势；在对付地区冲突上，准备"同时打一场半地区性战争"。

7. 参与扩张战略（1993—1996 年）

克林顿执政后，针对国际战略形势的发展变化，在布什政府对安全环境判断的基础上，又提出了对美国安全构成严重威胁的主要危险来自四个方面。一是核、生、化武器及其他大规模毁灭性武器扩散。目前十多个国家已经或正在发展核武器，其中大多数对美国及其盟国"怀有敌意"。这构成了对美国"最为紧迫"的威胁。二是地区冲突更加频繁、复杂和变幻莫测。认为地区性冲突爆发的频度、激烈程度和影响深度的加大和一些地区强国的崛起对美国的安全利益构成多样化的挑战。三是苏联和东欧一些"新兴民主国家"的"民主制度"和市场经济改革存在着失败的危险。美国担心独联体各国和东欧国家尤其是俄罗斯的"民主改革"发生逆转，或导致俄罗斯建立极端民族主义的专制政权，从而使美国重新面临全球性的军事对手，根本改变美国的安全环境。四是经济安全对美国尤为重要。美国的国家安全一向依赖军事力量和经济实力这两大支柱，美国虽仍保持着世界头号军事强国的地位，但在经济上失去支配地位。因此，克林顿政府在 1994 年提出了"参与扩张战略"。

8. 塑造、反应、准备战略（1997 至今）

克林顿第二任政府制定了新的"塑造、反应、准备"战略，即：塑造有利于美国的国际安全环境，对危机、冲突和战争作出反应，并准备对付不确定的较远期的威胁和挑战。

塑造有利于美国的国际安全环境战略方针，强调采用军事与非军事的手段，按照有利于美国的方式塑造国际安全环境。"塑造"行动是 1996 年提出的"预防性防务"的延续和发展，它更具有主动性，更重视和平时期军事力量的运用，强调以国际安全合作的方式保持美国对国际事态的控制。

对危机作出反应战略方针，要求针对直接影响美国利益的各种危机、冲突作出反应，包括采取威慑行动或运用实战手段。该战略把美军战争准备的上限确定为打赢两场几乎同时发生的"大规模战区战争"，把能否完成这一任务作为对包括现役和预备役部队在内的"总体力量"的"最终考验"。

准备对付不确定的较远期的威胁和挑战战略，主张美国不仅要对付现实威胁，而且要关注未来长远的安全；要准备对付"看来不大可能、却会对美国的安全造成极为不利后果的威胁"。为此，美国把准备对付较远期的不确定的重大威胁作为战备的一项重要内容，在满足近期需求的同时，根据《四年防务审查报告》提出的计划，完善远期的国家安全计划和军事力量结构，并在作战理论、武器装备和部队编制方面进行改革，加速实现美军的现代化。

美国当前的军事战略方针仍然是"塑造、反应、准备"，但是，布什政府根据国际形势发生的巨大变化，特别是"9·11"事件，对其面临的安全威胁的来源和性质进行了重新定位，对美国当前军事战略方针的具体内容进行了重大调整。其调整的主要内容是：

（1）调整国家利益侧重点，充分发挥军事力量的作用。新的防务战略认为，美国的国家利益主要有三项。即：一是确保美国的安全与行动自由，即捍卫美国的国家主权、领土完整和自由民主制度，保护国内外美国公民的福祉和安全，保护美国的关键基础设施不被破坏；二是履行国际义务，主要包括维护盟国和友邦的安全与繁荣，防止敌对国家或非国家主体控制欧洲、东北亚、从日本到孟加拉湾的东亚弧形区、中东和西南亚等关键地区，维护西半球的和平与稳定；三是促进经济发展与繁荣，即活跃全球经济和提高劳动生产率，确保海洋、空中和外层空间国际交通线和信息通道的畅通与安全，以及确保拥有进入关键市场和重要战略资源产地的权利。

（2）调整防务政策目标，全面威慑与彻底战胜敌人。新的防务政策的主要目标：一是确保盟友安全；二是阻止未来的军备竞赛；三是慑止对美国利益的威胁和胁迫行动；四是一旦威慑失败，决定性地战胜敌人。其防务政策目标的实质是威慑加实战。

（3）调整全球军事部署，着眼于打赢反恐战争和对付难以预料的不稳定局势。全球军事部署调整的主要内容：一是继续加强在太平洋战区的军事力量；二是将欧洲战区的兵力从中西欧向东南欧移动，即将欧洲军事力量部署的重心由德国移至距离中亚地区很近的土耳其和希腊；三是将太平洋战区的兵力部署重心由东北亚沿着从日本到孟加拉湾的"东亚弧形区"向东南亚转移；四是加强美国本土的防御。即组建"北方司令部"负责美国本土的防务。

（4）调整美国军队任务，准备在多条战线对付各种危机和冲突事件。美军今后必须担负的四项任务是：一是保卫美国免受一切敌人的攻击，这是一项最重要任务；二是保持前沿军事存在，在"关键地区慑止侵略和恫吓"；三是实施"大规模作战行动"，这是美军的主要作战行动，具体要求是，在任何两个战区同时发生两场大规模战争时，美军必须迅速制止侵略，并在其中一场取得"决定性胜利"；四是进行小规模应急作战，即在和平时期与盟国军队一道或单独实施各种低强度、小规模的军事行动。

（5）调整战略威慑力量结构，用新"三位一体"取代旧"三位一体"。新"三位一体"是由核与非核打击力量、主动与被动防御系统和反应灵活的基础性力量组成。

（6）调整防务规划模式，建设"基于能力型国防"。其具体措施是：大力推进军队信息化建设，追求绝对"信息优势"；积极发展空间作战力量，抢占未来军事制高点；加强导弹防御系统建设，发展攻防兼备的核威慑力量。

（三）美国军事发展趋势

为了适应 21 世纪战争的需要，美军把未来建设的重点放在力量结构的调整、战备水平和作战能力的提高上，更加注重提高应急反应、快速部署和力量的重组等方面。其军事发展趋势是：

1. 积极推进三军发展目标的实现

为了适应未来作战的需要，美军颁布了《2010 年联合作战构想》。根据这一构想，美国三军制定了各自的发展规划，美军各军种将依据规划实现建设目标。空军将大力推进空中远征部队建设，加强空中与空间力量的结合和发展空运力量及空中加油机；海军将调整远洋作战力量结构，将一定数量的舰艇部队和海军陆战队作为高度独立的部队，使其接到命令后能到世界任何海域执行作战任务；陆军将组建新型机动作战集团，重点提高部队的应急作战能力。

2. 削减核武器数量的同时，发展新一代核力量

美国在继续削减核武器数量的同时，发展新一代的核力量。美国将重点发展新型和小型核武器，新型核弹头主要向小型和微型化方向发展。如根据大规模杀伤性武器和指挥中心等向地下发展的趋势，美国正在积极研制一种称为"洞穴克星"的小型核弹头。

3. 进一步加强质量建军

美国未来将大力加强质量建军，要"建立一支规模缩小，但作战效能极

强的军队"，保持战略优势。在质量建军工作中重点做好：积极推进陆、海、空、天部队编组一体化建设；使作战部队向小型化、一体化和多功能化方向发展；陆军部队将全部实现数字化。

二、俄罗斯的军事概况

苏联解体以后，俄罗斯总统叶利钦于1992年3月16日发布了组建俄罗斯国防部的命令，同年5月7日叶利钦签署了组建俄罗斯武装力量的命令。6月26日俄罗斯议会基本通过了《国防法》，标志着俄罗斯军队已正式建立。俄罗斯联邦宪法规定俄罗斯联邦总统兼俄罗斯武装力量最高统帅，对联邦武装力量和其他军队实施全面领导，并通过国防部长和总参谋长对武装力量实施作战指挥。国防部长通过国防部对联邦武装力量实施直接领导。俄联邦武装力量总参谋部对武装力量进行作战指挥，对武装力量各军种的指挥通过各军种总司令部进行。

（一）武装力量组成

俄罗斯武装力量由现役部队、预备役部队和准军事部队组成。现役部队分为陆军、海军、空军3个军种和战略火箭兵、空降兵、太空兵3个独立兵种。现役部队总兵力约100万人（含20万国防部人员及直属部队）。

陆军（约32万人）。编有6个军区，1个战役战略集群、8个集团军司令部、2个军司令部和39个师等，共装备主战坦克约4948辆。

海军（约18万人）。编有4个舰队和1个分舰队，共装备各种作战舰艇约230艘。

空军（约19万人）。编有远程航空兵指挥部、战术航空兵、军事运输航空兵指挥部和空军航空训练学校，共装备各种作战飞机约1700架。

战略火箭兵（约10万人）。编有4个火箭集团军，装备洲际导弹约740枚。

（二）军事战略的演变

1. 积极防御战略（1992—1996年）

苏联解体后，俄罗斯根据国际战略环境的变化和国内形势，结合《俄罗斯军事学说的基本原则》，对军事战略及时进行了调整，放弃了苏联依靠军事实力先发制人的进攻性的军事战略，提出"积极防御战略"。其主要内容是：

（1）在军事学说上，强调军事力量的防御性，在任何情况下都不首先对任何国家采取军事行动。《俄罗斯军事学说的基本原则》称，俄罗斯国家安全政策的最高目的是"保障社会经济、精神发展的有利和平环境，为各民族人民创造良好的生活条件"。因此，俄罗斯的军事战略的基本指导思想必须是服从和服务于国家的社会变革和经济建设，确保国家主权、领土完整和边境安全。俄罗斯军事力量主要用于防御，在任何情况下，都不首先发动战争或以战争相威胁，不以军事手段达到政治目的和其他目的。

（2）在国防和军队建设上，把"足够防御"原则作为武装力量建设的根本方针。俄罗斯认为，在现有核武器和常规武器过剩，某些国家拒不承担不首先使用核武器和军事力量义务的情况下，防止战争只有以足够防御的军事实力为后盾才能发挥作用。

（3）在战争准备上，把防止和应付局部战争及地区性冲突作为军事战略的主要任务，侧重打中、低强度的战争。俄罗斯未来在军事上的战略仍将是防止战争，强调"不以西方国家为假想敌"。"新的军事学说没有全球任务，只是防止冲突"。因此，军事战略的主要任务将是防止和应付局部战争和地区性冲突，并强调"现在对俄和独联体成员国发动使用核武器和大规模杀伤性武器的侵略战争的可能性很小，而中、低强度的冲突是存在的"。这种冲突不完全来自于过去的敌人，而主要来自于苏联过去的盟国、独联体内部及其周边国家。

（4）在作战理论上，强调攻防两者具有同等重要的意义，注重机动防御作战。在军事行动类型上，进攻和防御同等重要，鉴于现代战争的高度机动性和俄罗斯面临军事威胁的不确定性，主张采用攻防兼顾的机动防御。这表明，俄罗斯军事战略将根据情况选择军事行动类型，而不是片面强调或否定某种类型，并注重防御过程中的攻势行动，可见其军事战略将具有更加灵活、积极的性质。

（5）在军事部署上，以本土安全为目标，建立全方位机动防御体系。全方位机动防御体系有两个显著特点：一是强调根据周边实际情况实施重点设防。二是不再强调把重兵配置在前沿地区，而是部署在纵深，实施机动作战。一旦发生冲突或战争，以强大的快速反应部队迅速增强力量，改变兵力对比，速战速决。

（6）在核战略问题上，由全球性核威慑战略转向地区性核威慑战略。俄罗斯强调核战略应由"全方位最大威胁"向"部分地区可能的威胁"转变。地区性核威胁战略的实质是防止局部冲突升级为大规模战争；在核失控和核扩散的情况下，遏制有核国家使用核武器和其他大规模杀伤性武器，防止常规战争升级为核战争。足够的核力量及其核回击能力是实现地区性核威慑的手段。俄罗斯要求核力量必须"能在核回击中完成任务"。

2. 现实遏制战略（1996 年至今）

1996 年 6 月，叶利钦在致联邦会议的《国家安全咨文》中提出了"现实遏制"战略，标志着俄罗斯军事战略进入了新的调整阶段。"现实遏制"战略的主要内容是：

（1）北约是俄罗斯安全的主要外部威胁和潜在敌人，用武力遏制北约东扩是一项长期而紧迫的战略任务。俄罗斯认为，美国为控制世界而做的努力正在对俄罗斯和其他国家构成威胁，已经决定东扩的北约的活动是俄罗斯当前面临的严重挑战，而且是一个潜在的危险根源，这有可能发展成一种军事威胁。

（2）建立以核遏制为主，以常规遏制为辅的威慑机制。俄罗斯制定了新的核战略，放弃了不首先使用核武器的承诺，在全球（战略核力量）和地区范围（战役核武器和战术核武器）力保核潜力的足够水平，以慑止有核国家对俄使用核武器和其他大规模杀伤性武器，防止常规战争升级为核战争，防止局部战争和武装冲突爆发或扩大为大规模战争；将战略核武器保持在"能在还击时给对方造成一定的损失，并保持尽可能低水平的核平衡"，实现核遏制力量的一体化。一旦外来侵略由地区性武装冲突变成大规模战争，俄可首先使用核武器对军事目标实行解除武装的打击，使侵略者放弃侵略图谋和野心。此外，俄还将核武器作为一种手段，阻止周边国家向西方和外部伊斯兰势力靠拢，扼制境外武装冲突向俄蔓延，从而确保本国安全。在保持战略核武器威慑作用的同时，俄亦不放弃常规力量的发展和使用。一方面，俄将利用可能的财力，继续发展高技术武器装备；另一方面，将突出常规作战力量的作战使用尤其是机动力量的作战使用，调整重点防御前沿的兵力部署，面对现实威慑和未来实战，做好一切准备。

（3）建立以俄为主的地区集体安全体系。由于俄"现实遏制"战略在目标上不仅注重传统的地理安全，而且更重视维护自身发展的地缘政治与经济空间，因此，它在战略上把推进独联体军事一体化作为一项重要内容，以确保俄在独联体的存在和影响。其具体做法是：首先，在独联体地区建立有效的联合对空防御体系、情报体系、侦察体系和联合兵团指挥体系，以保障集体防御，使独联体成为保卫俄安全的"屏障"，借此加大西部主要方向上的战略防御纵深，抵御和抗击北约的军事威胁，最终把独联体建设成为由俄领导、类似北约的地区性组织。其次，俄为改变其在欧洲安全体系中的不利地位，提倡将欧洲安全与合作组织改建为负责全欧洲安全事务的核心机构，使其担负协调欧洲和欧洲—大西洋地区各个国际组织的作用。

普京执政以后，俄罗斯的军事战略仍然是"现实遏制"战略，但是对"现实遏制"战略的具体内容进行了重大调整，使俄罗斯"现实遏制"的军事战略发生了明显变化：一是从国家利益出发，确定抵制西方军事威胁的基本目标。新版《俄联邦军事学说的基本原则》中明确指出，俄罗斯在今后10～15年内，经济将处于恢复时期，综合国力依然有限，内外敌对势力可能利用俄暂时的虚弱，削弱俄世界大国地位，损害俄在全球范围的战略利益，破坏俄地缘战略态势，进一步实施北约东扩，在俄及其盟国边境附近地区增加军事力量，威胁俄边境安全，干涉俄内部事务，以及从内部破坏俄国家的统一和稳定。这是新世纪初俄面临的基本威胁，这些威胁在特定条件下会演变成现实威胁。为此，俄要为遏制和对付这些军事威胁做好充分准备。二是以核威慑为基本手段，制定遏制、防止战争的核战略方针。制定新的核战略方针，即以核武器为基本手段，不仅要遏止核战争，而且要遏止大规模战争。同时提出了新的核武器使用原则：①强化"首先使用"的核打击思想，突出使用核力量维护国家安全的坚决性，保持使用核武器进行迎击或回击的权利；②把"回击—迎击"作为遏制战略的主要作战样式，主要依靠核力量，而不是依靠常规力量遏止敌人的进攻；③扩大核武器使用范围，不仅对来犯的有核国家，而且对与它们结盟的来犯无核国家使用核武器；④放宽核武器使用时机，可在受到核打击时实施核回击，还可在敌方使用常规武器发动大规模入侵并破坏战略防御稳定的情况下实施核打击。另外，要在继续削减战略核武器数量的同时，建立可靠的"三位一体"的战略核力量，提高弹道导弹的突防能力、命中精度和毁伤能力，确保核遏制的有效性。继续研发和部署新型核武器。三是以战略收缩为基本态势，加快战区和海外的战略部署调整。调整战区战略任务，按照西北、西部、南部、中亚、西伯利亚和远东6个战略方向，建立"地区性战役战略集团"，从而使军区区划和战略方向保持了一致：彼得格勒军区负责西北战略方向，莫斯科军区负责西部战略方向，北高加索军区负责南部战略方向，乌拉尔军区负责中亚战略方向，西伯利亚军区负责西伯利亚战略方向，远东军区负责远东战略方向。俄罗斯国内兵力部署放弃了沿边界全面布防的做法，实行"前轻后重，重点设防"的方针。战略部署调整的重点是：①以欧洲方向即西部战略方向为重点，这是俄威胁的主要来源之一；②以西南方向为次重点；③以中亚方向为次要方向，在海洋战略方向上由北方舰队承担对欧洲方向海区的主要防御任务，撤销了设在古巴洛尔德斯的无线电侦察中心和位于越南金兰湾的海军基地；四是以均衡发展为基本原则，建立一支机动、精干、高效，有充分遏制能力的现代化军队，根据国际国内的新形势，重新确立了新的建军目标、方针、原则和改革任务。

（三）俄罗斯军事发展趋势

俄罗斯认为，在当今世界，军事手段仍是防止和遏制战争的基本途径。为维护国家安全和统一，俄罗斯军事发展的主要思路是：进一步缩小军队规模，建设一支规模小，专业性强，有高度机动能力，在各个战略方向上能进行积极的、全方位的、机动防御作战的职业化军队。今后俄罗斯军事发展趋势是：

1. 重视质量建设，加快改革步伐

根据俄联邦安全会议制订的俄军建设与改革计划，俄军在完成裁减 36 万人的基础上，加快完善军种的结构调整。陆军将恢复陆军司令部，加强统一指挥和集中控制，提高快速反应和执行各种机动作战任务的能力。空军将合并、裁减重复设置的军事指挥机关，优化部队的编成和结构，提高远程截击和精确打击能力及防空部队的反空袭能力。海军将加快发展步伐，增强海上兵力部署的机动性和灵活性；第四代舰艇将列编部队，并将重点研制和建造包括隐形舰艇在内的具有超前性作战的舰艇和保障舰只，尽快恢复俄昔日海军雄风。

2. 核力量与常规力量均衡发展

随着面临的现实威胁日益严重的情况，俄罗斯将在"重质轻量"原则下建设战略核威慑力量的同时，加强常规力量建设，将根据国防需要和国家经济实力均衡发展武装力量的各军种。经过几年建设，俄军将成为一支具备遏制和反击大规模武装入侵的有效手段，又有应付现实威胁的强大力量的军队。

3. 常备部队的规模进一步扩大

俄罗斯常备部队主要由陆军和空降兵组成。俄将陆军总兵力的一半编为常备机动部队，并建立两支人数约 5 万人的常备军队集群。空军也将组建 9 个常备团。海军将 1 个区舰队作为常备兵力。

4. 武器装备的更新换代步伐加快

俄罗斯在加强军队质量建设的过程中，加快武器装备的更新换代步伐。

一批具有世界领先水平的武器陆续成建制地装备部队，例如：T-605 隐形战略轰炸机，多用途战斗机米格-29 和苏-27M，新一代战斗机米格-142 等。

三、日本的军事概况

日本宪法规定内阁总理大臣是国防组织的最高领导人和自卫队的最高统帅。内阁总理大臣是陆、海、空自卫队的最高指挥官。防卫厅是内阁总理大臣对陆、海、空自卫队实施指挥的职能机关。防卫厅长官在内阁总理大臣的指挥监督下，统一领导和指挥陆、海、空自卫队。

（一）防务力量组成

日本的武装力量由现役部队、在军事部服务的文职人员和预备役部队组成。现役部队分为陆上自卫队、海上自卫队和航空自卫队。现役部队总兵力约 23.6 万人。

陆上自卫队（约 14.7 万人）。编成 5 个军区、11 个步兵师、1 个装甲师等，共装备主战坦克约 1070 辆。

海上自卫队（约 4.3 万人）。编有 1 个联合舰队，下辖 1 个护卫舰队、1 个航空集团和 1 个潜艇舰队，共装备各种作战舰艇约 141 艘。

航空自卫队（约 4.5 万人）。编有一个航空总队，下辖 3 个航空方面队（各辖 2 个战斗航空团）、1 个航空支援集团等，共装备各种作战飞机约 495 架。

（二）防务政策的演变

第二次世界大战后，按照日本宪法第 9 条规定，日本不保持军事力量。没有军队，军事战略自然无从谈起。但是自从朝鲜战争爆发以后，日本在美国的扶持下，以"维持治安，加强防务"为由，逐步建立和发展了拥有一支陆、海、空三军的"基础防务力量"——国民自卫队，其军事战略随之应运而生。

日本是美国在亚洲的主要盟国，其军事战略主要是依附美国的军事战略，军事战略的演变大体经历了三个阶段。

1. "集体防卫"军事战略（"二战"以后—20 世纪 60 年代初）

"集体防卫"军事战略的主要内容是：在美国的扶持下，重新组建自己军队。1950 年 6 月，美国发动了朝鲜战争，驻日美军数量大减，造成防卫力量严重不足，美国积极扶持日本组建军队。1952 年，日本先后组建了陆上自卫队、海上自卫队和航空自卫队，1954 年，日本颁布了《防卫厅设置法》和《自卫队法》。完成了军队重建任务；在防卫体制上，1951 年，日美签订《日美安全保障条约》，日本在军事上依附美国，实行"集体防卫"；作战主要对象为苏联、中国和朝鲜。

2. "共同防御"军事战略（20 世纪 60 年代初—70 年代初）

"共同防御"军事战略的主要内容是：在奉行《日美共同合作与安全保障条约》的同时，提高自主防卫能力。1960 年，日美签订《日美共同合作与安全保障条约》，使日本的防卫任务由完全依赖美国变为与美国共同防卫，即：战略上的进攻作战，打大规模常规战争和核战争依靠美国；战略上的防御作战，小规模常规战争依靠日本自己；作战主要对象为中国和朝鲜。

3. "专守防卫"军事战略（20 世纪 70 年代初至今）

"专守防卫"军事战略的主要内容是：在进一步完善、落实日美安全保障体制的基础上，更强调防卫的自主性。日本强调建立"自主而且独立的防卫力量"和能应付小规模入侵战争的"基础防卫力量"；防御范围扩大到 100 海里海上航线；作战对象由中国、朝鲜再次转向苏联；调整依靠美国军事保护的战略。

"专守防卫"军事战略出台后，只是一个原则性的框架，缺乏具体的实质性内容。随着国内和国际形势的变化，日本从 20 世纪 80 年代中期开始对"专守防卫"军事战略进行了 3 次调整，使"专守防卫"军事战略的内涵得到不断充实和扩展。3 次"专守防卫"军事战略调整的具体的内容是：

（1）积极防御战略。积极防御战略是日本第一次调整"专守防卫"军事战略的内容，其调整的重点是充实和完善"专守防卫"军事战略的内涵，为"专守防卫"战略充填了比较具体的内容：

在作战对象上，公开指认俄罗斯是日本的"潜在威胁"。

在兵力部署上，加强针对俄罗斯的兵力部署。

在军队建设上，确定了"质量重于数量"的方针。在不进行大规模扩军的前提下，注重提高质量。

在作战指导思想上，进一步强调实行"自主防卫"，从依赖美国的军事保护，等待美军增援，转为着眼于自己粉碎外敌小规模武力入侵。

在防卫范围上，将"周边海域"的范围扩大到"周边数百海里和远洋航线 1000 海里"，以海军为代表的日本军事力量开始从近海走向远洋。

在作战协作上，进一步明确了日美作战分工，即美国负责提供核威慑、战略进攻及作战支援，日本承担本土防御、防空、海峡封锁及关岛以西、菲律宾以北的反潜护航作战。

总之，"专守防卫"战略经过第一次调整，它的内涵有了很大的拓展，开始由消极防御向积极防御转变。

（2）前方阻止战略。随着日本综合国力的提高及军事实力的增强，日本对"专守防卫"战略进行了第二次调整。其主要内容是：

改变日美安全保障体制的性质。在坚持日美军事同盟的基础上，日本积极加强军事力量建设和分担防卫责任，向做"西方一员"的战略方向转变。

调整建军方针。明确提出要建设一支能够"有效地对付有限的、小规模侵略战争"的军事力量。

调整军费不超过国民生产总值1%的规定。1986年取消了"军费不超过国民生产总值1%"的限制，从1987年开始防卫开支突破了1%的限额。

调整了作战指导思想。1983年度的日本《防卫白皮书》首次正式提出"洋上防空，海上击破"的作战指导方针，并将自卫队的防卫范围扩大到"周边海域数百海里、海上航线1000海里"。

总之，"专守防卫"战略经过第二次调整后，它的内容已经发生了深刻变化，由于防卫区域的扩大和作战思想的转变，已经基本背离了它原来的意义。

（3）主动先制战略。20世纪90年代以后，随着冷战的结束，世界形势发生了根本的变化，日本对"专守防卫"军事战略进行了第三次全面调整。其调整的主要内容是：

第一，制定新《防卫计划大纲》。1995年，日本出台了新的《防卫计划大纲》，明确了日本自卫队在新形势下的地位和作用。同时，提出了日本自卫队未来建设的指导方针。

第二，重申日美安全保障体制的有效性。1996年，日美发表了《面向21世纪的同盟——日美安全保障联合宣言》，再次强调，日美两国紧密的防卫合作是保卫日本的最有效的合作，日本将以日美安全保障为基础，继续通过提供设施和土地做出"力所能及的贡献"，在地区及全球范围内进行广泛的合作。

第三，出台新日美《防卫合作指导方针》。根据日美《安全保障联合宣言》，1997年，日美重新制定了《防卫合作指导方针》，规定了日美三大合作机制，并明确了40项联合作战措施。日美军事同盟的关系进一步具体化，自卫队的作用进一步增大。

第四，制定新《日美防卫合作指针》的相关法案。1998 年，日本政府批准了与新《日美防卫合作指针》相关的三项法案，即《周边事态法案》、《自卫队法修正案》、《日美相互提供物资和劳务协定修正案》，日本为今后随时参与美国的干预行动完成了立法程序，从法律上明确了自卫队要协助美军干预所谓的"周边事态"的方针，标志着日本要成为美国推行全球霸权的工具。2001 年，日本参议院通过了政府提出的《反恐怖特别措施法案》、《自卫队法修正案》和《海上保安厅法修正案》，为日本自卫队派兵开赴海外战场铺平了道路。2003 年，日本国会通过了"有事三法案"，即《应对武力攻击事态法》、《自卫队法修正法》和《安全保障会议设置法修正案》，进一步扩大了首相在处置可能发生武力攻击事态时的权限和自卫队战时征用民用物资和设施的自主权。

第五，与美国合作，共同开展战区导弹防御系统的技术研究。1998 年，日本同美国签署了有关共同研究和发展战区导弹防御系统（TMD）的备忘录。日美联合研制战区导弹防御系统，对亚太地区的安全形势产生重要影响。

总之，"专守防卫"战略经过第三次调整后，它在内容上又有了重大突破和新的发展，日本军事战略已经绕过了日本"和平宪法"的限制，使"专守防卫"的内涵得到了极大的延伸与扩展，赋予了日本自卫队走出国门的任务，使日美结成了具有进攻性的军事同盟关系，形成了"主动先制"战略。

（三）日本军事发展趋势

日本根据世界形势的新变化，为满足国家安全的需要，进一步实现其军事大国的梦想，日本制订了新的《中期防卫力量发展计划》，未来日本的军事发展趋势是：

（1）继续实现军事力量的合理化、高效化、精干化。日本将在减少军事力量人员数量的情况下，通过提高人员素质、改编基干部队，以及通过研制、采购和装备高技术武器等来实现军事力量的发展。

（2）全面提高自卫队的各种能力。日本自卫队将全面提高各种能力，其主要有：提高防空能力，将对 F-15 战斗机进行现代化技术改造；提高周边海域的防卫能力和确保海上交通安全的能力，将建造新型的驱逐舰、潜艇、扫雷艇和导弹艇等；提高抗登陆进攻的能力，继续装备 F-2 支援战斗机，继续装备坦克、装甲车及多用途导弹等反坦克武器；提高情报收集能力；提高警戒监视能力等。

（3）建设一支独立自主的军事力量。自卫队将继续保持高额的军费开支，重点发展高技术武器装备。例如，参加美国的战略导弹防御计划（TMD），继续建造准航母型大型运输舰和核潜艇，采购 F-2 新式战斗机和引进空中加油机等，以实现"自主防卫"的目标。

（4）进一步拓宽军事力量的作用。日本自卫队除完成"保卫日本，应付大规模自然灾害"两项任务外，将积极参与国际和地区性事务，加强多边或双边的军事交流，积极探索建立地区性安全保障机制，积极向海外派遣自卫队参与国际维和行动等，使自卫队由"内向被动型"向"外向主动型"的方向发展。

四、印度的军事概况

印度宪法规定总统为武装力量最高统帅，总统通过内阁总理对全国武装部队实施领导。现行最高国防决策为内阁政治事务委员会，成员有国防、外交、内政和财政等主要内阁部长，由总理任主席。

（一）武装力量组成

印度的武装力量由现役正规部队、准军事部队和后备力量组成。现役正规部队由陆、海、空三个军种组成，三军平时没有统一的作战指挥机构，由内阁总理通过内阁秘书处协同国防部对三军实行统一指挥，战时通过授权主要军种参谋长实施统一指挥。现役正规部队约130万人。

陆军（约110万人）。编有5个军区、12个军部、36个师和15个独立旅，共装备主战坦克约3898辆。陆军具有较强的机动、持续作战和从事现代化战争的能力。

空军（约14.5万人）。编有30个攻击机中队、9个战斗机中队、2个攻击直升机中队和12个运输机中队，作战飞机约738架。空军已形成近距离空中支援、中距离战役空中攻击、远程纵深打击和要地防空四种力量，具有相当的空战能力。

海军（约5.3万人）。编有东部、西部、南部和远东4个地区司令部，东部舰队、西部舰队2支舰队。另编有潜艇司令部和海军航空兵司令部。装备各种舰艇127艘。海军已具备较强的水上、水下和空中立体作战及一定程度的远洋作战能力。

（二）军事战略的演变

印度独立后，在继承英殖民时期的"扩张掠夺"军事战略基础上，围绕

"争当世界大国"的国家战略目标，印度的军事战略从形成到不断地调整完善，大体经历了四次调整，即"有限进攻"军事战略、"两线扩张"军事战略、"保陆制海"军事战略和"区域威慑"军事战略。

1. "有限进攻"军事战略（20世纪50年代）

1947年，印度独立后，世界正处在冷战时期，美苏插手南亚，使该地区战略局势发生新的变化，同时印度刚独立，国家穷困，国力和军力不强，没有实力同时实现其对巴基斯坦和对中国的战略目标，因此，这个时期印度实行"有限进攻"的军事战略。

"有限进攻"军事战略的主要内容是：

（1）把巴基斯坦作为主要作战对象。印度把巴基斯坦视为最直接的威胁和印度称霸南亚的主要障碍，将主要兵力部署在印巴边境，在军事上对巴保持强大压力下的军事对峙。

（2）对中国实施领土蚕食策略。尼赫鲁政府对华政策采用两面手法：一方面同中国保持友好，承认中国对西藏的主权，支持中国加入联合国；另一方面派地方部队在"麦克马洪线"以南、传统习惯线以北的大片中国领土上设立据点，逐步蚕食。

（3）控制北部弱小邻国。对锡金、不丹和尼泊尔三个北部弱小邻国加以控制，建成对付中国的缓冲地带。

（4）实施有限扩军。印度不遗余力，把三军总兵力增加到40余万人，建立健全作战指挥体制，加快实现军队的现代化。这一时期，印度军队的武器装备几乎全部从英国采购，其作战指导思想是"消极防御"，实际作战能力很低。尽管如此，其军事战略的进攻性已经在具体的军事行动中得到初步显示。

2. "两线扩张"军事战略（20世纪60年代）

20世纪50年代末到70年代初，是印度利用对其有利的国际环境，以武力称霸南亚次大陆的时期。这个时期，印度的经济状况有所好转，综合国力有一定程度加强，因此，印度实行"两线扩张"的军事战略。

"两线扩张"军事战略的主要内容是：

（1）对中国采取"北进"的战略。即在北部印中边境全线实行北进的强硬军事方针，派地方准军事部队抢占印中边境争议区，进一步蚕食中国领土。

（2）对巴基斯坦采取军事进攻的战略。即在军事力量有限的情况下，把战略重点放在西部印巴边境方向，力争先从战略上削弱巴基斯坦。

（3）进行大规模扩军。即把武装力量建设的重点放在扩充陆军和空军上。

这一时期，印度的武器装备自给率低，尤其是重型武器装备对外国依赖较大。但是，印度在作战指导思想上已采取"积极扩张"思想，作战方法也开始朝灵活、多样的方向发展。

3. "保陆制海"军事战略（20世纪70—80年代）

20世纪70年代以来，印度基本上处在一个有利的战略环境时期。这一时期，印度实行"保陆制海"的军事战略。

"保陆制海"军事战略的主要内容是：

（1）遏制中、巴，威慑弱小邻国，巩固在南亚次大陆的霸权地位。印度仍把巴基斯坦视为"安全的主要威胁"，加强对其防务；对中国、印度实行"增强实力，在边境对峙中抗衡中国"的政策，在印中边境部署重兵。

（2）加强海军建设，把战略触角伸向印度洋。

（3）实行"最后一根导线"的核发展战略。印度大力发展核能力，秘密生产核武器零部件，不生产核武器，一旦需要，能在24小时内进行组装，接上最后一根导线，就能制造2万吨级的原子弹。

（4）加快军队现代化建设步伐。印度在重点发展海军的同时，稳步增长陆军、空军实力，加快三军武器装备现代化的步伐，全面增强作战能力。此时，印度武器装备的自给率有所提高。

4. "区域威慑"军事战略（20世纪90年代以来）

20世纪90年代以来，世界战略格局和地区安全形势都发生重大变化。这一时期，印度实行"区域威慑"军事战略。

"区域威慑"军事战略的主要内容是：

（1）对巴基斯坦保持绝对优势地位和进攻态势。印度把战略重点放在西部的印巴边境，平时把近一半的陆、空军兵力部署在印巴边境一带，海军兵力部署在西部的阿拉伯海，对巴基斯坦形成强大的威慑力。

（2）对中国维持局部军事压力。印度在印中边境陈兵20万，继续保持"攻势防御"态势。

（3）加快向印度洋扩张步伐。

（4）公开发展核武器。印度进一步加强发展核武器的信心、立场更强硬，最终改变了"最后一根导线"的核战略，于1998年5月连续进行了5次地下核试验，成为拥有核武器的国家之一。

（5）停止扩军。在保持足够数量军队的基础上，强调通过提高武器装备的现代化程度和调整武装力量的内部结构提高快速反应能力，增强整体作战能力。

进入 21 世纪，印度根据国际战略形势和国内外安全环境的新发展，在继续实行"区域威慑"军事战略的大框架的基础上，对其主要内容进行了较大幅度的调整。一是积极改善与美国的军事关系。印度通过人员互访、购买武器、军事演习等，特别是"9·11"事件后，印度又开始无条件地支持美国打击恐怖主义，允许美国使用其军事设施，积极主动地改善和加强与美国的军事合作关系，使印美军事关系急剧升温。二是视巴基斯坦为"现实威胁"。在 2001 年 5 月发表的《国防年度报告》中明确提出："印度安全与统一的最大的现实威胁在西部的巴基斯坦，必须更加重视巴对印度构成的威胁"，同时把巴基斯坦视为主要作战对手，将印巴边境地区作为战略重点，随时随地准备与巴基斯坦打一场全面的战争甚至核战争，把巴基斯坦视为其国家安全最直接、最现实的威胁。近几年，印度的军事演习更加强调以巴基斯坦为假设敌人，有针对性地进行对巴作战演练。三是凸现"核威慑战略"。印度在核试验 15 个月后，就提出了最低限度有效的核威慑战略思想，并明确提出：组建陆、海、空"三位一体"核打击体系，建立可靠的、最低限度的核威慑的力量。这标志着印度正式将"核威慑战略"提升到"区域威慑"军事战略的主导地位。四是加紧推进"印度洋控制战略"。印度在巩固了次大陆的支配地位之后，海洋意识日益增强，明确提出：有效制服印度洋沿岸的小国海军，有限阻遏大国海军，最大限度地控制印度洋海域。把夺取印度洋的控制权作为印度在 21 世纪奋斗的战略目标，把建立一支现代化的远洋攻击型海军和强化在印度洋的军事存在作为实现"印度洋控制战略"的主要途径，以加快推进"印度洋控制战略"的步伐。

（三）军事发展趋势

印度认为，建立和保持一支强大的国防力量是保证国家安全和实现争当世界大国的国家战略目标的最重要途径。因此，印度在借鉴近期发生的几场高技术局部战争的经验教训的基础上，根据世界新军事变革的发展，结合本国国情，制定了今后军事发展的总体目标。

（1）以全面提高威慑能力为主要目标，贯彻精兵原则，实行陆、海、空三军协调发展的方针。

（2）采取武器来源多样化的措施，以加快武器装备现代化的步伐，同时逐步提高国产化的比例。

（3）进一步调整作战指挥体制，建立健全全军统一的指挥控制系统。

（4）增强电子对抗能力，全面提高快速反应能力和整体作战能力。

（5）加快推进核武器优化进程，进一步提高核战略威慑能力。

第三节 中国周边安全环境分析

周边安全环境是指国家周边有无危险和受到威胁的情况及条件，是一个国家对其周边国家或集团在一定时期内对自己国家主权、领土完整是否构成威胁、有无军事入侵、渗透颠覆等情况的综合分析和评估。它是关系国家和民族兴衰存亡的大事，是制定国防战略的首要依据。

一、中国地缘环境的基本情况

国家的地缘环境是持久地影响着国家安全的基本因素之一。因此，研究国家的周边安全环境，必须从研究地缘环境入手。只有充分了解地缘环境对周边安全环境的影响，才能对周边安全情况作出客观的判定。

（一）中国是世界上边界线较长，邻国最多的国家之一

我国是世界上陆海邻国最多的国家，而且多陆海强邻。我国陆地上与14个国家相接壤，按由东往西的地理位置排序依次是：朝鲜、俄罗斯、蒙古、哈萨克斯坦、吉尔吉斯斯坦、塔吉克斯坦、阿富汗、巴基斯坦、印度、尼泊尔、不丹、缅甸、老挝和越南。在海上我国与日本、朝鲜、韩国、菲律宾、马来西亚、印度尼西亚、文莱和越南8个国家的大陆架或200海里专属经济区相连接，其中朝鲜和越南既是海上邻国，又是陆地邻国。我国陆海邻国众多，仅次俄罗斯，排世界第二位，周边安全环境复杂。

（二）中国周边国家政治制度及经济发展水平差距很大，民族、宗教矛盾交织，安全环境复杂

中国的周边地区也是政治制度差别很大的地区，既有社会主义国家，也有资本主义国家；既有发达国家，也有发展中国家；既有富国，也有穷国；既有老牌的经济强国，也有崛起的新兴国家。中国是亚太地区中心的大国，亚太地区是同中国安全关系最为密切的外部环境，特别是周边国家形势同我国安全直接相关。中国邻国众多，周边国家和地区所奉行的国家安全战略和外交政策各不相同。这种复杂的周边环境对中国的安全造成了一定的不利

影响。

（三）我国安全环境受外部影响因素大

我国安全环境的外部影响，主要来自陆、海两个方面。历史上，美、苏曾分别从海上和陆上对我国施加过影响。苏联解体后，俄罗斯仍是世界上最大的陆地国家，面积1700万平方千米，其中1/3在欧洲，2/3在亚洲。从历史上看，中、俄地缘战略上的不安全因素依然存在。美国位于北美洲大陆南部，陆地面积936万多平方千米，综合国力强。美国和俄罗斯对欧亚大陆具有全局性影响。

日本、印度是我国周边地区的两个重要国家，是构成我国地理环境的重要因素。日本资源缺乏，对海外资源和海外市场的严重依赖性是其显著特点。在近代，日本经历了50年的侵略扩张和对美国的依附。甲午战争至第二次世界大战结束以前，日本军国主义积极推行侵略扩张政策，主要是向亚洲大陆扩张。第二次世界大战结束后，美国控制世界海洋，日本转而依附美国，充当美国在太平洋的前沿堡垒。冷战结束后，日本继续追随美国，企图成为政治和军事大国。

印度人口众多，是一个依陆面海的大国，其地理条件较为优越，周边邻国主要是中小国家。我国是直接与印度毗邻的唯一大国，两国目前仍存有边界争议，历史上曾发生过边境战争。

东南亚、中亚是我国周边的两个重要地区，也是我国陆、海两面的枢纽地区，对我国的安全和经济发展具有重要影响。在通道、资源、安全等方面都有重要战略意义。交通方面，东南亚是连接亚洲与大洋洲，沟通印度洋和太平洋的"十字路口"，控制太平洋到印度洋的主要水上航线；中亚地区处于东亚、西亚、南亚和北亚的地理连接点上，是连接欧亚大陆以及我国、俄罗斯、欧洲、中东、南亚各地陆路连接的枢纽。资源方面，东南亚有丰富的战略资源，锡储量占世界60%，橡胶年产量占世界的80%以上，矿产资源丰富，石油和稻米出口量较大。安全方面，东南亚连接我国的东南沿海与西南地区，是影响我国南部安全的重要方向，贯穿东南亚的海上战略通道对于日本有重要意义，对美欧各国的航运也有重要影响；中亚地区与我国新疆、西藏等地接壤，该地区的形势与我国西北边疆的安危相关，随着上海经合组织的建立，我国与中亚各国建立了平等合作的友好关系，将对这一地区的安全环境产生有利影响。

二、判断安全环境面临威胁的理论分析

对安全环境的分析，不仅要立足于对地缘环境等一系列客观环境的分析，而且要运用科学的理论体系，对可能涉及国家的安全构成威胁的各种客观要素进行理性思维和全面的分析，以做出正确的判断。

（一）威胁的要素

任何一个周边国家对本国构成威胁，总是事出有因的。既可能是历史遗留的矛盾，也可能是现实存在的冲突；既可能是因为社会制度的对立，也可能是因为经济利益的纠纷；既可能是领土争端，也可能是民族宿怨。构成威胁的原因虽然很多，但有时也有这样的情况，即存在着威胁的动因，但不存在威胁的可能。从理论上讲，凡是存在着威胁的动因，双方相互之间就构成了威胁，可是事实上只有力量强大的一方对弱小的一方才构成实际的威胁。因此，分析威胁，除了分析其原因之外，还需要特别注意对威胁要素的分析。一般来说，构成威胁有以下三大要素：

1. 实力

实力是构成威胁的客观要素。一个国家的实力构成是多方面的，有政治的、外交的、经济的、科技的、军事的，等等。就威胁实力而言，主要是指军事实力。判定一个国家的威胁实力，最主要的就是要判明其军队数量的多少、装备的强弱、训练的优劣、作风的良莠、补给的盈乏等。一个国家的军事实力超过了国家防御的需要，它就有力量、有可能对另一国构成威胁。

2. 企图

企图是构成威胁的主观要素，也是不可忽视的重要因素，而且判明威胁企图要比判断威胁实力复杂得多。一个国家的军事实力，有多少军队，多少飞机、坦克、舰船、导弹等，一般能够通过各种侦察手段做到大体上了解。而企图有时是明朗的，有时则是隐藏的。侵略者往往最善于隐蔽企图。一些阴险的威胁企图，往往潜伏在花言巧语或甜言蜜语之中。侵略者有时做出一些友好的姿态，实际上心怀叵测，这就增加了判明企图的复杂性。然而，再隐蔽的军事威胁企图总有些端倪可见。首先，军事实力的过分强大本身，就反映了一种外向的企图；其次，军队的模拟训练的对象和重大行动也是一种作战意向的反映；再次，军队部署的调整是采取军事行动的前奏，说明威胁即将成为现实。

3. 环境、时机和方式

任何威胁行为总是在一定的环境下，抓住一定的时机，以一定的方式表现出来。所以，除了分析威胁的实力要素和企图要素外，还有一个重要的方面，就是必须分析反映这些要素的环境、时机和方式。

一个国家的威胁行为是在一定的国际环境下表现出来的。在相对和平时期，任何国家威胁别国的行为，受到非议的可能会更多，从而迫使其对威胁行径有所收敛。当一个国家的威胁企图尚未得到一定数量的盟国支持时，它的企图也可能更加隐蔽，而当这些支持得到满足时，其企图就可能明目张胆地表现出来，其行为也可能更为嚣张。这就是国际环境对威胁行为的制约。所以，在进行威胁分析时，不能孤立地看，要把面临的威胁置于国际环境之中全盘考虑，从而得出正确的判断。

（二）威胁的类型

从时间方面讲，威胁的类型有现实的威胁与潜在的威胁之分；从强度方面讲，有全面威胁与局部威胁之分；从重点方面讲，有主要威胁与次要威胁之分；从武器方面讲，有核武器威胁与常规武器威胁之分；从手段方面讲，有军事威胁与综合威胁之分。

（1）现实威胁：是现实国际关系中已存在的威胁。例如，一国对另一国敌意很浓，大兵压境；或霸占领土，无意退让；或不断寻衅闹事，蚕食扩张等。对付现实威胁是国防建设的基本着眼点。

（2）潜在威胁：是在现实中还没有构成、而未来有可能构成的威胁。例如，一个国家有称霸野心，但一时尚不具备称霸的力量，或有强大的经济力量但眼下暂无匹配的军事力量等。对付潜在威胁是国防建设长远规划的着眼点。

（3）局部威胁：是指对一个国家范围内的局部地区的威胁。这种威胁一般发生在两个或多个国家之间的部分领土争端、边界纠纷，或是其他主权利益、经济资源等问题的瓜葛，不能以和平的方式解决时出现的。局部威胁在相对和平时期经常出现，现代国防应更多地予以关注。

（4）主要威胁：是若干现实威胁中的重点威胁。当一个国家同时面临多个国家的不同威胁时，就要分析哪一国的威胁是主要的威胁，从而将国防的重点针对主要威胁。一般说来，现实的全面威胁与局部威胁相比，全面威胁往往是主要威胁，但当全面威胁从现实中消除时，这种主要威胁也随之消失，而另一种主要威胁将取而代之。

（5）全面威胁：是指对一个国家的整体安全构成的威胁。这种威胁一般只在强国对弱国或两国势均力敌时才可能出现。国家的全面威胁，涉及国家的根本利益，关系到国家的生死存亡，是国家的头等大事。

（6）次要威胁：是若干现实威胁中的非重点威胁。局部威胁与全面威胁相比，通常属于次要威胁，但次要威胁有时也可能会上升为主要威胁。

（7）核威胁：是指以核武器进行的威胁。这种威胁有酿成核战争的危险。

（8）常规威胁：是指使用常规武器进行的威胁。现今世界上的主权国家大多面临着的是常规威胁。但是，由于科学技术的发展，有些经过高技术改进的常规武器，其杀伤破坏能力不亚于小型核弹。

（三）威胁的转化

威胁不是一成不变的，在一定条件下，它是可以转化的。因为威胁不是战争。它可以向战争转化，也可以向缓和转化。

威胁的转化是有条件的。根据构成威胁的原因的发展变化，威胁也随之发生转化。如果构成威胁的原因淡化了，威胁就可能转化为缓和；如果构成威胁的原因激化了，威胁就可能转化为战争。正是由于威胁在一定条件下可以转化，所以一个国家如果不是好战的话，那么，它的国防在面临威胁时，应当尽力做好消除威胁的工作，化干戈为玉帛，使威胁淡化，并转为缓和，而不应当让威胁激化为战争。也就是说，要创造条件尽力做好使威胁淡化的工作。因为争取威胁的缓解有利于创造一个良好的和平环境，大力进行经济建设。同时也可以利用这个机会，加强国防建设，以便从容地对付各种新的威胁。

威胁分析的目的是认清国家所处的安全环境，从而有针对性地加强国防建设。任何一个国家，在任何情况下，即使是和平时期，都不能沉醉于和平麻痹的状态之中，在战争根源没有消除之前，在霸权主义、强权政治还很猖獗的世界里，绝对不能放松对战争的警惕。"天下虽安，忘战必危"。古人的忠告，应当使我们时刻不忘敲响加强国防建设的警钟！

三、中国周边安全存在的主要威胁

中华人民共和国成立后，中国政府本着"互相尊重领土主权，互不侵犯，互不干涉内政，平等互利，和平共处"五项原则，与周边国家协商解决历史遗留问题，与周边国家的关系不断改善，周边安全形势总体上是好的。但是，由于西方一些国家在对待中国关系问题上仍然坚持"冷战"思维，中国与周边国家在陆地边界和海洋权益方面存在一些争议和一些悬而未决的问题，而且有些问题比较复杂，中国又面临着一些不安全因素和潜在的威胁。

我国的安全环境存在着两重性：一是相对和平稳定的安全环境不断得到巩固和发展；二是我国仍面临着一些不安全因素和潜在的威胁。

（一）西方军事强国对中国的安全环境的威胁

在世界军事强国中，美国对我国安全环境的影响尤甚。美国与我国虽远隔重洋，但对我国安全的影响却无处不在。在各大国与我国关系向前发展的同时，在以美国为首的西方世界仍然有一股企图遏制中国的逆流，顽固地坚持冷战思维，不愿意正视我国政治、经济的发展以及在国际社会中的积极作用，散布所谓的"中国威胁论"，以"人权"为幌子，干预中国的内政，阻挠中国统一大业。美国对华政策的两面性，是我国安全环境的不稳定的主要因素之一。

（二）边界和海洋权益争端尚存

我国坚持在"和平共处五项原则"的基础上愿与一切国家发展友好关系，特别注重发展与邻国的睦邻友好关系。但另一方面也必须看到，我国与邻国的边境争议和关于海洋权益的争议情况复杂，解决起来难度很大，这些争议始终是可能影响我国边境和领海安全的不稳定因素。在这些争议中，陆地边界问题的争议以中印边界争议较为突出，关于海洋权益的争议则更为复杂。我国与朝鲜、韩国之间关于黄海、东海大陆架划分，与日本之间关于东海大陆架划分和钓鱼岛的归属问题，都存在着争议。中国的南海处于岛屿被侵占、海域被分割、资源被掠夺的严重局面。我国南沙群岛的海面岛礁几乎被瓜分殆尽。关于南沙群岛的争议，短期难以解决。如果处理不当，还有可能引起国际争端或诱发局部战争。

我国与一些邻国的边界争议及海洋权益的争议情况复杂，解决起来难度很大，这些争议始终是可能威胁我国边境和领海安全的不稳定因素，比较突出的有以下几个热点问题：

1. 中印边境争端

我国与印度之间陆地边界争议领土达 12.55 万平方千米，不仅是我国而且是世界上面积最大的国家领土争议地区。中印边界线全长 2000 多千米，东段争议面积 9 万多平方千米，为印度侵占；中段争议面积 2000 平方千米，为印度侵占；西段争议面积 3.55 万平方千米，我国实际控制面积 3 万平方千米。目前，双方同意保持实际控制线地区的和平与安宁。2005 年 4 月，温家宝总理访问印度，两国曾就解决边界问题的政治指导原则达成一致，但没有在边界问题上进行实质性谈判。

2. 南海隐患

南中国海总面积 350 万平方千米，自古以来属中国主权的领海有 210 万平方千米，分为东沙、西沙、中沙和南沙四大群岛。目前在南中国海诸群岛中，均与周边国家存在争议，其中以南沙群岛争议最大。南沙群岛位于南海诸岛最南端，又名"团沙群岛"，由 25 个岛、128 个礁、77 个滩组成，总面积 80 万平方千米，是南海诸岛中面积最辽阔，岛礁最多，资源最丰富的群岛。南沙群岛是中国人最早发现和最早经管的，据史籍记载，早在公元 2 世纪，西汉王朝出使东南亚各国开辟南海航线时，就发现该群岛。据考证，我国渔民自秦汉时期就前往南沙开始捕鱼作业，上各岛种植椰树、香蕉，获取饮用水。南沙自古以来就是中国的领海，对此，南海周边的国家均未提出过异议。中华人民共和国成立后，在国际社会中，即使怀有敌意的国家政府和组织，都承认南沙群岛属于中国。

中国政府对待南中国海的态度是：南中国海关系到中华民族子孙万代的利益，一寸也不能放弃。基本方针是：主权归我，搁置争议，共同开发。

3. 钓鱼岛之争

钓鱼岛位于台湾东北海域，距台湾岛约 90 海里，由 8 个大小不等的小岛组成，总面积 4.5 平方千米。钓鱼岛面积不大，但位置非常重要。自古以来钓鱼岛就在中国版图内有明确的记载，最早的记载是 1372 年明朝初期的版图。而日本人第一次到达该岛是在 1884 年一位名叫古贺辰四郎的人，比中国版图记载晚了 500 年。日本首度占领该岛是甲午战争期间，1972 年 3 月再度从美国手里接管该岛。长期以来，中国人民为使该岛回归祖国，进行过不懈的斗争。1996 年针对日本右翼团体在岛上设置灯塔的严重事态，中国政府曾"严重关切"这一事态的发展。民间也从来没停止过斗争，1996 年，香港、澳门的记者团体乘游艇前去示威，但遭到日本人出动直升机的驱逐。2003 年 5 月，我国香港、台湾、澳门等一些民间团体前去声讨、示威。2004 年，中国大陆第一个民间保钓组织——"保钓协会"曾到岛上进行考察，设置了界碑。

第四章　现代军事高技术

现代军事高技术，又称国防高技术，是指应用于军事领域的高技术，是高技术的重要组成部分。军事高技术迅猛发展，使武器装备、作战理论、战争形态等跃升到一个崭新的层次。

第一节　现代军事高技术概述

一、军事高技术的概念和分类

（一）军事高技术的概念

一般认为，军事高技术，是建立在现代科学技术成就的基础上，处于当代科学技术前沿，以信息技术为核心，在军事领域研究、开发或应用的，对国防科技和武器装备发展起着巨大推动作用的那部分高技术的总称。

（二）军事高技术的分类

1. 从军事高技术与高技术武器装备的关系出发，可将军事高技术划分为两个层次（或两种类型）的技术

（1）支撑高技术武器装备发展的共性基础技术。主要包括微电子技术、光电子技术、电子计算机技术、新材料技术、高性能推进与动力技术、仿真技术、先进制造技术等。

（2）直接应用于武器装备并使之具有某种特定功能的应用技术。主要包括侦察监视技术、伪装与隐形技术、精确制导技术、电子对抗技术、指挥自动化系统技术、军事航天技术、核武器和生物武器及化学武器技术、新概念

武器技术等。

2. 从宏观层次划分，目前军事高技术主要可分为六大技术领域

（1）信息技术

信息技术是现代技术革命的核心技术和先导技术。它是当代和未来科学技术的先导，主要包括微电子、光电子、计算机、自动化、卫星通信和光纤通信技术等。

（2）新材料技术

新材料技术是高技术及其产业发展的物质基础。主要包括信息材料、能源材料、结构材料和功能材料技术等。

（3）新能源技术

新能源技术是现代技术革命的支柱技术。它是人类从事物质资料生产的动力源泉，是保障人民生活和发展国民经济的重要支柱，主要包括核能、太阳能、风能、地热能、海洋能和生物能技术等。

（4）航天技术

航天技术是人类飞向宇宙空间进行活动的综合技术。它是现代科技发展的象征，主要包括航天器的制造、发射和测控技术，航天遥感、空间通信以及空间工业技术等。

（5）生物技术

生物技术是现代技术革命中最有发展前景的技术之一。它是解决人类粮食、能源和医药难题的有效手段，主要包括基因工程、细胞工程、酶工程和发酵工程技术等。

（6）海洋开发技术

海洋开发技术是以综合高效开发海洋资源为目的的综合技术。它是开发利用海洋资源的新手段，主要包括海水淡化、海水提铀、海底采矿以及海底工程建设技术等。

二、军事高技术的主要特征

军事高技术与民用高技术相比，既有与民用高技术相同的部分特征，还具有与其完全不同的或更加突出的特征。

1. 军事高技术的基本特征

高技术具有高创造性、高增值性、高竞争性、高渗透性、高风险性等特征，作为高技术重要组成部分的军事高技术也具备这些一般特征。

（1）高创造性

高技术的创造性指的是，高技术是人类凭借自己的聪明才智创造出来的知识、技术密集的高新技术群；高技术成果是在广泛利用已有的科技成就基础上，通过研究与发展所创造出来的科技成果；高技术的发展，主要依靠富有创新意识、创新能力的高科技人才。没有创新，就没有高技术的发展。一个国家、一个民族的创新能力和创新活动是高技术发展的强大动力。

（2）高增值性

高技术成果能够为创业者带来巨大的经济效益和社会效益。高技术发展的实践证明，高技术成果一旦转化为市场化的产品就能获得巨大的经济效益，一旦得到实际应用就能产生广泛的社会影响。高技术产业的迅速发展以及发达国家知识经济的出现，使高技术成为发达国家经济发展增长的决定性因素和知识经济的支柱，这些都是基于高技术的高增值性。高技术与军事应用相结合，能明显提高武器装备的性能，这也是高技术高增值性的反映。

（3）高竞争性

高技术的发展充满了激烈的竞争。当今世界各国综合国力的竞争、经济的竞争、军事的竞争，甚至企业公司在国际国内市场的竞争等，关键是高技术的竞争。如果在高技术的发展上落后，其他方面的发展就难以从根本上摆脱被动局面。可以这么说，高技术的时效性决定了谁先掌握高技术、谁先开发出产品并抢先投放市场或用于战场，谁就能获得优势，占据主动。

（4）高渗透性

高技术本身具有极强的综合性和技术辐射性或渗透性，隐含着巨大的技术潜力，既可以用于传统产业的改造，又可以用于新兴产业的创立，因而带动社会各行各业的技术进步，成为经济、国防、科学、技术、政治、外交、教育和社会生活等各个领域发展变化的驱动力。计算机技术的发展给社会各个领域带来的巨大变化是人所共知的。

（5）高风险性

高技术的发展充满了风险。高技术的探索，都是处在科技发展的前沿地带，不确定的因素多，成败难以预见。从纯技术的角度看，任何一项开创性的构思、设计和实施都具有一定的风险，成功与失败的概率几乎各占一半，加上投资大、成本高、周期长，因此，高投入不一定能达到预期效果，一旦失败，大量资金和研究时间将付之东流。

2. 军事高技术的突出特征

军事高技术除了具备普通高技术的一般特征外，还具有军事上特别突出的特征。

（1）发展的超前性

军事高技术的研究、开发和应用通常总是超前于当时的军事斗争需要，这是因为一方面军事斗争的需求具有一定的超前性，为了在军事领域保持优势，在尚未有理论依据或仅有初步理论探索的情况下，依据战争可能的发展趋势，探索新的军事技术，研制新的技术装备，为今后可能的军事斗争做准备。

（2）效果的突袭性

军事高技术的发展，特别是理论上和技术上的重大突破，往往因其技术上和战术上的创新性，能够给对手造成作战效果上的突袭性和突然性，使其在战争中遭受重大损失。在战争的历史上，曾经出现的坦克、化学武器、原子弹、雷达、精确制导武器等的研制成功及应用于战场，都曾带来作战效果上的突袭性和突然性。

（3）应用的双重性

高技术有军用和民用之分，但作为高技术的主要组成部分的军事高技术，许多也可以用于民用领域。应该说军用和民用技术在一定程度上没有严格的界限，高技术的发展对军事还是民用领域的应用都具有巨大的推动作用。如美国研制的 GPS 全球定位系统和人造卫星，就是兼顾军事和民用领域的高技术。正如 J. 贝尔纳在《科学的社会功能》一书中所指出的："自古以来，改进战争技术一直比改善和平生活更需要科学。这并不是由于科学家具有好战的特性，而是因为战争的需要比其他更加急迫。各国君主和政府不那么乐于向其他研究工作提供津贴，都乐于向军用研究工作提供经费，因为科学界能研制出新的装备，而这种装备由于十分新颖，在军事上极为重要。"

（4）高度的保密性

由于军事高技术的特殊性，在军事和国家安全上具有特别重要的地位，因此各国都力图获得军事高技术，或者及时掌握别国的军事高技术的发展情况，确保技术优势。这就使得各国都从自己国家战略利益的高度出发，保持对军事高技术的严密控制，绝不允许军事高技术像民用高技术那样为获取高额利润轻易进行转让。美国将军事高技术划分为三类技术或技术流：渐进性技术、突破性技术、王牌技术。三类技术均要求严格保密，保密期限依据其作用的不同而有所区别，在技术转让等级和对象进行严格控制。像核武器技术之类的王牌技术在半个世纪后的今天依然高度保密，绝不向别国转让。对潜在对手不仅对军事高技术转让进行严格控制，对可能在军事领域发挥作用的民用高技术也进行严格控制。

三、军事高技术对现代战争的影响

随着以信息技术为核心的高新技术的迅猛发展和广泛应用，武器装备的发展已经进入高技术时代，大量使用高技术武器装备的高技术战争将呈现出与工业时代战争完全不同的特点。

（一）信息战将在战略、战役、战术作战中全面展开

在未来战争中，新型信息化装备将使战场更透明，可实现全球感知，远程指挥控制，作战的"侦察—判断—决策—行动"的回路越来越短，夜间将变得更"明亮"。从当前信息战的发展可得出以下几点共识：其一，战略信息战就像核战争一样，具有大规模毁灭性作用，在未来战争中，它将成为新的威慑手段；其二，在战役和战术级，信息战的表现样式是以电子战为核心的指挥控制战，夺取信息权的核心是使拥有信息密集型武器的部队取得信息能力的优势；其三，计算机网络攻防对抗将成为信息战的主导形式之一，当前这类技术和手段发展最为活跃。综上所述，信息战的重要性可与陆战、海战、空战、天战相比，对未来军事理论、作战思想、部队编成及武器装备发展有重大而深远的影响。

（二）精确交战成为战争的重要样式

常规战争由大规模破坏走向重视精确攻击，作战精度越来越高，攻击距离越来越远。在第二次世界大战时，摧毁一辆距离为 730 米的坦克目标平均需要 18 发炮弹，在 1973 年阿以之战时，摧毁一辆距离为 1100 米的坦克目标平均需要 2 发炮弹，而在海湾战争时，摧毁一辆距离为 2200 米的坦克目标仅需 1 发炮弹即可。在将来，精确制导武器可实现对命中点的选择，达到命中即摧毁的目的。精确交战是现代高技术战争中的一种新的作战样式，它包括精确地确定敌军的位置，精确地指挥控制己方部队，精确地攻击敌方的关键力量或军事能力并能准确地评估打击效果，此外，还包括精

确的后勤保障等。

（三）战争从"以平台为中心"转向以"网络为中心"

网络中心战由美国海军提出，也适用于美国空军和陆军。美国海军网络中心战的网络结构由三个互相链接的部分组成：探测装置网络、交战网络和信息传输网络，交战网络由主要武器系统组成。高质量的信息传输网络对探测装置网络和交战网络起着支撑作用。整个网络通过指挥控制程序进行管理。网络中心战的体系分为三级。

第一级为战术级，网络用户数量在 24 个之内，信息传输时间为零点几秒，信息精度达到武器控制级。第二级为战区级，网络用户数量在 500 个之内，信息传输时间为秒级，精度达到部队的控制所需的要求。第三级为战略级，网络用户数量在 1000 个之内，信息传输时间为几分钟，精度达到部队的协同所需的要求。各级指挥官利用网络交换大量信息，感知整个战场的态势，阐述指挥意图，制订作战计划，解决各种问题。网络中心战的特点是提高了部队的指挥速度，建立了对战场空间持续完备的态势感知。网络中心战适用于各种类型的战斗。

（四）非对称作战将成为未来作战的重要特征

交战双方使用不同类型的作战力量进行的战争称为非对称战争。美国在海湾战争之后，在总结经验教训的基础上，于 1995 年颁布的《联合作战纲要》中正式提出非对称战争理论。在当前，强者对弱者的非对称战争就是充分发挥其信息战、电子战、态势感知、远程打击、精确空袭等高技术武器装备的绝对优势，夺取并保持制空权、制海权、制天权、制信息权，从而赢得战争胜利。而弱者对强者的非对称战争则应更加强调谋略的应用，在武器装备上充分发挥己方优势，扬长避短，避强击弱，利用天时、地利、人和、奇兵、奇术，努力抵消或削弱强者的优势，从而达到"出奇制胜"的目的。在科索沃战争中，南联盟军队打击隐形飞机、巡航导弹的战法，其分散、机动、隐蔽、躲藏、伪装的战术，在非对称战争中具有一定程度的借鉴作用。

（五）战争空间坐标和时间度量将发生新的变化

在现代和未来的战争中，时间因素将变得越来越重要。今后，武器装备的发展目标之一就是具有实时侦察、准确判断、及时决策和快速行动能力的武器系统将得到优先发展。未来战争将越来越强调战争准备的及时性，战争指挥控制的实时性，战争行动的突然性，作战具有更强的快速反应能力，战争从旷日持久向速战速决演变，战争的进程将大大加快。

在未来战争中，战场将从陆、海、空域扩展到太空，作战纵深将从近程向中远程发展，防空与反导空间将从超低空、低空、高空扩展到大气层外，侦察探测和打击深度将由地表面向钻地、入海发展。

第二节　军事侦察监视

在高技术条件下，现代侦察监视技术及其装备已成为高技术武器和指挥控制系统不可缺少的组成部分。随着现代技术特别是高技术的发展，军事指挥员凭借现代侦察与监视技术提供的全时域、全天候与大空域的"千里眼""顺风耳"，能够做到"知彼知己"，为实时地采取相应的对策提供可靠的依据，为克敌制胜创造有利的条件。无论何时，信息都是军队指挥员决策的基础，实施侦察与监视的效果对现代高技术战争的结局将产生直接的影响。

一、侦察监视技术概述

（一）基本概念

现代侦察与监视技术，就是指在全时空内用于发现、区分、识别、定位、监视和跟踪目标并对目标进行定位所采取的各种技术措施。

发现，是指通过将目标与其所处的背景做比较，或依据周围背景的某些不连续性，将目标从背景中提取出来，即确定在某个地方有目标。

区分，是根据目标的外形和运动特征加以区分。辨别目标外形的明显特征对于区分目标是非常关键的，同时，目标的运动特征也有助于对其进行区分。

识别，是指在目标探测过程中，对目标进行详细的辨认，确定出真假、敌友及确切的种类型号。所发现、区分的目标既可能是真的，也可能是假的，首先要予以确认；对于真目标，还要确认其是敌，是友；如是敌，还要再确认目标的型号。

定位，是利用各种技术设备和手段确定出目标的位置。一般包括目标的方位、高度和距离三个要素。

监视，是指隐蔽地对目标进行严密的注视和观察，一般需要利用一定的技术器材来实现。

跟踪，是指对运动目标进行的不间断的监视。在现代战场上，实现对运动目标的跟踪，对技术器材提出了比监视更高的要求。

（二）基本分类

第一，按照侦察设备的运载平台的活动区域不同可分为地面、水面（下）、空中和航天（空间）侦察；第二，按照侦察任务、范围和作用不同可分为战略、战役和战术侦察；第三，按照不同军种的任务范围分为陆军、海军、空军和火箭军侦察；第四，按照技术原理可分为光学、电子、声学侦察。

（三）实施侦察与监视的基本依据和工作过程

由于任何物体都具有向外发射和反射电磁波的能力，而且不同的物体发射和反射电磁波的情况千差万别，这就可以通过人的感官或借助一些技术手段，将目标与背景区分开来，这就是实施侦察与监视的基本依据。

从电磁波反射特性上讲，一方面，同一物体对不同波长的电磁波反射能力不同；另一方面，不同物体对同一波长的电磁波反射能力也不同。如在阳光的照射下，红花只反射红色光波，绿叶只反射绿色光波。主动式夜视仪就是利用了反射特性的原理进行工作的。这种手段在探测目标的同时，也很容易使自己暴露。实施侦察与监视的工作过程通常是：探测器接收目标发射或反射的电磁波等目标特征信息，然后对信号进行加工处理，进行图像显示或记录，进而发现、区分、识别、定位、监视和跟踪目标。

二、侦察监视技术的手段

现代侦察与监视系统的工作过程是：目标的特征信息（光、电、磁、力、热等），在向外辐射时为探测器所接收，然后对所接收的信号进行加工处理，将其还原成图像显示出来或记录下有关的数据。

目标之所以能被发现与监视，是因为任何目标与其所在的背景或环境都存在着差异。这些差异既有外部形状上的，也有声、光、电、磁、热等物理特征上的，并且能为人的感觉器官借助一些技术手段所识别。主要的侦察监视技术的手段有地面侦察监视技术、水下侦察监视技术、空中侦察监视技术、航天侦察监视技术。

第三节　伪装与隐形技术

随着军事科技的发展，军事技术欺骗已成为现代军事欺骗的重要手段之一，在一定程度上决定着战争的成败。

一、概述

随着电子信息技术高速发展及其在军事领域中的广泛应用，战场军事侦察的技术手段已经实现了高技术化。精确制导武器的广泛应用，意味着战场目标"发现即可命中"，这就促使了反侦察技术的发展。现代战争中，伪装和隐形技术作为高技术反侦察手段已成为战场重要的组成部分。

1. 什么是伪装与隐形技术

伪装技术是为了隐蔽自己和欺骗、迷惑敌人所采取各种隐真示假的技术措施，是军队战斗保障的一项重要内容。

隐形技术又称隐形技术或低可探测技术，是改变武器装备等目标的可探测信息特征，使敌方探测系统不易发现或发现距离缩短的综合性技术。

隐形技术是传统伪装技术的一种应用和延伸，是现代内装式伪装的典型代表。

军事伪装和隐形技术有很强的综合性，所涉及的学科包括光学、电学、声学、热学、化学、植物学、仿生学、流体力学、材料学等。针对高技术侦察的特点，现代伪装技术主要是为减少目标和背景在光学、热红外、无线电波等方面的反射或辐射能量差异而采取的各种工程技术措施。

2. 现代伪装的分类

伪装按其在作战中的运用范围，可分为战略伪装、战役伪装和战术伪装。战场目标的隐形技术属于战术伪装。

按伪装所对付的高技术侦察器材的工作频谱范围，可分为防光学探测伪装、防热红外探测伪装、防雷达侦察伪装和防声测伪装。

目前，各种隐形兵器是以防雷达侦察为主，同时兼顾到对付可见光侦察。

3. 伪装与隐形技术的发展

伪装自古就为兵家所重视。《孙子兵法》中就指出："兵者，诡道也。故能而示之不能，用而示之不用，近而示之远，远而示之近。"这是关于在战争中如何运用伪装的最早论述。在古代战争中，曾有许多实施伪装的成功战例，如我国春秋时期的平阴之战、战国时期的即墨之战。

到了近现代，伪装技术得到进一步的广泛运用，成为保障军队作战必不可少的战斗措施。在第二次世界大战的诺曼底登陆战中、在朝鲜战争中、在第四次中东战争、马岛战争、海湾战争、科索沃战争等高技术战争中，伪装在新的技术基础上得到广泛运用，所采用的隐蔽、佯动、设置假目标、施放烟幕和兵器隐形等技术措施，发挥了很大作用。

现代隐形技术首先应用于航空领域，21 世纪 30 年代初，随着无线电技术特别是雷达的问世，最早的"隐形"材料也出现了，如荷兰科学家研制的雷达使用吸波材料等。

"二战"期间，美国及纳粹德国开始研制新型吸波材料，并在飞机和舰艇上使用，使敌方雷达的探测距离大大缩短。20 世纪 50 年代，为了获取情报而又能隐蔽飞行，美军在侦察飞机上涂上了吸波材料，以减弱电磁波反射强度。以后，又采用了更先进的隐形吸波涂层，使其防雷达探测性能有很大提高。在越南战争中，美军还使用了一种采用红外特征减弱措施的武装直升机，从而大幅度降低了苏制红外导地空导弹的命中率。

随着高技术侦察器材的广泛运用，隐形技术的发展进入了一个新的发展阶段。以美国为首的发达国家竞相开展隐形技术的开发研制工作。到 20 世纪 80 年代，美国的多种隐形作战飞机开始装备部队，并在局部战争中发挥了令人瞠目的巨大作用。

二、伪装技术

伪装是与敌侦察做斗争的基本手段。侦察的目的是要探测和识别各种军事目标，而伪装则是尽量保护这些军事目标的暴露征候，使其不被对方的侦察所发现。

（一）伪装的基本原理

伪装的基本原理：防光学侦察的原理是消除和降低目标与背景之间的色彩和亮度上的差别，达到伪装目的。防红外侦察的原理是消除和降低目标与背景之间的反射红外线的差别，达到伪装目的。防雷达侦察的原理是消除和降低目标与背景之间的反射雷达波的差别，达到伪装目的。

（二）现代伪装技术

现代伪装技术主要有遮蔽、融合、示假、规避四种。

1. 遮蔽技术

遮蔽技术又称遮蔽隐真技术，是把真目标遮蔽起来，不让敌人发现和识别的技术。遮蔽技术在高技术局部战争中是反侦察和对付精确制导武器最有效的方法之一。

遮蔽技术可分为两个种类：

（1）迷彩伪装遮蔽

迷彩伪装遮蔽是用涂料、染料和其他材料改变目标和背景的颜色、图案所实施的伪装。

（2）人工遮障

人工遮障又叫人工遮蔽，是利用各种制式伪装器材对目标进行伪装的一种方法。人工遮障通常由遮障面和支撑构件组成。支撑构件由竹木或金属支架、控制绳等组成。

按其用途和外形不同分为：伪装网遮障和烟雾遮障。

2. 融合技术

融合技术是指减小和消除目标与背景的差别，使目标融合于背景中的技术。例如，单个士兵可用油彩涂抹皮肤的暴露部位，在钢盔和衣服上披上麻皮，抹上涂料和编插新鲜植物，以求得与周围背景近似或相融合。

融合技术主要分为：

（1）防光学侦察融合技术

该技术的实质就是要降低或消除目标与背景的对比度，其途径是将传感器所要接收目标信号的强度降低或使背景的信号强度增强，以便使目标和背景的反射或辐射强度相接近。

（2）防雷达侦察融合技术

防雷达侦察融合技术有如下几种方法：一是采用角反射器；二是运用龙伯透镜反射器；三是采用偶极子反射体。

（3）防红外侦察融合技术

防红外侦察的融合技术，是通过适当的方式把热红外目标乔装打扮，使其与背景具有相似的表面特征，也就是使伪装后的红外目标与背景的反射特性、热辐射特性和表面结构相一致，使热红外目标完全融合在背景当中的技术。如在海湾战争中，伊拉克采用烟火剂燃烧发出红外辐射的诱饵弹，来模拟飞机、舰艇、坦克、战斗车辆等红外目标。红外诱饵弹发出的红外辐射，能以假乱真，吸引、迷惑、干扰敌人的红外侦察和红外寻的制导导弹，造成削弱或破坏这些装备的工作效能和使导弹攻击失误，从而使真目标免遭攻击。

3. 示假技术

在海湾战争中，伊拉克用塑料、硬纸板、木板和铝板制造的大量假飞机、假火炮、假导弹和假坦克等目标，涂上与真目标一致的涂料，并在内部安装了与真目标反射频率相一致的频率发射器，达到真假难辨，使多国部队"很快将伊拉克摧毁"的速战速决战略计划化为泡影。

高技术条件下的示假技术主要有：光、声、热、电模拟示假技术。它是利用侦察器材只识别各种"源"的弱点，用"源"模拟各种目标在特定的背景上所产生的暴露征候，以达到蒙蔽和欺骗侦察器材的目的。

4. 规避技术

虽然现代侦察技术能多谱段、全方位、全天候、高分辨地收集情报，但并未达到"天网恢恢，疏而不漏"的境界。可以根据侦察的盲点，来对目标进行规避，方法有：一是掌握侦察卫星的运动规律，利用不良天气或敌方侦察卫星的过境时间，使军队行动避开敌方卫星的侦察；二是选择合理的行动路线，能有效地对付雷达等侦察。

（三）现代伪装器材

目前各国装备部队的伪装器材一般都是配套的遮蔽伪装器材，包括遮障面和支撑系统。其中遮障面（伪装网、伪装盖布）是进行遮障伪装的主体，可单独使用。针对现代侦察技术和手段，世界各国所使用的遮障面都具有防可见光、红外线和雷达侦察的综合性能。其中美军伪装装备在性能上较为优越。

我军现装备的人工遮障制式器材有成套遮障、各种伪装网、角反射器等。

外军列装的气溶胶即烟幕伪装器材有40多种，包括发烟手榴弹、发烟火箭、发烟炮弹、发烟炸弹、烟幕施放器、飞机布撒器和航空发烟器等。

三、隐形技术

隐形技术的出现已使伪装技术由消极被动变为积极主动，不仅可以由于"隐真"而保存自己，也可以因"示假"而迷惑对方。

（一）隐形技术途径

1. 隐形外形技术

外形是目标暴露的主要特征，现代兵器对外表形状处理得如何，将直接影响到防可见光和雷达侦察效果。目前对武器装备的外形设计是以防雷达侦察为主，兼顾致可见光侦察。

（1）反雷达探测隐形外形技术

目标的雷达反射截面积与雷达探测距离的 4 次方成正比，它直接决定着雷达的探测能力。因此，要想缩短雷达的探测距离，防雷达探测的外形设计也必须把减小雷达反射截面积作为武器系统隐形的重要措施。在外形设计时，避免出现任何边缘、棱角、尖端、缺口等垂直相交的面，将这部位设计成锐缘或弯曲缘，以抑制强天线型反射和谐振反射。

（2）反可见光探测隐形外形技术

在可见光侦察条件下，目标的可见性除与目标与背景间的颜色差别、目标与背景间的距离、照明条件、大气透明状况等一系列因素有关外，目标的可见尺寸越小越难辨认，目标的外表形状越不规则，侧外形轮廓也越不清楚。因此，隐形兵器的外形设计，必须考虑到尽量减小目标的外形尺寸。

2. 隐形结构技术

兵器结构的隐形，是以整体结构和局部结构为对象，探索其组合规律和合理形式，达到减小目标暴露特征的目的。现代兵器的结构非常复杂，反光、声、电、热、磁探测的隐形结构技术则与之相匹配发展。

反雷达隐形结构技术主要包括：合理设计发动机进气和排气系统；减小辐射源数量，尽量消除外露突起部分；采用遮挡结构；为缩小兵器尺寸，采用高密度燃油及适应这种燃油的发动机等。

反红外隐形结构技术主要是通过改造红外辐外源来抑制目标的红外辐射。其技术措施包括：采用散发热量较小的发动机；改进发动机结构，改进发动机喷管的设计；采用闭合环路冷却的环境控制系统，用以降低载荷设备的工作温度等。

反电子隐形结构技术包括：减少无线电设备；采用低截获概率技术改进的电子设备；减小电缆的电磁辐射；避免电子设备天线的被动反射等。

反可见光隐形结构技术内容包括：控制目标的亮度和颜色；控制目标发动机喷口的火焰和烟迹信号；控制目标照明和信标灯火；控制目标运动构件的闪光信号等。

反声波隐形结构技术主要包括：改进发动机和辅助机的设计；采用减振和隔声装置；减小螺旋桨运动对介质的扰动噪声；合理地进行目标整体设计等。

3. 隐形材料技术

在兵器隐形化的发展过程中，隐形材料占有极为重要的地位，它是隐形兵器不可缺少的物质基础。隐形材料技术是隐形技术的关键技术。

（1）吸波、透波材料

当目标体或其蒙皮采用吸波、透波材料制造时，则照射其上的雷达波，会有部分被吸收，或被透过，从而减小雷达回波强度，达到目标隐形的目的。

（2）吸热、隔热材料

吸热材料是指那些热容量较大或能将热能转换成其他能量的材料。用于隐形兵器的吸热材料，由于热容量大、升高温度所需吸收的热量就较多，目标向外辐射红外线就少；材料又能将部分热量转换成其他形式的能量，使目标向外辐射红外的强度减弱。

（3）吸声、阻尼声材料

声音来源于物体的振动。为了降低被声呐等探测设备发现的可能性，提高其隐蔽性，兵器在设计、制造时都必须采用高性能的吸声、阻尼声材料。

（二）隐形兵器

隐形兵器是把隐形技术应用于武器装备上而形成的新式武器，它可以是对原来不具隐形能力的武器装备的改进，也可以是新设计、研制的武器。

1. 隐形飞机

隐形飞机是研制最早、发展最快、隐形技术含量最高的隐形兵器。它的发展经历了利用单一技术对飞机进行局部隐形和运用综合技术对飞机进行全面隐形的两个阶段。已研制成功的隐形飞机主要有：SR-71 隐形高空侦察机、F-117A隐形战斗机、B1-B 隐形轰炸机、B-2 隐形战略轰炸机等。其中 F-117A 和 B-2 两种飞机的隐形性能最好。

2. 隐形导弹

目前已研制成功的导弹有美国的隐形战略巡航导弹和隐形战术导弹。隐形战略巡航导弹即 AGM-86B 型和 AGM-129 型两种型号。

隐形战术导弹也有两个型号：空中发射的 AGM-137 型和地面发射的MGM-137型。

3. 隐形舰船

隐形舰船的概念是近年来被提出的，由于各种侦察系统、红外寻的反舰导弹、新一代鱼雷和水雷的迅速发展，从而要求降低舰船可探测概率的结果。

隐形舰艇采用的隐形措施主要有：为减少雷达反射截面，改进舰体及上层建筑形状，使用吸波、透波材料，采用尾流隐蔽技术，千方百计地降低噪音辐射，抑制红外辐射，控制电磁特征。

研制隐形舰船比较成熟的有：英国的 23 型护卫舰、美国的"阿利·伯克"级导弹驱逐舰等。而高隐形性能的舰船用于战场已为时不远。如美国海军正在研制 SSN-21 "海狼"隐形潜艇和掠海航行的非金属双船体的隐形舰船等。

四、伪装与隐形技术对作战的影响

（一）伪装技术对作战的影响

1. 伪装是造成敌人获取错误情报的重要方法

敌对双方的作战企图和行动是建立在所获取情报基础上的。尽管现代光电侦察技术具有全天候、实时化、高分辨率和准确的定位识别能力，但由于伪装技术的运用，能使敌人造成错觉，以致获取错误情报。

2. 伪装是提高作战部队生存能力的重要措施

战场上，作战双方都将面临如何保存自己的问题。通过伪装，既可增加敌人侦察的困难，使其不易发现真目标，又可诱骗敌人实施攻击，分散敌人火力；可使敌人真假难辨，无所适从。从而减少敌方武器的命中率和杀伤率，提高部队生存能力。

3. 伪装使作战任务和作战方法发生了变化

从提高部队的打击能力和提高部队的生存能力出发，未来战场将有更多的部队担负战略伪装任务，伪装也将成为战场所有部队的任务之一。伪装技术的发展，将使人们重新认识近战、夜战和步兵的作用，高技术条件下作战缺少伪装技术必将失去战场的主动权。

（二）隐形兵器对作战的影响

1. 隐形飞机的使用，增大了对空防御难度

部分隐形飞机和隐形导弹的研制成功并用于战场，使空袭武器的结构发生了变化。随着其他隐形飞行器的不断出现，空袭武器装备将发生根本性的飞跃，这必定给反空袭作战带来很大的困难。普通预警系统将失去预警功能，无法实施有效的对空防御。隐形飞机由于其目标信息特征小，一般的雷达系统无法发现，使得已有的防空兵器无法发挥作用。

2. 地面隐形兵器的出现，使战场生存能力明显提高

地面兵器隐形性能的提高，将极大地增强其隐蔽性和防护力。如研制中的新一代坦克和其他装甲车辆，广泛地采用了隐形材料、外形设计、结构设计和部件设计技术，使目标的暴露特征信息明显降低。

3. 指挥系统面临生存威胁

现代战争是诸兵种协同作战，对指挥系统的依赖极大，交战双方都把打击对方的指挥系统作为打击的重点目标和首要任务。而武器系统的隐形攻击能力的提高，使得指挥系统面临生存威胁。

4. 使电子对抗、侦察和反侦察的斗争更加剧烈

大量用于战场的隐形兵器，由于采用电子对抗隐形技术，将使电子对抗的均势被打破，伪装由消极的反侦察向积极的反侦察方向发展。这必将刺激电子支援技术和侦察技术的发展，从而形成更高层次的电子对抗和侦察反侦察的斗争。

第四节　军事电子对抗技术

电子对抗就是敌对双方为削弱、破坏对方电子设备的使用效能，保障己方电子设备发挥效能而采取的各种电子措施和行动，又称电子战。电子对抗分三个方面：电子对抗侦察、电子干扰和电子防御。电子对抗按电子设备的类型，可分为雷达对抗、无线电通信对抗、导航对抗、制导对抗、光电对抗和水声对抗等；按配置部位，又可分为外层空间对抗、空中对抗、地面（包括海面）对抗和水下对抗。电子对抗是随着电子技术在军事上的应用而逐步发展起来的。

一、电子对抗的基本内容

1. 电子对抗侦察

电子对抗侦察又称电子支援措施，是用高灵敏度的探测系统搜索和截获敌方电磁辐射信号或声呐信号，经过分析、定位和识别获取敌方电子设备的技术参数和位置等情报，为实施电子干扰、电子防御和摧毁辐射源提供支援。依据侦察工具的不同，可分为电子侦察卫星、电子侦察飞机、电子侦察船和地面电子侦察设备等。警戒接收系统是一种功能有限的电子对抗侦察系统，飞机、舰艇、坦克和车辆等各种运载器都可以携带警戒接收系统。电子侦察卫星能进行全球性电子侦察。

2. 电子干扰

电子干扰是为了削弱或破坏敌方电子设备效能而采取的电子技术措施。电子干扰通过发射强烈干扰信号或反射、吸收对方电子设备辐射的电磁波，扰乱对方对有用信号的正常接收和显示，使其失效或降低效能。电子干扰按辐射能量可分为有源干扰和无源干扰；按干扰效果可分为杂波干扰和欺骗干扰。新式电子干扰系统均兼有杂波干扰和欺骗干扰两种工作状态，以造成恶劣的环境和虚假的多目标。

3. 电子防御

电子防御是为了保护己方电子设备免受敌方侦察、干扰、定位和摧毁所采取的各种电子技术措施。这些措施可归纳为：

（1）扩展频谱技术。利用扩频技术对自己的电子设备进行波形设计。调制的结果产生宽带低功率密度的伪噪声发射波形，它不易被敌方电子对抗侦察系统识别，只有通过对本机产生的复制信号进行相关处理，才能解调输出。

（2）自适应天线技术。自适应地控制天线方向图，使其主波瓣指向所需信号，而将方向图的零值点对准各干扰源方向。

（3）电子防御还有一些其他新的体制，如双基地雷达体制等。

4. 电子摧毁

目前常用的方法，一是利用反辐射武器摧毁、破坏敌方的雷达等电子目标；二是利用炮兵、航空兵等其他常规火力摧毁、破坏敌方各种电子设备。而反辐射武器（也称反雷达武器），是利用雷达的电磁辐射作为制导信号，对雷达进行寻的、跟踪直至摧毁。

二、电子对抗的方式

1. 无线电通信对抗

无线电通信对抗是电子对抗的重要组成部分。它是敌对双方利用普通的无线电通信设备及专门的通信对抗设备，在无线电通信领域内进行的电磁斗争。其目的是使对方无线电通信设备的效能降低或完全丧失，从而使其通信中断、指挥失灵、协同失调。由于无线电通信是军队战时通信的主要手段（有时是唯一的手段），因此，扰乱敌人的无线电通信与保持己方无线电通信的顺畅，必然受到作战双方的高度重视。

　　无线电通信对抗是通过侦察、干扰和摧毁实现的。对无线电通信的侦察，是利用无线电通信侦察设备，对敌方的各种无线电通信信号和指挥联络信号进行截收、识别、分析和处理，必要时测定其电台的位置，为实施无线电通信干扰、测向提供技术依据。对无线电通信的干扰，是利用无线电通信干扰发射机或普通的通信发射机发射干扰信号，迫使敌方无线电通信接收设备不能正常工作。通信干扰通常分为欺骗性干扰和压制性干扰两种。欺骗性干扰是利用通信发信机发假电文，或模拟敌方的通信信号去欺骗敌方，造成敌方情况判断和作战行动的错误。压制性干扰是在敌方通信频率上，发射功率强大的干扰信号，以压制敌方通信信号，造成敌方通信联络中断、指挥瘫痪。

　　无线电通信反侦察的主要技术措施：控制电波的发射方向、范围，提高收信端信号强度；采用快速电报通信、保密通信和抗干扰能力强的通信方式；采用扩频技术等。

　　2. 雷达对抗

　　雷达对抗是为削弱、破坏敌方雷达的使用效能，保障己方雷达使用效能的正常发挥而采取的措施与行动。它的基本内容主要包括对雷达的侦察、对雷达的干扰、雷达反侦察与反干扰。

　　雷达侦察是指用雷达侦察设备截收敌方雷达信号，发现敌方雷达或带雷达的目标，并测定敌方雷达的技术参数及其所在的方向或位置。对雷达的干扰分为有源干扰和无源干扰两种。有源干扰是利用雷达干扰设备发射无线电波对敌方雷达造成的干扰，压制住敌方雷达的目标回波，使其淹没在干扰信号之中，在显示器荧光屏上识别不出真实目标；也可利用干扰机发射欺骗性干扰信号，使敌方雷达以假当真，探测失误。无源干扰是利用干扰器材反射或衰减无线电波对敌方雷达造成的干扰。

　　3. 光电对抗

　　光电对抗就是作战双方在光频段进行的电磁斗争，即利用光电设备或器材，通过光波的传输作用获取对方的光电子设备信息，削弱破坏敌方光电子设备效能和保障己方光电子设备正常工作的措施。光电对抗包括光电侦察与反侦察、光电干扰与反干扰等内容。

　　4. 隐形对抗

　　隐形技术的本质，就是使敌方各种探测系统难以发现自己，是伪装技术的新发展。通常采用释放光电干扰，迫使敌方光电系统迷盲，达到目标隐形的目的。

三、电子对抗技术的形成与发展

1876年，俄国军官波波夫拍发了世界上第一封无线电报，拉开了无线电通信的序幕。在第一次世界大战及其前后，以获取和反获取无线电通信机密为中心的电子对抗悄然产生。第二次世界大战中，无线电通讯对抗和雷达对抗在交替和结合的使用中激烈进行，使电子对抗发展到一个新的阶段。

第二次世界大战后，电子对抗技术进入了一个缓慢发展时期。直到1947年末，美国贝尔电话试验室的3名物理学家肖克莱、巴丁和布拉坦研制成功了第一支点接触型锗晶体三极管后，电子技术才有了新的突破性进展，为电子对抗设备向功耗低、体积小、质量轻的方向发展提供了有利条件。

第五节　军事航天技术

航天是指人类及人造天体在地球大气层外宇宙空间的航行活动。航天的目的是为了探索宇宙空间、增加科学知识、开发利用空间资源。航天技术是探索、开发和利用宇宙空间以及地球以外天体的综合性工程技术，又称空间技术。航天技术主要包括航天器的设计与制造、发射与回收、运行与控制及空间生命保障技术等。航天技术作为20世纪人类认识和改造自然进程中最具影响的科学技术之一，在给我们生活带来巨大改变的同时，也对当今世界以高技术运用为核心的新军事变革产生重大、全局、根本性的影响。正如美国前总统肯尼迪在1960年10月竞选美国总统时所主张的："哪一个国家能控制宇宙，它就能够控制地球。"

一、航天技术在军事上的应用

（一）军事航天运输系统

航天运输系统最基本的应用是运载火箭，可为太空战运载装备，向太空运送军用卫星、军用载人飞船、军用空间探测器等军用航天器。具有代表性的运载火箭有三种。

第一种是美国的大力神4B型运载火箭。这是美国国防部发射大型军用载荷的主力火箭，主要发射大型军用侦察卫星、电子情报卫星、导弹预警卫星。起飞推力1512吨，低轨运载能力21.55吨。

第二种是俄罗斯的"能源号"运载火箭。它是世界上推力最大的火箭，起飞推力 3483 吨，低轨运载能力 105 吨。

第三种是中国的"长征二号 E"型运载火箭。这是科研人员仅用 1 年半时间就研制成功的中国第一种捆绑式运载火箭，低轨运载能力为 9.2 吨。

（二）军事载人航天系统

主要有载人飞船、空间站、航天飞机和正在研制中的空天飞机。四种载人航天器在军事应用上有共同点，也有不同点。

1. 航天飞机

航天飞机是往返于地球表面和近地轨道之间，运送有效载荷的新型宇宙飞行器。主要由轨道器、固体火箭助推器、外挂式燃料储箱组成。

轨道器是航天飞机的主体，也是航天员乘坐和运送货物的航天设施，理论上可重复使用 100 次。由前、中、后三段以机翼、尾翼等组成。前段是载人的座舱，分上、中、下三层，上层为驾驶舱，中层为生活舱，下层为设备舱。中段主要部分是大型货舱，主要用途是携带各种有效载荷进入太空。后段是动力舱，内装三台主发动机，两台轨道机动发动机。主发动机是提供航天飞机从地面进入太空所需动力使用的，轨道机动发动机是为航天飞机在太空轨道上执行机动飞行任务时提供推力的动力设施。

固体火箭助推器是把航天飞机送入太空的辅助力量，它在把轨道器送到距地表 50 公里的高度后，自动分离，依靠降落伞降落在海面上，由专业人员进行回收。理论上可重复使用 20 次。

外挂式燃料储箱是为轨道器主发动机存储推进剂的设备，它在将轨道器送入距地表 100 公里的高度后脱离轨道器。

目前，美国是目前世界上唯一拥有实用型航天飞机的国家，它先后制造了 5 架实用型航天飞机。它们分别是为"哥伦比亚"号、"挑战者"号、"发现"号、"阿特兰蒂斯"号和"奋进"号。其中"挑战者"号、"哥伦比亚"号航天飞机分别于 1986 年 1 月和 2003 年 1 月失事。

苏联也曾经研制了一架名为"暴风雪"号的航天飞机，并于 1988 年 11 月 15 日成功地进行了不载人试验飞行。

2. 载人飞船

载人飞船是保证航天员在空间轨道上生活和工作，执行载人航天任务并可返回地面的航天器。同时，它也是一种最小的载人航天器。除了具备航天飞机在军事上的应用外，它在军事应用上的独特之处在于：一是能与空间站对接后进行联合飞行，成为太空基地的组成部分。二是作为太空军事基地的轨道救生艇。中国的"神舟"号就是一种典型的载人飞船。

3. 空天飞机

空天飞机是军用航天飞机的简称，也叫跨大气层飞行器，是集航空技术和航天技术于一身，同时具有航空与航天两种功能的新型军用飞机。与航天飞机相比有五大不同点：一是天地往返更为便捷；二是能在空气和太空两个环境飞行；三是运载能力更大，运载能力达到 60 吨以上；四是运输费用更低，可降到一般航天飞机的十分之一甚至是百分之一，并可重复使用；五是一种综合性的空天武器系统，可作为战略轰炸机、战略侦察机和远程截击机使用。能够从空间轨道上向地球任何地方发射导弹并返回地面，整个过程仅需约 90 分钟。有人预言：未来只要用 4 架空天飞机组成的航天机群就可以覆盖全球，足以完成对地球上任何地方的军事行动，包括毁灭性的核打击。因此，空天飞机将是 21 世纪控制空间、争夺制天权的关键武器装备之一。

4. 空间站

空间站又称为轨道站或航天站，是具备一定试验或生产条件的，可供航天员生活和工作的长期运行的大型人造地球卫星。对于军事应用而言，与航天飞机相比，它还是一艘不落的"航天母舰"，是建立在外层空间的军事基地。目前，由美、俄、日、加和欧洲空间局的 12 个成员国共同筹建的国际空间站已经投入使用，它是世界航天史上第一个由多国合作建造的最大的空间工程。

（三）军事卫星系统

军事卫星是以军事意图为目的的各种人造地球卫星的统称，是太空航天器中最多的一类，约占世界各国航天器发射数量的 2/3 以上。军事侦察卫星，它是发展最早、数量最多、应用最广的一种军事卫星。导航卫星是通过发射无线电信号，为空中、地面、空间和海洋用户进行导航定位的人造地球卫星。它作为一定范围内的位置基准和时间基准，可以为联合作战中各军兵种部队提供连续、实时、全球性的定位、导航、武器制导和授时服务，从而极大地提高了部队的作战效能。目前，世界上已经建成的卫星导航定位系统主要有美国的"GPS"系统、俄罗斯的"格鲁纳斯"系统、欧洲空间局的"伽利略"系统和中国的"北斗"卫星导航系统等。

1. "GPS"系统，即全球卫星导航定位系统

美国军方于 1973 年开始研制与部署，1994 年建成。它由 28 颗卫星所组

成，其中 4 颗作为预备，正常运行的只有 24 颗卫星。它的军用定位精度优于
10 米。

2. "格鲁纳斯"（GLONASS）系统

俄罗斯于 1995 年建成的全球卫星导航定位系统。这个系统的定位精度较
之于美国的"GPS"系统稍差一点，精度误差 30~100 米。

3. "伽利略"系统

欧洲空间局建设的"伽利略"全球卫星定位系统，将由 30 颗卫星组成，
卫星均匀地分布在高度约为 2.3 万公里的 3 个轨道面上。据外电报道：该系
统的定位精度比美国的 GPS 全球定位系统还要精确，它的建设将彻底打破卫
星导航领域长期以来由美、俄垄断的局面。

4. 中国"北斗导航试验卫星"

2000 年 10 月 31 日，我国自行研制的第一颗"北斗导航试验卫星"发射
成功；同年 12 月 21 日，第二颗"北斗导航试验卫星"发射成功，标志着我
国拥有自主研制的第一代卫星导航定位系统。这个系统的建设，将进一步拓
展我军精确制导手段和方式。

二、军事航天技术对现代战争的影响

军事航天技术的发展进一步扩展了现代战场的空域，使现代战场由陆、
海、空三维一体发展为陆、海、空、天四维一体，使太空成为现代战争的新
的"制高点"。

（一）增强了军事侦察和指挥控制能力

在空间轨道上部署军事卫星等航天器，可以居高临下、全天时、全天候
地监视和掌握地面、海上和空中战场所发生的一切变化，为军事指挥员实时
提供所需的敌方军事目标、军队部署与调动、军队的武器装备的数量和性能
等各方面的情报，保证作战方案的正确制订，实现全球范围内的统一指挥和
快速反应。在高技术战争中，军事指挥员实施有效的作战指挥越来越依赖航
天技术获取情报和传输信息的能力。科索沃战争、阿富汗战争、伊拉克战争
均表明，各种侦察、预警、通信卫星已经成为军队指挥自动化系统的核心。
太空已成为现代战场新的重要组成部分。

（二）提高了武器装备的作战效能

利用军事航天技术可以及早地监视与发现敌人，为火炮、导弹、飞机、

舰艇提供敌方目标的精确位置，并为它们导航，引导它们准确攻击和摧毁目标，提高命中精度和毁伤效果。还可以结合空间侦察系统对作战效果进行评估，便于决定是否需要再次发起攻击。所有这些作用是地面系统或空中系统难以做到的。

（三）对建立数字化部队和数字化战场发挥关键作用

现代战争需要各种军事侦察卫星和通信卫星提供和传输数字化的战场信息，即使是一个小分队，甚至是单兵，都必须携带并使用卫星终端。没有军事航天技术的支持，不但数字化部队的规模小，数字化战场的覆盖范围有限，而且也不可能通过地面的通信网络将它们连成一个有机的整体，也就不能实时、准确、可靠地获取和利用数字化的战场信息。如美军建立的世界上第一支数字化部队——美国第四机步师，完全是建立在"导航星"全球定位系统和战术移动卫星通信系统基础上的。可见，军事航天技术对未来的军队建设、作战指挥、武器装备及战场的信息化、数字化、自动化起着关键的作用。

（四）促使军事理论和军队构成发生深刻的变化

随着军事航天技术广泛的应用，相关的军事理论发生了深刻的变化。美国作为在军事航天技术方面占绝对优势的国家，先后提出和深化了"制天权"理论、"太空威慑"理论和"海地空天电"一体作战理论，对太空战场的地位、空间力量与传统武装力量的协同作战等问题进行了研究。军事航天技术的发展及战场向太空的延伸，组建一支具备空、天作战能力的"天军"已成为现实。

三、军事航天技术的发展趋势

（一）发展实用的小型卫星和经济的运载工具

军用卫星的发展，除了继续提高精度和扩大容量外，随着各种小型化技术的应用，迅速发展的小卫星技术是一个值得重视的发展方向。小卫星具有重量轻、研制周期短、价格低廉等特点，因而可以快速部署，具有较强的生存能力和抗干扰能力，对军事应用有特殊的意义。现代小卫星还可使用小型运载火箭通过铁路和公路机动发射或用飞机从空中发射。

（二）军用卫星系统以直接支援部队作战为主，加强战术应用能力

为适应 21 世纪信息化战争的需要，军用卫星系统的发展与应用正从战略

向战术层次延伸与扩展。预计到 2020 年，世界上主要航天大国将建成并使用满足战略和战术要求，以战术应用为主的军用卫星系统，从而提高直接支援部队作战的能力。

（三）军用卫星系统将逐步向网络化方向发展

未来战争将是高技术条件下以争夺信息权为目的的局部战争，争夺信息优势的关键是争夺空间优势，即争夺"制天权"。现在使用的军用航天系统互通互联性差，彼此的信息不能及时共享和综合利用，未来的军用卫星系统将朝着网络化方向发展，部署在不同轨道、执行不同任务的航天器及其相应的地面系统将联结起来，并与陆、海、空中的相关系统组成一体化，从而夺取信息优势。

（四）建立更加完备的载人航天体系

未来战场将向立体化、纵深化方向发展，陆、海、空、天一体化的作战原则将进一步得到发展。"制天权"将成为未来战争获胜的关键，能否拥有包括各种卫星和反卫星武器在内的空间系统，将成为衡量一个国家力量强弱的重要标志。目前，航天大国正在建立航天飞机（空天飞机）、空间站和载人飞船等载人航天体系，并将形成一支可用于控制外层空间、夺取制天权的部队。

（五）加强卫星安全与防护技术的研究

随着激光武器、高能微波武器和动能武器等在全球的发展与扩散，各国的军事力量越来越依赖军用航天系统，各国军队开始重视卫星的防护，并将重心转移到研制上，以提高卫星防激光、防电磁干扰及防动能毁伤的能力。

第六节　高技术与新军事变革

当今世界，在以信息技术为核心的高新技术推动下，军事领域正在发生着一场以信息化为主要特征的深刻变革。随着高技术特别是信息技术的进一步发展，这场变革已进入了一个新的质变阶段，并将发展成为一场遍及全球、涉及所有军事领域的深刻革命，势必对世界军事形势、国际战略格局乃至战争形态的演变产生广泛而深刻的影响。

一、新军事变革产生形成

新军事变革，又称为信息化军事变革，是以人类技术社会形态由工业社会向信息社会转型为根本动因，以高技术特别是信息技术的飞速发展为直接动力，以信息为"基因"，以"系统集成"和"虚拟实践"为主要手段，把工业时代的机械化军事形态改造成信息时代的信息化军事形态的过程。其核心是，把工业时代适于打机械化战争的机械化军队建设成信息时代适于打信息化战争的信息化军队。最终结果是，使工业时代的机械化战争转化为信息时代的信息化战争。

（一）新军事变革的提出

早在 1946 年，美国研制出世界上第一台电子计算机——"伊尼亚克"号，它标志着人类社会的生活面貌将由此发生深刻的变化，从而拉开了数字计算机和数字化新时代的帷幕。正如任何一种新的科学技术往往首先应用于军事领域一样，电子数字计算机及其技术同样首先使用于军事领域。美军从 1947 年开始，不断地将电子数字计算机技术应用于军队指挥、控制及情报系统，逐步研制出第一套 CI 系统。20 世纪 70 年代，美、苏等军事强国基于战略需求，基本上都实现了军队指挥自动化。

1972 年爆发的越南战争中，美国率先使用精确制导炸弹并产生出巨大的作战威力。在这场战争中，美军曾采用"地毯式"轰炸方式，企图截断被称为"胡志明小道"的交通运输线，位于河内附近的清化大桥，是重点轰炸目标，美军付出了重大代价却一直未能得逞。为此，美军曾出动飞机 600 余架次，投弹 5000 余吨，损失飞机 18 架，始终未能摧毁。1972 年 5 月，美军首次使用"宝石路"激光炸弹，一次攻击即达目的，发挥了出人意料的作用。此后，各军事大国纷纷投入巨资开始研制并生产精确制导武器，精确制导武器的研制和生产逐步进入高潮。

指挥自动化系统与精确制导武器的研制与发展，为军事变革的孕育和形成提供了最基本的物质技术条件。在这种历史背景下，苏军总参谋长奥加尔科夫元帅于 1979 年提出了"新军事技术革命"的概念。他认为："新兴技术将使军事学说、作战概念、训练、兵力结构、国防工业和研制重点发生革命性变化，即出现新的军事技术革命。"

20 世纪 80 年代初，美国未来学家托夫勒发表了著名的《第三次浪潮》，他认为，世界上共有三次军事革命——由农业革命引发的第一次浪潮战争革命，由工业革命引发的第二次浪潮战争革命，以及当前正在进行的由信息革命引发的第三次浪潮战争革命。而第三次革命必将在人类社会各个领域引发根本性变革，从而给军事领域带来一场深刻的革命。

美国前国防部长佩里、前参联会副主席欧文和前国防部基本评估办公室主任马歇尔等人，对美国进行新军事革命的必要性和可能性进行了较为系统的研究。在深入广泛的理论研究和信息技术进一步发展的大背景下，美军于1982年提出了"空地一体战"理论，同时开始着手重点发展精确制导武器，调整军队体制编制，以适应第三次浪潮战争形态的变化。

（二）新军事变革的蓬勃兴起

2003年3月，以美国和英国为代表的少数西方国家，无视联合国的权威，公然绕过联合国，对伊拉克进行了全面军事打击，从而以武力推翻了一个主权国家的政权。美军在这场战争中全面检验了这几年新军事变革的重大成果，在军事上取得了巨大成功。这次战争中，美军在3个星期的作战中投下了750枚"战斧"巡航导弹，1.5万枚精确制导炸弹，精确制导弹药所占比例达68%。而1991年的海湾战争，美军使用的精确制导弹药只占投弹量的8%。大量精确制导武器的使用，使作战向更加精确的方向发展，从而将作战效能提高到了一个新的水平。

如果说1991年的海湾战争是介于机械化战争和信息化战争之间的话，那么，伊拉克战争则标志着人类战争已经进入到一个新的发展阶段。在这场战争中，美军仅使用了海湾战争一半的兵力、时间和物资消耗，就达成了推翻萨达姆政权的战略目的。这除了美伊两国巨大的经济差距（美国GDP是伊拉克的260倍）以及其他政治因素外，主要是因为美国在军事上占据着绝对优势，具体来讲，就是通过不断推进新军事变革，使得美军建立起了一套高度机械化和半信息化的军事体系，而与之相对抗的伊拉克军队，则仍处于机械化半机械化阶段，从而使双方在军事力量的对比上形成了巨大的"时代差"。透过这几场战争，人们不仅看到军事变革给当代世界军事领域所带来的巨大冲击。同时，也看到了军事变革所塑造出的信息化军队的作战威力。通过大力推进新军事变革，美军获得了超强的作战能力，这使世界各主要大国在震惊的同时，更增强了紧迫感和危机感，围绕如何缩小与美国的"时代差"和"技术差"而纷纷制定措施，竞相加快了军事变革的步伐。

从目前情况来看，世界五大洲的主要发达国家和发展中国家都已先后启动了新军事变革。目前，除美国以外，已经宣称进行军事变革的国家有20多个，如英国、法国、日本、意大利、加拿大、澳大利亚、韩国、印度、越南等，其他很多国家则自觉或不自觉地走上了新军事变革的道路。其中一些国家结合伊拉克战争的主要做法及前期军事变革的经验教训，出台了一系列新军事变革的新举措，推动军事变革在更高的层次、更广的领域、更大的范围加速发展。

总之，新军事变革在世界范围内的蓬勃兴起，必将使世界新军事变革进入到一个整体质变的发展阶段。

（三）新军事变革的主要动因

任何事物的发生发展都有其内因和外因。新军事变革作为一对矛盾对立的统一体，也由其发展的内部因素和外部条件。新军事变革的主要动因，是科学技术的突破性发展、军事需求的强力拉动以及军事理论的有力牵引，等等。

1. 科学技术的突破性发展是新军事变革的强大动因

20 世纪后半叶，以信息技术为核心的一大批高新技术和高技术产业在全球迅猛发展。据统计，人类所取得的重大科技成果，在 19 世纪是每 50 年总量增加 1 倍，20 世纪中叶是每 10 年增加 1 倍，而现在则是每 3 年增加 1 倍。近 30 多年来，人类所取得的重大科技成果，比过去 2000 年的总和还要多。

信息技术在军事领域引发的变化，主要表现在它物化出新一代的信息化武器装备，并使军事理论和体制编制发生革命性的变化。其中，武器装备及其体系的变化是直接的、基础的和革命性的。

（1）信息技术的迅猛发展导致武器装备信息化。现代武器装备广泛采用侦察监视、网络通信、导航定位等信息技术，大量装备传感器、计算机、显示器、控制器等先进的电子设备；除此之外，武器装备信息获取、信息处理、信息传输和信息对抗等信息能力的不断增强，使得战场感知、横向组网、远程精确打击和对抗等作战能力取得了长足的发展。

（2）信息领域的激烈对抗导致信息系统武器化。现代战争，信息优势的争夺已经成为战争的重要内容。信息系统作为现代作战的重要手段，具备攻防兼备的功能，从而使武器化的信息系统在现代战争中发挥着日益重要的作用。具有软、硬杀伤能力的电子装备是最早实现武器化的军事信息系统。在原有的电子战能力的基础上，不少国家正在探索、研究攻击敌方信息系统的新武器和新方法，研究通过因特网等新技术传媒进行政治宣传和文化渗透的办法。可见，信息与信息系统正在成为有效的杀伤力量。

（3）信息技术的综合应用导致指挥系统自动化。从第一台电子计算机研制成功迄今为止的几十年时间里，以电子计算机为核心设备的指挥自动化系统（CI）已经形成，并逐步完善发展起来。CI 系统是集指挥（Command）、控制（Control）、通信（Communication）、情报（Intelligence）于一体的系统，它可以快速地获取、处理、显示与传递情报，科学地辅助指挥员决策。该系统既能充分体现先进技术的巨大威力，又能充分发挥指挥人员的聪明才智和创造性思维。几场高技术局部战争表明，指挥自动化系统不仅已经成为各种装备体系的"黏合剂"及指挥决策的"智囊"，而且已经成为战斗力的"倍增器"。

2. 军事需求的强力拉动是新军事变革产生的内在动因

军事变革不是自然发生的客观物质运动，而是对抗主体之间的主观能动行为，是军事需求驱动和军事主体选择的必然结果。因此，在一定物质技术基础上，战略需求和战略主体的选择便成为决定军事变革进程和结局的重要因素。就当前这场新军事变革而言，正是源于冷战时期敌对国家、政治集团对抗的需要，是美国与苏联之间争夺世界霸权的需要。

冷战结束后，两极格局解体，世界安全形势发生了深刻变化，信息化战争将成为新的战争形态，国际恐怖主义、非传统安全成为当今世界的重要威胁。这种新的军事需求使得军事斗争的形式和手段又发生了新的变化，它使冷战时期那种建立在机械化战争基础上，准备打大规模战争甚至核战争的军事斗争方式和军队建设模式，难以适应新的安全需求。因此，必须对建立在机械化战争基础上的军队进行彻底改革，以满足新的需要。

美国在这场新军事变革中发挥着独特的作用，这不仅因为美国拥有其他国家无可比拟的信息技术优势和综合国力，更重要的是深层次的内在动力。主要表现在它有"四大战略需求"。第一，单极独霸世界的战略需求；第二，追求绝对安全的战略需求；第三，保持军事力量绝对优势的战略需求；第四，刺激国内经济发展的战略需求。其中，谋求独霸世界是核心，保持军事力量的绝对优势是手段。

第二次世界大战以来，美国一直保持着强大的军事实力。目前，美国拥有 310 多万人的总体军事力量，拥有最先进的武器装备，拥有全球性的军事同盟体系。凭借这种超强的军事实力，美国在政治上四处打压、经济上全球掠夺、军事上肆意干涉。但是，美国并不满足于现有的领先地位，力图通过新军事变革，进一步拉大与其他国家的军事差距，保证自己的绝对安全，谋求自己的绝对优势，保住自己的世界霸权地位。他们认为，进行军事变革，可以把美军建设成为世界上第一支信息化军队，与其他国家形成"时代差"，从而按照美国的意志去塑造。

于是，在美国的带动下，英国、法国、德国、日本等已经公开宣布正在实施新军事变革，以使本国军事力量的发展跟上时代的步伐，跟上美国军队的进步；俄罗斯、印度等国也在推进军队信息化建设，以维持自己的大国地位。

3. 军事理论的创新是新军事变革产生与发展的基础和先导

军事理论是军事形态的重要构成要素之一。创新军事理论，既是新军事变革的重要内容，又是新军事变革的重要驱动力，对新军事变革的产生与发展起着基础性和先导性的作用。20世纪50年代以来，随着军事理论的不断创新与发展，引导着新军事变革沿着正确的方向顺利进行，从而使新军事变革的进程缩短、速度加快。

（1）军事理论的创新促进了军事战略的调整。冷战结束后，世界各军事大国和强国的军事战略已经由机械化战争形态的军事战略向信息化战争形态的军事战略转变。

（2）军队建设理论的创新引导了军队的改革与发展。各国军事领导人和军事理论家围绕着由工业时代的机械化军队向信息时代的信息化军队的转型，在军队建设特别是军队信息化建设方面提出了很多新概念、新见解，使军队建设的质量特别是高科技含量在不断提高。例如，西方国家一些军事理论家认为，打赢未来信息化战争主要靠信息能力，而要使信息发挥"倍增"作用，就必须使其快速流动起来。因此，他们在军事组织调整领域提出了"便于信息快速流动"论，把"便于信息快速流动和使用"作为军队体制编制改革的大方向。

（3）作战理论的创新推动了作战方式的变革。作战理论是军事理论的核心，作战理论创新是军事理论创新的重要内容。迄今为止，各种创新性作战理论层出不穷，如"空地一体战"理论、信息作战理论、空间作战理论、非线式作战理论、非接触作战理论、联合作战理论等相继提出与运用，催生了超视距打击、精确打击等新的作战方式，极大地改变了现代战争的面貌，引导着新军事变革的方向。

二、新军事变革的基本内容

新军事变革的本质与核心是信息化。其目的是建设信息化军队，打赢信息化战争。基本内容可概括为"四新"。

（一）创新军事技术，实现武器装备的信息化

武器装备的断代性发展，是军事领域出现革命性变化的重要标志。现阶段，主要是应用信息技术成果对现有武器装备进行改造，同时研制和发展新型信息化武器系统，从而实现武器装备的信息化、智能化和高效化。

当前，美、俄、英、法、日等国为了使武器装备尽快实现信息化，都在斥巨资继续开发高新技术特别是信息技术，全面启动武器装备的信息化建设。目前，西方国家武器装备系统主体已经实现信息化。例如，美陆军的信息化装备已达50%，美海、空军的信息化装备已达70%。广大发展中国家武器装备大部分或绝大部分仍然处于机械化、半机械化状态，但它们已不同程度地开始走上装备信息化的发展道路。另据美国电子工业协会估计，今后5年美军用于信息技术的开发费用将稳定在每年500亿美元左右，西欧各国军队约150亿美元。俄罗斯虽然军费拮据，也准备加大微电子技术、光电子技术、计算机技术等信息技术的投资力度。随着隐形技术、探测技术、微电子技术、纳米技术、定向能技术、光电技术等一大批高技术取得重大突破，很多新型信息化武器装备将陆续问世。

此外，为了检验信息化武器装备的效能，各种经过信息化改造的精确制导武器在战争中大量使用。从战场投放的精确制导弹药占总投弹量的比例看，海湾战争中只占9%，科索沃战争中则上升到35%，阿富汗战争中达56%，2003年的伊拉克战争中则达到68%。由此可以看出，信息化装备已经逐渐成为现代战争的主战装备。

（二）创新体制编制，重组军队组织结构

一场军事变革的完成，是以军队组织结构调整的最终实现为标志。一般来说，在一场全面军事变革中，最先发生变化的是军事技术和武器装备，最后完成变革的是军事组织体制。军事组织体制实现了革命性变化，一场军事变革也就完结了。在这次军事变革中也是这样，军事组织体制的变化最滞后、最缓慢。世界各国为适应世界新军事变革的发展，采取了很多措施，提出了很多设想，使军队的体制编制向着精干、高效、合成的方向发展。总的趋势是，压缩常备军规模，裁减一般部队，增编高技术军兵种部队，使军队向小型化、多能化、一体化方向发展。到21世纪第一个10年末，美、英陆军师的兵力可能减少30%～50%，即减至5000～7000人。部队编制一体化要求打

破军兵种界限，建设便于灵活组合的中小型模块式部队，例如，美军已经决定组建由三军部队组成的"联合特遣部队"，设想组建由陆军各兵种组成的一体化地面部队。俄军拟建立集各军种作战能力于一身的"多用途机动部队"和由各军种非核战略力量组成的"非核战略威慑部队"。

在指挥体制上，各国正在努力建立适合信息快速流通的扁平式作战指挥体制。这种指挥体制的特点是，作战指挥的纵向层次减少，横向联系增多，便于指挥信息的快速流动和提高指挥效能。伊拉克战争中，美军在作战指挥上，改变了以往各军兵种分别指挥的方式，由联合作战中心实行一体化指挥；在后勤保障上，改变了以往逐级实施的方式，由后方基地统供，直接投送到前沿部队和分队，这就是所谓的"聚焦后勤"。

（三）创新军事理论，推动军队建设转型

军事创新主要包括军事理论创新、军事技术创新和军事制度创新。其中，军事理论创新是其他军事创新的基础。军事理论创新特别是战争和作战理论创新，对军事技术和军事制度创新有巨大的牵引和带动作用。在新军事变革浪潮的冲击下，世界各国已经掀起了一场经久不衰的军事理论创新热潮，提出了很多新概念、新观点。比如，在战争理论方面，主要有"第四代战争"、"信息化战争理论"、"网络中心战"等。在作战理论方面，新概念、新观点更多，如"信息战理论"、"联合作战理论"、"精确化作战理论"、"非对称作战理论"、"空间作战理论"、"非接触作战理论"等。

2001年10月爆发的阿富汗战争中，美军可以说将"非对称"作战理论运用到了极致。在这场战争中，交战双方的非对称性之严重，亦即非对称程度之大为多年来战争之最。其主要表现有三点：一是一方使用信息化武器装备体系作战，另一方使用半机械化武器装备作战，双方军事技术"时代差"非常严重；二是一方是当今世界最强大的国家，另一方是一个十分弱小的部族国家；三是一方是训练有素的强大正规军，另一方是缺乏训练的、由志愿者组成的非正规武装。正是在这种作战理论的支撑下，美军仅通过2个月的军事打击行动，就推翻了塔利班政权，基本上摧毁了"基地"组织在阿富汗的网络体系，取得了战争的胜利。2003年3月爆发的伊拉克战争中，美军所使用的"快速决定性作战"作战理论，也是一种全新的作战理论。它强调作战行动必须充分利用信息化装备优势，采取"远程精确打击+小规模地面快速突击"的新战法，尽快由有限规模的战役行动达成战略目的。通过实战检验，这一理论得到了充实验证，说明适应信息化战争要求的创新军事理论是完全

必需的，并要根据新的军事理论完成军队由机械化向信息化转型。

（四）创新作战方式，适应新的战争形态

在信息时代的战争中，由于军事科技的高度发展，作战方式更为灵活：既可以地面作战为主、攻克或占领对方国土或某些战略要地，也可以空中远程打击为主、摧毁敌方重要战略目标，以威慑对手，迫使其放弃抵抗。作战方式的选择必须根据现代战争的特点和规律，围绕着作战目标的实现，灵活运用，予以创新。20世纪90年代以来，非接触、非线式作战，日益成为重要作战方式。

美军在伊拉克战争中所采用的基本作战方式就是非接触、非线式作战。这种作战方式不再是逐次突破推进，而是一开始就超越防御地带和自然地理屏障，直接对敌战役和战略纵深目标实施中远程精确打击，通过瘫痪对方的整个作战体系、摧毁对方的战争潜力和国家意志来达成战略目的。2003年3月20日凌晨伊拉克战争一打响，美军第3机步师就从科威特出动，第二天便深入伊拉克腹地160千米，5天内急进400多千米，直插巴格达外围。不少人认为，这样用兵是孤军冒险。其实，这正是为了以最快地速度推翻萨达姆政权。这种"闪电"行动，使伊拉克军队来不及纵火油田、炸毁桥梁、设置交通障碍，更来不及组织坚强有力的巴格达防御战。因此，创新作战方式是适应战争形态发展的需要，必须灵活多变。

三、新军事变革的重要影响

新军事变革，促进了世界军事力量的大发展、大动荡和大调整，将对重建国际军事安全秩序、重建世界军事力量格局、重塑未来战争形态和重建未来型军队等产生决定性影响。

（一）进一步加剧了世界战略力量对比的失衡态势

冷战结束后，美国成为世界唯一的超级大国，从而使世界战略力量对比失衡。目前，美国作为这场新军事变革的"领头羊"，拥有当今世界上最雄厚的经济实力和最先进的科学技术。由于其积极推进新军事变革，全面开展信息化建设，特别是武器装备信息化建设，使得美军的战斗力在短时间内急剧膨胀、迅速提升，使其很快具有全新作战效能，成为具有超级军事实力的顶尖军事强国。根据美陆军《目标部队》白皮书，至2020年前，美军可在4天内向全球各地部署1个旅战斗队，5天内部署1个师，30天内部署5个师。空军可在很短时间内到达全球各地，战略轰炸机经空中加油可连续洲际飞行。

这种情况已经越来越清楚的表明，不仅发展中国家与美国之间军事力量差距悬殊，而且英、法、德、日等发达国家的军事力量与美国的军事力量之间也拉开了差距。伊拉克战争中，美英联军在联合作战过程中的技术差距已明显暴露出来，这种结果，必将导致世界军事力量的严重失衡，使弱国与强国之间已经存在的差距越拉越大，并由此引发新一轮军备竞赛。

目前，不仅世界大国加快了军事变革的步伐，一些中小国家也积极创造条件进行军事变革，大力推进军事理论、作战思想、武器装备、组织体制、教育训练和后勤保障等各个方面的创新，从而使新军事变革呈现出向广度和深度加速发展的趋势。英、法、德、日等发达国家和俄罗斯，为拉近与美国的距离，正逐步增大投入，力争在某些领域谋取优势；许多发展中国家，为避免陷入被动挨打的境地，也在千方百计地发展国力，壮大军力，力求防止和消除出现"隔代差"。这就构成了一种各国竞相发展，全球战略互动的新局面。但是，美国综合国力具有雄厚的基础，军费投入也远远高于其他国家。据统计，1996 年全球军费开支总额为 6000 亿美元，2001 年猛增到 8700 亿美元。其中，美国的军费开支占全球的 36% ~45%，相当于排名其后 25 个国家军费开支的总和。同时，发达国家与发展中国家之间的军事技术有可能进一步拉大。所以，从发展趋势看，新军事变革有可能进一步加剧战略力量对比的严重失衡，使各国已经存在的差距不仅不容易缩小，反而有可能进一步扩大。据俄罗斯预测，到 2020 年发达国家与发展中国家将拉开数十年的距离。

（二）进一步推动了世界各国军事战略的全面调整

新军事变革极大地冲击了传统的战争理念，改变了现代战争面貌，促使各国重新审视自己所面对的安全环境和所实施的战争策略，依据客观环境和主观需求积极主动地进行战略调整。

自 20 世纪 90 年代以来，美国出于维护其霸权的需要，先后进行过四次军事战略调整。1992 年，布什政府首先提出"地区防务"战略；1995 年，克林顿政府制定了"灵活选择和参与"战略；1997 年又提出"塑造、反应、准备"战略；2000 年，小布什上台后，提出"新干涉主义"，为建立"新帝国秩序"，美国在"反恐"的同时，开始了全面的战略调整。

伊拉克战争中，美国首次实践其新的"先发制人"战略。从战争诱因看，美、英等国发动这场战争的主要理由，是指控伊拉克藏匿有大规模杀伤性武器并暗中支持恐怖主义，但到目前为止，美国也未能发现伊拉克拥有大规模的杀伤性武器，列举出伊拉克与恐怖主义有联系的证据。许多分析专家指出，美国发动这场战争的真正目的之一，就是为了检验其对敌对国家"先发制人"的军事战略，从而拔掉萨达姆这个"钉子户"，以美国的方式塑造出一个"新"的伊拉克。

与此同时，鉴于伊拉克战争中所反映出的新特点和新情况，以及新军事变革出现的新的发展趋势，俄、英、法、德、日等国也将为谋求其在国际舞台上的有利地位，积极顺应世界新军事变革发展的潮流，而进行新一轮战略调整。俄罗斯从苏联解体后到现在也已调整了三次军事战略。英、法、德等欧盟集团，出于集团利益的需要，在反映各成员国战略主张的同时，积极谋求"联盟战略"。日本以建立"合理、高效、精干"军队为目标，对其军事战略进行了全面调整。此外一些发展中国家基于维护自身安全的考虑，在战略上也做出了必要调整。可以预见，随着新军事变革的深入发展，各国还会进行新的战略调整并促进国际战略格局进行新的整合。

（三）进一步拉大了世界各国军队武器装备和作战能力上的"时代差"

在当今世界，由于美国拥有他国无可比拟的综合国力，拥有一流的高新技术和富有创新性的人才，所以，它是世界上最早进行信息化军事变革的国家。美国军队的武器装备体系在世界各国军队中也最先达到了机械化装备与信息化装备的临界质量，从而形成了与其他国家特别是与发展中国家军事技术装备的"时代差"。但我们必须看到，军事技术装备的"时代差"并不等同于军事技术装备的"代差"。在抗美援朝和越南战争中，我军的武器装备与美军相比有"代差"，但不存在"时代差"。

军事技术"时代差"是一个我们必须正视的重大问题，在历史上曾经出现过两次。第一次是在公元前2000—500年，埃及、巴比伦、中国和印度首先掌握了炼铜和冶铁技术，制造出了农业时代的冷兵器，从而与仍处于游牧时代使用石块和木棒作战的各部族军队形成了"时代差"。这四大文明古国由于占有军事技术"时代差"优势，征服了许多周边国家或民族。第二次出现于18—19世纪，那时，英、法、美、德、意、日等帝国主义列强将两次工业革命的成果用于军事领域，使其军队首先装备了工业时代的热兵器和机械化装备，而其他国家军队武器装备仍以冷兵器为主体，这就再一次形成了军事技术的"时代差"。帝国主义列强利用这种"时代差"，瓜分了整个世界，使广大亚非拉地区沦为它们的殖民地。当前，在人类文明由工业时代向信息时代过渡之际，美国首先建成了信息时代的信息化武器装备体系，而发展中国家的骨干武器装备依然是工业时代的机械化、半机械化装备,这就出现了第三次军事技术"时代差"。从海湾战争、科索沃战争、阿富汗战争和伊拉克战争中可以看出,这种军事技术"时代差"在战场上主要表现在以下三个方面:

1. 一方可以看到另一方,而另一方却看不到对方

美军不仅有分辨率很高的天基战略侦察预警定位系统,还有预警机和无人驾驶飞行器等战役信息系统和各种传感器等战术信息系统,平时建有目标信息库,战时能清楚地看到敌方的固定目标和移动目标,掌握敌方部队的部署和运动情况。而另一方由于没有完备的各级侦察定位系统,因而看不清甚至看不到美军。比如,伊拉克战争中,美军部署在太空直接或间接搜集伊拉克情报的各种卫星多达90余颗。这些卫星全时空监视伊军阵地变化,注视着萨达姆官邸的一举一动,收集分析伊拉克国内的无线电信号,监听所有的通信联络。战前长时间、多手段、全方位的情报工作使得美军开战时对伊拉克境内所有重要目标,包括军队布防位置、指挥中心、通信枢纽,以及伊拉克军政主要领导人的住处等,都了解的清清楚楚。伊拉克战场对于美英联军来讲,几乎可以说是单项透明。而对于伊拉克军队而言,由于没有完备的侦察探测系统,战场可以说是"乌云密布",对美、英联军的具体部署,主要目标的具体位置等,简直是"一无所知",只能处于被动挨打的境地。

2. 一方可以打到、打准另一方,而另一方却根本打不到对方

美军的武器装备射程远、精度高,而发展中国家的武器装备射程近、精度差。这就形成了一个非常严酷的现实:在战争中,美军能够打到、打准对方;而对方却打不到、打不准美军。伊拉克战争中,美军远程精确打击兵器运用的比重进一步加大。1991年海湾战争中,美军一艘航空母舰一天可摧毁162个目标,现在可摧毁700个目标。在开战前72小时内,就向伊拉克发射精确制导弹药达到4000枚,相当于海湾战争的10倍。从战争全过程来看,美军使用的精确打击兵器的比例已从海湾战争中的8%,增至伊拉克战争中的68%。一些精确制导的特种弹头,几乎清一色属于改进型号或新型号,是第一次投入实战。比如,电磁脉冲炸弹可能首次用于实战,它能使对方的指挥控制和电子通信系统陷入瘫痪,使航空电子设备和瞄准系统失灵,也能使人员精神错乱,行为失常,严重时可致人死亡。针对萨达姆可能藏身于地下堡垒,美军使用了钻地炸弹,它能钻入地下几十米深炸毁指挥所。另外,美军还使用了"联合直接攻击弹药",这种炸弹由普通常规炸弹升级发展而来,采用惯性制导+"GPS"系统制导,能够在任何天气情况下精确命中目标,命中

精度可达 3 米，不像一般的激光制导武器容易受到云、雾以及其他恶劣天气的限制。

3. 一方可做到攻守自如，拥有战场主动权，而另一方则手足无措，处处被动挨打

目前，美军已经建成完备的侦察监视系统和 CI 系统，正在建设 CISR 系统，初步实现了信息处理实时化和作战指挥自动化。这就使美军的作战行动得以近实时地进行，即近实时地发现目标、指挥控制、实施机动、进行打击与评估毁伤，对各种战场情况立即做出反应，采取对策，使定下决心与作战进程几乎同步，从而牢牢掌握战场主动权。对方由于信息处理慢，作战指挥甚至靠手工作业，作战行动迟缓，只能陷入处处被动挨打的境地。当前，借助于高度信息化的指挥信息系统，美军的信息系统和作战系统已经完全实现一体化，从而极大地提高了部队的快速反应能力。如从目标侦察评估到完成打击准备，"二战"时一般需要 10 多天，海湾战争时则缩短到 2 天，科索沃战争时为 1 小时，阿富汗战争时，美军将这一时间缩短到 19 分钟，而在伊拉克战争中，从发现目标到实施打击只需要几秒钟。

（四）进一步增强了军事手段维护国家安全的作用

新军事变革的飞速发展，造就了拥有超强军事实力的美国，而美国又是一个具有强烈霸权野心的国家。这就决定了美国必然凭借这种在军事上绝对领先的地位，无视国际准则和国际法的约束，对国际事务的态度更加我行我素、独断专行。

2003 年春爆发的伊拉克战争，进一步展示出美国这种霸权战略的鲜明轨迹。它向世人发出一个非常危险的信号：军事变革所换取的军事实力，在一定程度上代表着一个国家的国际地位，决定着一个国家在国际舞台上的发言权，拥有绝对的军事优势，可以在一定程度上影响世界政治的走向，军事因素对国际政治影响的作用进一步上升。

另外，新军事变革的重要结果之一，是产生了大量的高新技术兵器，从而为强国运用军事手段达成政治目的，提供了低风险、高效益、多样化的战略选择。如一枚导弹携带 228 枚精确制导反坦克子弹，攻击敌坦克群的能力与 1000 吨当量的核弹相当。可见，高新技术使战争的可控性显著增强，这也进一步地拓展了军事手段的运用空间。据统计，冷战时期发生的局部战争和武装冲突年均为 4 次，而冷战后年均却达 10 次之多。特别是 20 世纪 90 年代以来发生的海湾战争、科索沃战争、阿富汗战争、伊拉克战争，更显示出军

事手段在解决争端中的"泛化"趋势。以美国为首的西方发达国家认为，拥有绝对军事优势是处理国际危机的前提。在这种理念支配下，自 1990 年以来，美国对外出兵达 60 多次，占第二次世界大战后对外出兵总数的一半以上。

由此可见，新军事变革不仅使军事手段的地位和作用明显上升，而且刺激了霸权主义和新干涉主义进一步抬头，从而使军事因素在国际事务中的地位和作用出现了明显上升的发展趋势，这就给世界和平与地区安全带来了新的威胁和挑战。

第五章　信息化战争

信息化战争是一种战争形态，是指在信息时代核威慑条件下，交战双方以信息化军队为主要作战力量，以信息化武器装备为主要作战工具，以信息战为主导，在陆、海、空、天、电等全维空间展开的多军兵种一体化的战争。正确认识信息化战争产生的动因，把握信息化战争的基本特征和发展趋势，明确信息化战争对国防建设提出的新要求，积极推进中国特色的新军事变革，是摆在我们面前的一项紧迫而重要的任务。

第一节　信息化战争概述

一、概述

信息化战争是指发生在信息时代，以信息为基础，并以信息化武器装备为主要战争工具和作战手段，以系统集成和信息控制为主导，在全维空间内通过精确打击、实时控制、信息攻防等方式进行的瘫痪和震慑作战，夺取信息优势和制信息权。使用信息化武器系统是信息化战争的重要特征。在战争中使用信息化的武器装备并主导战争的进程，才能称之为信息化战争。

（一）信息化战争的内涵

信息化战争是指大量运用具有信息技术、新材料技术、新能源技术、生物技术、航天技术、海洋技术等当代高新技术水平的常规武器装备，并采取相应作战方法，在局部地区进行的，目的、手段、规模均较有限的战争。

20世纪80年代以来，以微电子、激光、计算机、新材料、新能源、生物工程等为代表的高新科学技术及其产业群的巨大发展，不仅使人类的生产、生活面貌发生了巨大变化，而且给军事领域带来了强烈的冲击和影响。以微电子技术为核心的诸多高科技成果在军事领域的广泛应用，不仅加快了武器装备更新换代的速度，而且是作战方式、部队编制体质、战略战术等发生了深刻变化。

（二）信息化作战的基本形式

基于现代军事作战理论，打完全不同于传统作战样式的战争，使得战争形态和作战样式呈现出显著区别于传统形态和样式，产生了非接触作战、非线性式作战、精确作战、信息战、网络中心战和太空战等作战样式，这些作战样式的最显著特点是信息优势、联合作战、非对称和高强度，在物质、能量、信息等构成作战力量的诸要素中，信息起主导作用，信息能严格调制在战争中表现为火力和机动力的物质和能量。

"网络中心战"是信息化战争中的一种基本作战样式，其特点是将军队的所有通信系统、探测系统和武器系统组成一个以计算机为中心的网络体系，各级作战人员利用该网络体系感知战场态势，交流作战信息，指挥与实施作战行动。网络中心战的网络体系由"无缝隙"互相连接的三个网络组成，即探测网络、交战网络和通信网络，把所有战略、战役和战术级的探测器联为一体的探测网络，能够提供"战场空间态势图"；交战网络又称为打击网络，连接各主要武器系统，通信网络对前两者起支撑作用，是它们的神经中枢。

（三）信息化作战的本质和特征

技术决定战术，任何一种战争形态都是特定的社会历史条件下的产物，但受科学技术水平和人类社会文明程度的制约。科学技术的进步是引起战争形态演变的主要原因。信息化战争既具有一般战争的共同本质，也具有不同于一般战争的特殊本质。我们既应看到信息和真正的一般性，又应看到它的特殊性，这样才能对它的本质特点及发展趋势有一个比较全面和准确的认识。

1. 战争空间急剧拓展

信息化战争是高度立体化的战争，即战争不仅在地面、水面、水下进行，而且向外层空间扩展，其表现是各种高性能的航空兵器、战略战术导弹、军用卫星的广泛应用，使侦察预警、指挥控制、攻防作战和反支援保障等行动，都在超低空、低空、中空、高空和超高空以及外层空间多个层次同时展开。由于高技术武器装备的大量使用，提高了军队的远程机动能力和远距离监视、打击能力，军队能够从遥远的距离直接实施作战行动，这就改变了以往战场范围通常局限于直接交战地区和交战线附近的状态，从而导致作战行动范围空前扩展，整个战场呈现出一种非线式状态。传统战争中的那种两军对垒，战争界限分明的线式作战，已逐步退出战争舞台，而前沿纵深浑然一体，攻方守方界限模糊，没有固定战线和接触线；进攻的一方为了更有利地保护自己，打击敌人，将采用独立性更强的小规模部队，在战场实施快速机动及全纵深同时攻击，直通敌人要害，达到目标后迅速分散。

2. 战争进程明显加快

以往的战争持续时间一般比较长，而信息化战争，节奏明显加快，进程大大缩短。战争中军事行动受政治目的的严格限制，所要完成的任务有限，这是作战进程加快的主要原因。在信息技术的作用下，武器装备能量释放的速度在加快，杀伤力在增强，过去需要成千上万次才能摧毁的目标，现在只需要一两次打击就能奏效；高技术作战手段的运用，使军队的机动能力、打击能力和保障能力大大提高，单位时间的作战效能显著增强，为短时间内完成作战任务提供了物质基础；高技术武器装备造价昂贵，作战消耗空前增长，迫使交战双方作战难以持久，从而使得作战进程的节奏急剧加快。战争消耗极大，进行战争不能不首先考虑国家财政经济的承受能力，并总是力求速战速决，在最短的时间内争取战争的胜利。现代信息化战争一旦爆发，不仅仅局限于一地一域，若久拖不决，多方插手，难以实现预期的目的，这也是战争决策者不能不考虑的一个重要因素。

3. 作战力量多元一体

作战力量是作战行动的物质基础。随着军事高技术的发展，高技术兵器在战争中的威力更大，影响更深。同时，对参战人员的素质要求越来越高，这就使得作战力量的构成更为复杂。首先，作战力量的大小，不再以数量多少为主要参数，作战能力的强弱，也不是由人员和武器的数量所决定，高技术兵器只有同高素质的战斗人员有机结合，才能发挥出最佳效能。其次，作战力量的构成，已不是以往的单军种、单兵种，而是由各种作战力量高度合成的综合体，是各种兵器的有机结合，而不是简单的叠加。作战人员变成的复杂性和各种武器装备的配套使用，使各种作战力量协同更加困难，界限更加模糊。美军通过进行信息化战争实践得出结论：高技术条件下的作战行动，必须进行严密的协同，才能实现合成的高效性，才能发挥最佳的作战效能。

4. 作战方法灵活多样

高技术兵器广泛应用于战场导致作战方式具有如下特征：首先，信息化战争的一个主要内容就是电子战，其作战行动首先以电子战拉开序幕，进行高强度、全时空的电子干扰，破坏对方的侦查、通信、指挥系统，达到隐蔽自己的作战企图；交战程序也一改从前的突破、向纵深发展、合围歼敌的老一套方式，出现以大规模空袭为先导，正面进攻与纵深打击相结合的多维化、立体化的战争方式。其次，在信息化战争中，除侦察卫星、导航卫星、通信卫星等参与作战外，航天杀伤武器也将直接参与作战，以定向能武器为代表的高能武器将进一步得到广泛应用，从而为多样化的作战方式产生创造条件。最后，组织力量的多元化，使作战方式更加多样化，武器装备的水平决定着作战方式的选择，在信息化战争中，作战企图不再仅限于攻城夺地，而更多的则是着眼于大力杀伤有生力量，摧毁重要目标，瘫痪整个作战体系，进而实现战略目标。

（四）信息化作战的发展趋势

1. 精确制导武器大量使用

衡量武器装备的优劣，打击力是首当其冲的要素。传统武器装备片面追求唯大、唯多和大规模杀伤破坏，其能量的释放缺乏有效控制。高技术武器装备是精确化的武器装备。事实表明，多种方式的制导武器正在逐步取代传统的武器而充当交战兵器的主角。随着全球定位系统的全面使用和巡航导弹、精确制导炸弹等精确制导武器的射程和精度的不断提高，使超距离精确打击成为主要手段。与以往一般条件下的作战相比，超距离精确打击正在克服许多制约打击效果的不利因素。

2. 指挥控制智能化提高

由于卫星技术和其他遥感、遥测技术广泛应用于军队指挥系统；由于电子技术将成为军队指挥的重要工具；由于使用激光通信、光电通信、传真通信和数据通信等手段及自动化的控制系统，因而使得军队的指挥既快速又准确，尤其运用人工智能系统，可以提出决策建议和行动方案，供指挥员参考，以高科技支撑的 C3I 系统，不仅可供战略指挥员使用，而且还可以供战役、战斗指挥员使用，甚至单车、单机、单兵都可以使用；特别是具有识别目标、判断地形和抗反干扰等功能的武器系统的综合应用，改变了现有的战略战术和战争形式，使军队指挥控制表现出高智能的特征。由军用通信卫星、预警卫星、预警指挥飞机、高速计算机网络构成的高度自动化的指挥、控制系统，已成为信息化战争的基本物质条件，对于各种军事力量的运用起着"黏合剂"和"倍增器"的作用。

3. 战争物资消耗巨大

高技术装备性能虽然优越，但战争消耗也越来越高。信息化战争实际也是高消耗的战争，其主要原因是：一是高技术武器造价昂贵。每项高技术武器都包含着越来越多的各种日新月异的技术，无论从它的研制、定型和生产，都必须投入巨额资金。二是高技术武器使用空前频繁。信息化战争中，交战双方为了迅速达到各自的战略目的，置对手于死地，战争一开始便会投入大量人力和各种优势武器。从武器的使用数量上，其强度必将超负荷加大，这就使得物资消耗巨大且快。三是高技术武器的破坏性日益加大。由于高技术武器精度高、威力大，一旦打击成功，其破化程度很难预测。

4. 非军事因素对战争的影响更加直接

在信息化战争中，军事手段与非军事手段结合更加紧密，非军事因素对战争的影响更加直接，战争目的的达成不仅仅是依靠单一的军事手段，而是要包括政治、经济、文化、外交等各种手段。运用单一军事手段，容易使大规模杀伤武器的对抗升级，在这种情况下，战争目的的达成往往更需求助于非军事手段。因此，战争受经济、政治、外交等非军事因素的影响更加直接。经济利益冲突是引发战争的根本原因。在信息化战争中，武器装备系统成本越来越高，军队对经济的依赖性在进一步增强。战争进程与结局也更直接地受经济因素的影响和制约。外交斗争与军事斗争紧密结合，共同服务于战争的政治目的。进攻的一方力图通过外交活动避免国际干扰，以较小的代价实现自身的政治目的；防御的一方则企图通过外交争取到国际的同情和道义上的声援，以及财力物力方面的援助，从而迫使对方停止军事行动。

5. 信息优势成为战争胜负的重要因素

战争是力量的竞赛，武器是战争的重要因素，人才是战争的决定性因素，这在信息化战争中依旧没有改变。科学的进步需要人才，有了人才才能使信息在战争中开始发挥越来越重要的作用，信息的获取已经显得尤为重要，其优势已成为战争胜负的重要因素。

二、信息化战争作战力量

信息化战争作战力量是取得信息化战争胜利的重要保证。信息化战争作战力量是一个动态发展的概念，涉及范围广、内容多，可以从不同角度进行界定，如将其划分为物质力量与精神力量、正规力量与非正规力量、结构力量与行为力量等。从直接用于作战的能力而言，构成信息化战争作战力量的基本要素主要包括三个方面：一是物质力量，指参加信息化战争的人员、武器、装备、技术、物资等；二是结构力量，指构成信息化战争作战力量的体制、机构、作战编成等；三是行为力量，指直接用于信息化战争作战行动的侦察力、摧毁力、突击力、机动力、干扰力、控制力、防护力、保障力等。

（一）信息化战争作战力量的一般构成

信息化战争作战力量的构成有多种区分方法，按照军种、兵种结构区分是基本方法。通常主要包括陆上作战力量、海上作战力量、空中作战力量、导弹作战力量、空间作战力量、信息作战力量等。

（1）陆上作战力量是指以装甲兵、步兵、炮兵为主体，在陆上作战的军兵种部队，统称为陆军作战力量，是未来信息化战争作战力量的重要组成部分。

根据信息化战争需要，陆军作战力量建设应重点突出四种能力，即快速机动部署能力、全频谱的信息作战能力、全时空的整体防护能力、全过程的综合保障能力。

（2）海上作战力量是指以舰艇部队为主体，在海洋作战的军种，统称为海军作战力量，是未来信息化战争作战力量的重要组成部分。

要适应信息化战争夺取制海权和海上其他作战的需要，海上力量的建设必须以保障国家远海海洋安全与利益为牵引，以足够有效的远海作战能力为目标，构建科学合理的海军兵力结构，加强武器装备建设，具备与作战对手相对均衡的作战力量和手段，能够有效抵御海上军事威胁。另外，海军还应注重发展核动力潜艇并具备有效的核反击能力，重视海军"空中力量"的"重塑"与"再造"，注重海军各兵种的综合平衡发展，提高制电磁权的能力，既能在海上机动作战，又能在近海地带进行攻防作战。

（3）空中作战力量是指以航空兵为主体，在空中作战的军种，统称为空军作战力量，是未来信息化战争作战力量的重要组成部分。

根据信息化战争空中战场的作战需求，未来空军将形成以长航程作战飞机和无人机为核心的力量体系。其具体构成有：远程作战力量，主要由歼击机、轰炸机、歼击轰炸机、强击机、侦察机、无人攻击机等组成；信息作战力量，主要由电子侦察飞机、电子干扰飞机、预警飞机、无人侦察机、地面侦察预警雷达等部队组成，主要担负空中作战信息侦察，空中进攻作战、防空作战和空降作战中的信息进攻，夺取空中战场信息优势，协同陆军、海军和导弹作战力量、信息作战力量实施陆上、海上信息支援等任务；空中运输力量，主要由空军运输航空兵部队组成；防空作战力量，主要由空军地面防空部队中的地空导弹作战力量和高射炮兵部队组成。

（4）导弹作战力量是指以弹道导弹和巡航导弹为主要装备，执行远距离核、常火力突击任务的作战力量，主要包括核导弹和常规导弹作战力量。在未来的信息化战争中，导弹作战力量仍然是核威慑、核打（反）击力量的重要组成部分，同时也是常规火力突击的骨干力量，其作战行动对战争进程和结局影响极大。

随着导弹技术、战术性能的不断改进，导弹威力和精度的逐步提高，导弹作战力量在信息化战争中的地位和作用更加突出。主要表现在三个方面：①导弹突击是达成信息化战争有限目的的有效手段。导弹突击具有"不接触火力战"的优点，可大幅度削弱敌方军事实力和战争潜力，促使敌方政治、经济、军事、民众心理等发生重大变化，摧垮其抵抗意志，以达成战争目的。②导弹作战力量是夺取"三权"的有力支撑。在信息化战争中，可使用导弹作战力量对敌重要军用机场、港口码头、指挥通信枢纽、预警探测系统、防空反导阵地等重要军用设施和基地进行火力突击，削弱敌军力和战争潜力，为己方作战夺取制空权、制海权、制信息权创造有利条件。③导弹作战力量是实施战争威慑的重要力量。战争发展到今天，人们一方面仍在不断使用武力解决政治争端；另一方面，也力求通过战争威慑，使对方屈从自己的意志，而使用导弹力量实施战争威慑就成为一种重要选择。在伊拉克战争中，美军平均每天发射近300枚巡航导弹，对伊拉克的核心首脑人物、指挥控制系统、共和国卫队实施精确打击，给伊军和民众造成了巨大的心理震慑。导弹威慑作为一种达成某种战争目的的手段，必将给世界各国的国防建设、军队发展和军事变革的走向带来深远的影响。

（5）空间作战力量，又称太空作战力量或空间力量。它是一个国家为实现其国家战略目标所拥有的进入空间、利用空间和控制空间的能力和意志的体现。空间力量包括民用空间力量、商用空间力量和军用空间力量。其中，军用空间力量是以航天部队为主体，以航天装备为主要装备，主要在空间进行军事活动的军事力量。空间力量作为国家武装力量的重要组成部分，与陆上力量、海上力量、空中力量、导弹力量同等重要，同其他作战力量的结合将日益紧密，是打赢信息化战争的重要基础。空间力量的突出特点是技术密集、系统复杂、性能超群，是一支典型的信息化作战力量。

（6）信息作战力量是信息化战争中遂行各种信息作战任务的力量的总称。

信息作战力量是未来信息化战争中进行信息作战最重要的物质基础，对于夺取和保持信息化条件下局部战争制信息权，进而为其他作战行动创造有利条件，最终赢得战争胜利具有重要意义。

信息作战力量是随着信息技术在军事领域的广泛运用，军队武器装备信息技术含量不断提高，信息化武器装备不断涌现，而正在产生和形成的一种全新的作战力量，是信息化战争作战力量的重要组成部分，涉及多个领域，构成形式多样。

（二）信息化战争作战力量的发展趋势

1. 作战力量小型化、合成化

随着新军事革命的发展，作战部队小型化、军种部队合成化、作战力量多功能化成为 21 世纪军队发展的总体趋向。军事技术和武器装备的发展及作战方式方法的变革，必然引起军队组织结构的调整和作战力量的变化。建设便于灵活组合的中小型、多功能、模块式部队，将成为军队作战力量发展的必然趋势。在伊拉克战争中，美军投入一线战场的作战部队只有 12.5 万人，担负地面进攻任务的陆军和陆战队大约 6.5 万人，基本上是以旅、团、营为单元遂行作战任务。这些规模虽小，却"五脏俱全"的小型部队，行动灵活、反应快速，作战效能大大胜过以往以军、师为单位的大部队。

2. 作战力量呈现出高科技型特征

高智力型人才要素、高科技型物资要素和高技术含量的信息要素是构成信息化战争作战力量的基本要素。在未来的信息化战争中，人仍然是决定战争胜负的重要因素，只是"人"的素质内涵发生了变化。信息化战争对军人素质提出了一系列的新要求，高智力型人才将是未来信息化战争作战力量构成要素的显著特征。在信息化战争中，作战指挥控制手段逐步向智能化、信息化方向发展，信息化高科技的物资将占主导地位。在信息时代，高技术含量的信息不但能使人力、物力要素在作战中发挥更大作用，而且信息本身也成为重要的作战和保障资源。在作战过程中，谁的信息全面准确，谁就占有优势。

3. 数字化部队成为军队战斗力新的增长点

数字化部队和网络化战场是信息化战争的两大支柱。目前，世界上至少有 20 多个国家正在按照信息化战争要求，进行数字化部队和师、旅级作战单元的建设或试验，有的已经将数字化部队投入战场进行实战检验。世界上各军事强国都十分重视对数字化部队作战方法、手段和行动的研究，加速组建和发展数字化部队，特别是提高陆军部队的数字化含量，并加强相关领域的建设，以适应未来信息化战争的需要。

4. 无人化作战平台大量使用

在信息化战争中，不仅精确制导武器和军用卫星等大批无人化军事装备投入战场，而且大量的空中无人机、水中无人潜水器、陆地无人驾驶车辆和战场机器人也将投入实战，无人装备已从一种单纯的作战支援装备转变为支援与作战装备，使战争的"非接触"特点更加凸显。

5. 隐形化武器装备强劲发展

采用隐形设计和隐形技术，可避免被探测、跟踪和摧毁，它是提高武器系统和作战人员的防护力、增强作战突然性的主要技术途径。探索隐形的新原理和新概念，如新型隐形材料技术、等离子体隐形技术、仿生学隐形技术和有源隐形技术等，将保持强劲的发展势头。预计未来10～20年内，大量新概念隐形技术将陆续应用到武器装备设计中，以减小雷达反射截面、降低红外辐射特征、减弱声响与噪音、缩小目视探测距离，使武器装备的隐形性能再上一个新台阶。

6. 智能化武器装备将在信息化战场上大显身手

人工智能技术在军事领域的广泛应用，不仅使武器装备的智能化水平不断提高，而且必将形成一个庞大的智能化武器家族，为未来智能化作战提供新的物质技术基础。

7. 新概念武器装备将在信息化战争中发挥重要作用

军事专家普遍认为，21世纪前二三十年内，将会有一大批新概念武器诞生，它将对军队的作战理论、体制编制、力量构成、作战方法等产生多方面影响，有些甚至是革命性的影响。

第二节　信息化战争的基本特征

信息化战争可以从政治、军事、经济等多个角度分析信息化战争的特征，以达到把握信息化战争区别于其他战争的本质形态。较之其他战争形态，信息化战争呈现出鲜明的时代特征。

一、信息技术主导武器装备

冷兵器战争的主导兵器是金属武器装备；热兵器战争的主导兵器是以化

学为基础的火枪火炮；机械化战争的主导兵器是飞机、坦克、军舰等机械化武器装备；而信息化战争的主导兵器则是信息化兵器，更准确地说是以信息技术为主导的武器装备。在信息化战争中，对作战手段、作战思想和战争进程发生主导作用的军事技术是信息技术。战场的指挥依赖于以微电子技术、通信技术和计算机技术为核心的指挥控制系统；侦察、监视、战场评估需要各种先进的电子、光学传感设备；突击兵器更离不开各种以信息技术为支撑的精确导引技术。信息化战争上的几乎所有兵器都是信息技术兵器、信息主导的兵器或称之为信息化兵器。信息化技术主导武器装备是信息化战争的一大特征。

二、信息化军队

强大的信息化军队出现于战场是信息化战争的特征之一。何种形态的战争需要何种性质的军队与之相匹配；反之，军队的特性也影响战争形态的演变。在信息化战争中驰骋疆场的主力只能是信息化军队。信息化军队是一支由信息化人才集聚起来的，按照信息化作战需要编组，装备和熟练运用信息化武器装备，以信息化作战理论指导的军队。这支军队在战场上发挥着主导的作用。

三、资源信息化

物资、能源和信息是人类赖以生存和发展的宝贵资源。在信息化战争以前的战争中，物资、能源的地位更为突出，是主要的战略资源。但在信息化战争中，信息资源处于首要的位置，成为最重要的战略资源。以信息资源为目标开展的争夺是信息化战争的基本内容。信息主导了物资、能源的整合、运作和能量释放的过程。谁占有信息优势，谁就可能占有战场的主动权并进而取得战争的胜利。是否占有优势的信息资源，不仅关系到是否能做到知己知彼、耳聪目明、胸有成竹、军令通常，还关系到能否快速反应、精确有效地突击。信息化战争的一个明显特征便是资源信息化。

四、信息战是战争的基本内容

在人类历史上的冷兵器或热兵器战争中，早已存在许多信息战的经典案例。在机械化战争中，更是不乏以信息战手段击败敌人夺取战争胜利的精彩故事。但那个时期的信息战仅仅表现为零碎的、局部的、短时间的、规模比较小，常常是战术、战役层次上的，或服从于火力战，其后果对战争的进程和结局的影响是有限的。但在信息化战争中，信息战上升到了战略的位置，战争的全过程、全空间、全方位都充满了信息战。

信息战已成为战争的主要的甚至全部的内容。战略信息战、战役信息战、战术信息战相互交叉；太空信息战、海洋信息战、陆地信息战覆盖战场；控制系统信息战、指挥系统信息战、情报系统信息战、火力系统信息战、物流系统信息战全方位渗透；心理战、舆论战、法律战、媒体战深入认知领域；电子战、网络战、斩首战等涉及军事、政治、经济、金融、能源、环境所有方面。谁夺得信息战的胜利，谁就可能夺得整个战争的胜利。信息战成为信息化战争的基本作战方式。

五、信息化战争的理论处于军事理论的主流地位

机械化战争离不开反映机械化战争规律的军事理论的指导。而在信息化战争时代，处于主流地位的军事理论也必须是信息化战争的理论。否则，信息化战争就不可能实现。信息化战争的要求：信息化战争是以实力为主的较量，要求军事训练必须把促进部队战斗力的快速生成作为努力的重点。

信息化战争是作战体系间的较量，要求军事训练必须紧紧围绕整体作战能力的增强做文章，信息化战争是制信息权的争夺和较量，要求军事训练必须把信息作战能力的提高作为重中之重。

六、作战节奏快速化

时间是战争的基本要素。随着计算机、电子通信、卫星技术和信息化武器装备的发展，信息化战争的作战节奏和作战速度将比机械化战争大大提高，持续时间明显缩短。促使战争时间节奏快速化的主要因素有三个：

一是战场信息流动加快，作战周期缩短。信息时代，数字信息技术广泛运用于战场侦察监测设备和信息快速传输网络，实现了信息的实时获取、实时传输、实时处理，使得信息流动速度空前加快，空间因素贬值，时间急剧增值，作战行动得以快速进行。在网络化的战场上，尽管基本作战程序和信息的流程没有发生根本变化，同样要经过发现目标、进行决策、下达指令、部队行动等环节，但这几乎都是实时同步进行的。

二是战争的突然性增大，时效明显提高。信息化战争中，各种信息武器具有快速的作战能力，使得作战行动的速度加快，时效性明显提高。

三是广泛实施精确作战，毁伤效能剧增。在海湾战争中，多国部队发射的精确制导弹药，虽然只占发射弹药总量的 9%，却摧毁了约 68% 的重要目标。精确打击直接指向敌人的战争重心，迅速而有致命性，这必然使得作战时间短促，战争持续时间大为缩短。

此外，数字化战场的建立、部队机动能力的提高、受经济能力和战争目的的制约等，都是促使作战时间节奏快速化，战争进程日趋缩短的重要原因。

七、作战要素一体化

信息化战争，一是作战力量一体化。通过信息网络信息技术，可以将处于不同空间位置的各种作战能力联结成一个有机整体，形成一体化作战力量。二是作战行动一体化。信息化战争中的主要作战样式，是两个以上的军种按照总的企图和统一计划，在联合指挥机构的统一指挥下共同进行的联合作战，集指挥、控制、通信、计算机、火力、情报、侦察和监视于一体的 C4KISR 系统，为作战指挥提供了准确的战场情报、快速的通信联络、科学的辅助决策、实时的反馈监控，从而使树状的指挥体制将逐渐被扁平为网络化的指挥体制所代替，使作战指挥实现了一体化。四是综合保障一体化。保障军队为遂行作战任务而采取的作战保障、后勤保障、装备保障、政治工作保障等各项保障措施实现了一体化。

八、作战指挥扁平化

机械化战争的指挥体制，主要以作战部队多层次纵向传递信息的树状指挥体制为主。这种指挥控制网络就像大工业生产按行业、按流水线建立的控制体系一样，其特征是金字塔状，下面大上面小，所有来自前线的敌我双方的情报信息，必须逐级向上汇报，上级的指示精神和命令也按照这样的树状模式逐级下达到前线或基层，是一种典型的逐级指挥方式。信息化战争的指挥体制，趋向作战单元与指挥控制中心横向传递信息的"扁平网络化"结构。在纵向上，从最高指挥机构到基层分队所形成的逐级控制关系虽仍然存在，但是，单兵数字化指挥控制系统成了指挥体系的最小层次。在横向上，各指挥系统间的横向联系更加紧密，它不仅包括平地指挥机构之间的联系，还包含非同一层次间指挥机构的横向联系；不仅包括不同军兵种各层次指挥机构的联系，还包括同一军兵种平行指挥层次指挥机构间的联系。指挥控制近乎实时，效率大大提升。

第三节　信息化战争的发展趋势

信息化战争大量地运用具有信息技术、新材料技术、新能源技术、生物技术、航天技术、海洋技术等当代高新技术水平的常规的武器装备，并采取相应的作战方法，在局部地区进行的目的手段规模均较有限的战争。

一、传统的战争内涵将得到极大地拓展

传统的战争主要是为了达到一定的政治、经济目的，使用武力进行的暴力斗争。而信息化战争将在战争的目的、主体、层次、暴力性等方面发生重大变化，战争的内涵将得到极大地拓展。

从战争目的来看。战争的起源最初是为了吃饱肚子，原始社会是为了获得更多的生产资料，随着时代进步，战争的目的就为了土地、能源、矿产等有形资源，海湾战争、伊拉克战争最终的目的就是为了石油资源。在未来信息化战争，信息、知识等无形资源将成为新的战争目的。

从战争主体来看，信息化战争时代，除了以军队为主体进行传统意义上的战争之外，每个人、每台计算机都可能成为一个有效的作战单元，因此，其主体既可能是军队，也可能是社会团体，还可能是个人、恐怖组织、犯罪集团和宗教极端分子等。在"9·11"之后，美国发动阿富汗战争，其战争的主体就是对付塔利班恐怖组织。

从战争的层次界限来看，信息化战争已将传统战争中战略、战役、战斗，这些明显层次趋同化，因为大量信息化武器装备系统的大量使用，小规模的作战行动和高效的信息进攻行动就能够有效达成一定的战略目的。科索沃战争中，战略性空中打击构成了最主要的战争行动，地面战争几乎没有发生过。

从战争的暴力性来看，"软杀伤"将更多替代暴力对抗。战争双方通过电磁、网络、心理等攻击手段，即可瘫痪对方信息系统和公共基础设施，动摇军心和民心，就可以把自己的意志强加给对方。

二、国家战略能力将成为战争制胜的基础

战争历来都是综合实力的竞赛，信息化战争也不例外。要打赢信息化战争，不仅需要强大的军事能力，还需要政治、经济、科技、文化、外交等因

素结合在一起的国家战略能力。

国家战略能力，是一个国家要进行战争或应对突发事件时所能调动的各种力量的总和，包括由经济实力、国防实力、民族凝聚力构成的全部综合国力，以及使其能在较短时间内迅速聚合并发挥出来的国家战略组织力。

三、软杀伤与硬摧毁有机地结合将成为作战的普遍法则

在未来信息化战争中，软打击与硬杀伤组合运用将成为信息化作战的鲜明特征。这种有机结合，主要体现在三个方面。一是电子杀伤与物理摧毁并举。近期几场局部战争表明，暴风骤雨般的电子压制通常是战争开始的序幕，然后伴随着强大的火力打击和硬杀伤。例如科索沃战争中，北约针对南联盟防空系统的电子压制铺天盖地，使南联盟的防空作战难以进行，制空权完全丧失。在进行电子软杀伤的同时，北约针对南联盟的军事指挥系统和重要的民用目标进行物理硬摧毁，造成南联盟交通瘫痪、电力和通信系统中断，直接影响了南联盟军队的作战指挥。可以预见，在未来信息化战争中，软硬一体化的电子对抗必将成为争夺战场主动权的关键。二是网络攻击与火力攻击并重。传统战争中，集中兵力与火力对敌实施硬打击是夺取胜利的基本方法，而在信息化战争中，火力打击作为一种硬打击仍然发挥重要作用，但网络攻击等新的杀伤方法，将成为主要的制胜手段。通过计算机病毒、黑客攻击等手段，可以导致计算机系统和网络瘫痪，从而造成作战体系的瘫痪。对于没有网络和信息优势的一方，通过硬打击破坏敌方计算机系统和网络节点，可以削弱对方的优势，提高己方的作战效能。三是心理战与歼灭战结合。信息化战争中的心理战贯穿战争的始终，可以极大地震撼敌方军民的心理，甚至摧毁和剥夺敌方的抵抗意志，从而极大地提高战争效益。

四、网络中心战将成为信息化战争的新样式

网络中心战，是指利用网络信息系统，把地理上分散部署在陆、海、空、天等广阔区域内的各种探测系统、指挥系统和武器系统，集成为一个一体化的作战体系，使各级作战人员能够利用该网络共享战场态势、交流作战信息、指挥与实施作战行动。网络中心战的核心是将力量从过去的以平台为中心转移到以网络为中心，强调以网络为基础的作战信息的获取及快速传输，使广泛分布而又紧密联系的传感器、指控中心和武器在各自的位置上做出迅速的反应，合理地决策和实时地采取行动，由此而增强部队的必胜信心和总体作

战能力，并制约敌方获得先机的可能性。

从全球范围来看，只有少数发达国家的军队将来会打网络中心战的能力，但是网络中心战作为未来信息化战争的一种崭新样式，无疑具有巨大的作战潜能和应用前景。美国是最早研究和提出网络战的国家，其在 2009 年就专门建立了网络战司令部，英国、日本、印度也先后建立了自己的网络战机构和部队，2011 年 3 月，美国国务卿希拉里在华盛顿大学提出了"网络自由"，这无疑给我们的思想带来了一次冲击。但战争史也表明，有矛就有盾，网络中心战依托的庞大网络化系统，必然存在难以克服的技术弱点和易受攻击的死穴，在网络中心战逐步形成的同时，网络瘫痪战也在同步发展，未来信息化战争中以网络为中心的较量将异常艰巨和激烈。

五、对经济和科技的依赖性将越来越强

信息化战争对科技实力和经济实力有很大的依赖性。美国 B-2A 隐形战略轰炸机单架飞机的研制费达到了 20 多亿美元；组建一个具有基本信息战能力的航母编队需要 100 多亿美元；一枚巡航导弹值百万美元；一颗"锁眼-12"卫星的造价达 14 亿美元。42 天的海湾战争中，美军消耗物资种类达 1.7 万余种、3 千多万吨，花去了 1100 多亿美元。随着信息化战争的发展，其对经济和科技的依赖程度将会越来越大。信息化武器的研制、生产、维护、使用都离不开科技力量和经济力量的支撑。高素质人才培训、购置昂贵的设备和较长的研制周期，都需要耗费巨资；科研成果产业化的投资比研究开发投资还要高出 5～20 倍；信息技术更新换代快，新武器的替换耗费大量资源。信息技术发展越快，信息化战争的经济科技依赖性越强。

六、战争的不对称表现日趋多样

在目前发生的信息化战争中，作战双方往往在战争体系、战争力量、战略资源、作战方式、军事理论和战争结局等方面具有多侧面的不对称性。这与信息技术和信息化社会发展的特点有关，也与战争主体在政治、经济、军事、文化、科技、自然等各方面的差距有关。随着信息化战争的发展，信息技术发展的特点将进一步突显。信息技术将向多个领域推进，新信息技术会层出不穷，技术生命将越来越短，技术的军事应用方法将越来越多，信息对抗的途径将越来越多，作战手段将越来越多，各国在信息技术、军事理论、

政治文化的发展上的差距和差别不会消失。可以预测,在信息化战争的发展过程中,不对称的战争表现还会存在,并更具多样性。

第四节　信息化战争与国防建设

信息化战争的到来,加剧了世界各国战略力量对比的不平衡性,增大了发展中国家战略选择的难度,特别是对我国国防建设与发展提出了严峻挑战。对此,我们必须立足当前,着眼未来,从发展的角度搞好国防和军队的信息化建设,以求在未来信息化战争中立于不败之地。

一、树立信息时代国防建设的新理念

机械化战争的制胜理念是消耗敌人、摧毁敌人,大量歼灭敌人的有生力量,而信息化战争的制胜理念是控制敌人、瘫痪敌人,通过攻击敌人作战体系,达到巧战而屈人之兵的目的。在机械化战争中,万炮轰鸣的火力倾泻为主要打击手段,而在信息化战争中,实施精确打击为首要选择。国防建设是军队打赢信息化战争的重要基础。因此,我们在考虑国防建设和经济建设时,从宏观规划到人力、物力和财力的动员,从经济基础建设到国防工程、交通信息、防汛和医疗卫生等建设都必须和打赢信息化战争的目标紧密结合,通盘考虑、全面规划和建设。

战争形态的发展变化,给我们带来的挑战首先是观念上的影响和冲击,同时也强烈要求我们必须适应这种不可抗拒的变化,树立与打赢信息化战争相适应的观念,并为国防现代化提供有效的建设理念和指导方法。认识只有跟上时代变化才能占据主动,理念只有适应形势才能把握先机。应对信息化战争形态带来的挑战,只有确立与打赢信息化战争相适应的思维方式,强化信息制胜意识,用源于实践高于实践的先进理论指导实践,用创新的观念谋求国防和军队的建设发展,才能使国防建设适应军队的信息化建设。

二、大力加强国家信息基础建设

在信息时代,国家的信息基础建设是国家战略能力的重要组成部分。国家战略能力,是指一个国家在需要进行战争或应对突发事件时,所能调动的各种力量的总称。

完善的国防信息基础设施是国防信息化的基础，如果没有快速、准确和高效的国防信息基础设施，就不可能真正实现国防和军队的信息化。加强国防信息基础设施建设，要促使传统的军事通信网向一体化指挥控制平台过渡，逐步实现综合、智能和"无缝"的国防信息网络，能够支持各级指挥员在任何时间、任何地点获取作战指挥信息并能够满足信息战争需求、提供信息支撑和保障。

国家的信息基础建设是军队信息化建设的基石，是打赢未来信息化战争的重要支撑。因此，必须把加强国家的信息基础建设作为应对信息化战争的首要举措。当前，我国信息基础设施建设已获得了长足的发展。在交通、金融和通信等主要行业我国的信息化水平已经接近发达国家；在数字地球领域，我国和发达国家处在同一起跑线上。但与发达国家相比，我国在许多方面仍存在差距。因此，必须下大力加强我国的信息基础建设，努力提升我国的国家战略能力。

信息基础建设的重点主要应放在三个方面：一是努力发展以微电子技术、计算机技术和通信技术为主体的信息技术，这是一个国家信息基础建设的基础。二是加快国家大型网络系统建设。三是大力开发各种软件技术。目前我国软件技术的研制、开发能力远远落后于发达国家，与一些发展中国家相比也不占优势。此外，国家信息安全的防护，在相当程度上是由先进的软件技术来保障的。因此，应加大研制和开发软件技术的资金、技术和人力投入，使我国在软件技术上跻身于世界先进行列。总而言之，必须把加强国家的信息基础建设作为应对信息化战争的首要措施。

三、努力培养国防信息化人才队伍

人才是强国兴军之本，决定未来信息化战争胜负的是高素质国防和军队信息化人才。随着信息技术的飞速发展及其在社会各领域的广泛运用，信息科技人才的紧缺已经成为一个世界性问题。因此必须加大力度，努力培养新型国防信息化人才，为我军打赢信息化战争提供强大的智力支撑。为此，我们必须把国防信息化人才队伍的培养工作作为国防信息化建设的根本大计，树立超前意识，构建我军新型的国防信息化人才培养体系，抓紧培养复合型人才，尽快缩小与发达国家军队在人员素质上的"知识差"，以适应国防信息化建设和未来信息化战争的需要。我国信息技术人才的匮乏问题表现十分突出，这要求我们必须下大力采取多种有效措施，加强国防信息技术人才的培养、引进与保留，建设一支雄厚的信息人才队伍，确保我国的信息基础建设能够持续不断发展。一方面，要依托地方进行信息化人才的双向培养；另一方面，军事院校教学中要加大高新技术知识的比重，提高部队信息化条件下的训练水平，创造良好的信息化环境和信息化文化氛围。

四、加速推进国防和军队信息化建设的进程

我军在加强军队机械化建设的同时，必须乘国家加快经济和社会信息化发展之势，跨越式加快国防和军队信息化建设。如果按部就班地在完成机械化建设后再进行信息化建设，就会坐失良机，无法赶上西方发达国家军队建设的步伐。推进国防和我军信息化建设的进程，必须解决好两个问题：

首先，要树立信息主导的思想。观念是行动的先导，一是确立信息化在军队建设中的主导地位，全面推进国防和军队的信息化建设；二是树立"系统集成观"，要用大系统的观念来筹划军队建设。在"作战力量"建设上，强调加强作战空间预警、C4KISR 和精确使用作战武器；在战场准备上，要求建立数字化战场；在部队建设上，要求建立数字化部队；在装备建设上，要求积极推行"横向技术二体化"。三是树立"虚拟实践观"。虚拟现实技术的发展，为人们"虚拟实践"提供了可能。人们可以面向未来，创造一种"人工合成环境"，在实验室里"导演"战争，主动适应未来。为此，美、英等国军队建立了许多"战斗实验室"、"作战模拟实验室"和"作战仿真实验中心"等。

其次，要实现我军信息化建设的跨越式发展。国防和军队的信息化建设是一个十分复杂的系统工程，我军信息化建设要抓住三个重点：一是要大力发展信息化武器装备，我军一方面要致力发展信息化武器装备，另一方面要在信息化弹药、信息化作战平台、专用信息战武器三个方面取得突破性进展，这样才能缩小与发达国家的时代差。二是要大力推进数字化部队建设。在建设思路上要突出我军的特色，走出一条投入少、周期短、效益好的发展路子。三是要大力加强数字化战场建设。有了数字化战场，数字化部队才能有可靠的依托。我军的数字化战场建设，应充分运用空间基础数据建设成果，将导航定位、天基立体测绘和时间基准、地球中心坐标系相统一，建设成能够覆盖整体作战空间的多维信息获取系统，形成平战结合、诸军一体的战场信息系统，推进我军的国防和信息化建设。

"历久远而不衰，临绝地而再造，逢机遇而勃发"，这不仅是中华民族的伟大精神，也是中国军队的突出特征。在信息时代的军事斗争中，更需要这种伟大精神！

② 军 事 技 能 篇

第六章 中国人民解放军共同条令

中国人民解放军共同条令（以下简称条令）是中央军委颁发的调整有关武装力量内外部关系的军事法规，是军事法的主要渊源。运用条令条例规范军队和军人的行为，是军队法制化建设的共同规律。用来规范日常一切活动的军人意识，为依法从严治军思想打下坚实的基础。

第一节 共同条令

中国人民解放军现行的共同条令（以下简称共同条令）——《中国人民解放军内务条令》（以下简称内务条令）、《中国人民解放军纪律条令》（以下简称纪律条令）和《中国人民解放军队列条令》（以下简称队列条令），是经中华人民共和国中央军委主席批准，由中央军委颁布实施的。

一、共同条令的含义

共同条令是以简明条文规定，并通过命令形式颁布的关于军队战斗、工作或生活方面的法规性文件。它主要依据军队战斗、训练和管理的经验，武器装备和组织编制的状况，军事研究的成果等制定的。条令一般分为战斗条令和共同条令。战斗条令分别规定战役、战斗的准备、组织、部署、实施、指挥、保障等基本原则，以指导训练和作战。

共同条令是用法规形式，把统一的、行之有效的管理制度和方法固定下来，是训练、生活、勤务活动的行动准则；是全体军人必须遵照执行的法规；是我军建立正规生活，巩固纪律，培养优良作风，保证部队完成训练和作战等各项任务的根本法典。

149

二、共同条令的产生及发展

共同条令的产生可以追溯到古代军队，如我国早在《周礼》中就有许多关于军队行政管理和内务建设的规范，我国历史上军队用于作战的阵法约有70余种。春秋战国时期的《司马法》中就有军人队列动作的规定，宋朝也有类似纪律条令的《赏格·罚条》的法规，明朝的《练兵实纪》中有相当于现今内务条令的有关规定。到了清朝，军队已经有了《内务条例》、《简明军纪》、《步兵暂行操法》，其名称和内容都接近于现今的共同条令，但共同条令的称谓则始于近代。苏联红军创建之初，于1918年底、1919年初先后颁布了内务、纪律、队列等条令，并称为《共同条令》。其他国家军队也有类似的法规，如美军的《军官手册》、《军士手册》、《士兵手册》、《统一军事司法法典》、《队列教练和仪式》，英军的《军队法令》，法军、德军的《纪律条令》等。

"兵当先严纪律"。早在我军初创时期，毛泽东就亲自制定了《三大纪律八项注意》。1929年12月，古田会议决议提出了编制红军法规的立法任务。在频繁而紧张的战斗中，我军领率机关经过几个月的紧张工作，编写了我军第一部纪律条令，即《中国工农红军纪律条例（草案）》，于1930年10月正式颁发全军施行。遗憾的是，这部珍贵的历史文献在艰苦的战争年代遗失。1933年8月，中国工农红军编写和颁发了《纪律暂行条令》。这部条令仅有4章18条，其中有13条是规范奖惩的。条令深刻地指出："军队纪律的要素就在于服从"，军纪是"军队的命脉"。"白军的纪律是建筑于反动统治阶级利益之上"，"我军的纪律是建筑于工农群众自己利益之上"。由此划清了两种不同性质军队纪律的界限，把我军的纪律与我军的性质和宗旨紧紧地联系在一起。1935年，我军在艰苦的长征途中，在与疯狂围追堵截的敌人战斗中，在与张国焘分裂红军、分裂党的错误路线的斗争中，为了严整部队纪律，巩固提高战斗力，1935年9月，根据中央军事委员会《工农红军纪律暂行条令》之规定，参照现在部队的情形重新发布奖励与惩戒条例。这部由司令员彭德怀、政治委员毛泽东签发的《奖惩条例》，特别强调"提高红色指战员政治觉悟程度是提高我军纪律的重要要素"，"要求各级首长人员耐心的不疲惫的进行政治教育"，"使每个指战员自觉的遵守纪律"。

三、共同条令的功能

治军先治典，共同条令的修改施行是适应新时期我军革命化、现代化、正规化建设和军事斗争准备需要的重要措施。只有全面认真地贯彻执行条令，才能维护良好的上下级关系、军内外关系和正规的内务制度；才能严格履行职责搞好行政管理；才能培养优良作风，增强纪律性，巩固和提高战斗力。

（一）共同条令是从严治军、依法治军的法规

共同条令是全军必须遵照执行的法规。我军担负着巩固国防、抵抗侵略、保卫祖国、保卫人民和平劳动、参加国家建设事业的神圣使命。只有认真贯彻共同条令，令行禁止，步调一致，才能提高部队的战斗力，维护良好的军人形象，保持人民军队的本色，保证军队经受住各种困难和复杂局面的考验，充分发挥人民民主专政坚强柱石的作用、完成我军的神圣使命，成为名副其实的钢铁长城。

共同条令是对全体军人行为的规范。它要求军队中的每一个成员，不论职位高低，都要无条件地接受条令的约束。各军兵种部队针对自身的特点制定的条例、规章制度，是条令的细化，不准与条令相抵触。

（二）共同条令能有效地维护军队高度稳定和集中统一

保持高度稳定和集中统一，是我军履行根本职能的客观要求。和平时期军队的运行机制受它赖以生存的社会环境的影响，受社会发展规律的支配。国际国内的斗争和军队的自身建设，要求必须大力加强条令建设，严格依法治军。新的共同条令是适应这些要求颁布的，实现这些要求是贯彻落实共同条令的一项基本任务，共同条令规定的各项内容具有很强的规范性，是统一全军意志和行动的准则。

（三）共同条令具有科学性、现实针对性和权威性

共同条令对部队建设有现实指导意义，它吸收了新时期部队建设和改革的成果，系统严谨，符合我军实际，具有我军特色，是我军"三化"建设的需要，因而具有高度的科学性。各级管理者可以按照这些规定和要求进行管理，被管理者则用这些规定和要求自觉约束自己。要求各级领导和机关必须严格按条令的标准管理部队，通过艰苦扎实的工作，把条令的要求变成全体官兵的自觉行动，因而具有很强的现实针对性。

共同条令按我军建设的需要规定了条令的立法目的、依据、适用对象和

范围的量和度以及解释权限。条令设置的章、节、条、文有序组合，形成有机的整体，经中央军委审定批准颁发，具有极大的权威性。这就要求全军必须增强条令意识，坚决贯彻执行，坚决维护条令的权威性，充分发挥其重要作用。

第二节　内务条令

中国人民解放军内务条令是中国人民解放军内务建设的基本依据，适用于中国人民解放军现役军人和单位（不含企事业单位），以及参训的预备役人员。为了规范中国人民解放军的内务制度，加强内务建设，根据有关法律和军队建设的实际，制定本条令。

一、内务条令概述

在军事用语中，内务是指军队建设中的经常性事务，如建立规范的内务制度，维护良好的内部关系，明确各类人员职责，组织日常活动，培养优良作风等。内务条令是规定军人基本职责、军队内部关系和日常生活制度的法规，是军队生活的准则、行政管理的依据，由军队最高领导人或领导机关颁发全军执行。其目的在于建立和维护团结统一的内部关系、紧张有序的生活秩序、严整的军容、优良的作风和严格的组织纪律，以巩固和提高战斗力，保证作战及其他任务顺利进行。

二、内务条令的主要内容

现行的内务条令内容包括：总则，军人誓词，军人职责，内部关系，礼节，军容风纪，对外交往，作息，日常制度，值班，警卫，人员管理，日常战备和紧急集合，装备管理，财务和伙食、农副业生产管理，卫生，营区、营产管理，野营管理，安全工作，国旗、军旗、军徽的使用和国歌、军歌的奏唱，附则等。内容大致分为五个部分：

（一）规范了我军内务建设的原则

总则是条令基本精神和原则的高度概括，是条令的总纲，其内容有很重的分量和深刻的含义。内务条令总则除规定制定条令的目的和依据外，主要规定了四个方面的内容：

1. 规定了我军的性质和任务

第三条指出，中国人民解放军是中国共产党缔造和领导的，用马克思列宁主义、毛泽东思想和邓小平理论武装起来的人民军队，是中华人民共和国的武装力量，是人民民主专政的坚强柱石，担负着巩固国防，抵抗侵略，保卫祖国，保卫人民的和平劳动，参加国家建设事业的任务。

2. 规定了内务建设的指导思想

总则指出，中国人民解放军的内务建设，必须以毛泽东军事思想和邓小平新时期军队建设思想为指导，贯彻新时期军事战略方针和政治合格、军事过硬、作风优良、纪律严明、保障有力的总要求，努力建设一支强大的现代化、正规化革命军队。

3. 规定了内务建设的地位作用及基本任务

总则指出，内务建设的基本任务是使每个军人明确和认真履行职责，维护军队良好的内外关系，建立正规的战备、训练、工作、生活秩序，培养优良的作风和严格的纪律，保证军队圆满完成任务。

4. 规定了内务建设的五条基本原则

（1）必须坚持人民军队的性质。

（2）必须坚持以提高战斗力为根本标准。

（3）必须坚持政治工作生命线地位。

（4）必须坚持依法治军、从严治军。

（5）必须坚持继承和发扬我军优良传统，在管理教育中做到：服从命令，听从指挥；官兵一致，尊干爱兵；发扬民主，依靠群众；严格要求，赏罚严明；说服教育，启发自觉；公道正派，不分亲疏；艰苦朴素，廉洁奉公；干部带头，以身作则；团结紧张，严肃活泼；拥政爱民，军民团结。

（二）规范了军人宣誓

条令专设"军人宣誓"一章，规定了军人宣誓的内容、基本要求及宣誓大会的秩序。

第十一条指出，中国人民解放军军人，是在中国人民解放军服现役的中华人民共和国公民。

第十二条对军人宣誓进行了定义，具体内容如下：军人宣誓，是军人对自己肩负的神圣职责和光荣使命的承诺和保证。公民入伍后，必须进行军人宣誓。军人誓词是：

我是中国人民解放军军人，我宣誓：服从中国共产党的领导，全心全意为人民服务，服从命令，严守纪律，英勇战斗，不怕牺牲，忠于职守，努力工作，苦练杀敌本领，坚决完成任务，在任何情况下，绝不背叛祖国，绝不叛离军队。

（三）规范了军人职责

军人职责是军人在各自岗位上行使的职权和应当承担的责任与义务。条令把军人职责分为四类，即士兵职责、军官职责、首长职责和主管人员职责，并分别作了具体规定。

（四）规范了军队内部关系

条令对于军人相互关系、官兵关系、机关相互关系、部队（分队）相互关系分别作了具体规定。

第五十八条指出，中国人民解放军军人，不论职位高低，在政治上一律平等，相互间是同志关系。

第五十九条指出，军官、士兵依行政职务和军衔，构成首长和部属、上级和下级以及同级的关系。在行政职务上构成隶属关系时，行政职务高的是首长又是上级，行政职务低的是部属又是下级，部属的上一级首长是直接首长；在行政职务上未构成隶属关系时，行政职务高的是上级，行政职务低的是下级，行政职务相当的是同级。在相互不知道行政职务时，军衔高的是上级，军衔低的是下级，军衔相同的是同级。文职干部和军官、士兵之间，文职干部之间，依隶属关系和行政职务，构成首长与部属、上级与下级或者同级关系。部属、下级必须服从首长、上级。

（五）规范了军人的行为举止和日常管理制度

条令对军人在日常生活中的言行举止（如礼节、着装、仪容、称呼、举止）和日常管理制度中的一些具体要求（军营一日时间分配、连队及机关的一日生活、会议、汇报和请假销假、查铺查哨、交接、接待等日常生活秩序方面的制度，装备管理、伙食、农副业生产管理等有关管理和安全方面的制度，值班、警卫、紧急战斗准备等战备秩序方面的制度，关于零散人员的管理制度）作了明确的规定。

关于仪容方面，第八十九条规定军人头发应当整洁。男军人不得留长发、大鬓角和胡须，蓄发（戴假发）不得露于帽外，帽墙下发长不得超过一点五厘米；女军人发辫不得过肩，女士兵不得烫发。师以上首长可以在规定的发型（男女军人参照发型见附录十）内决定所属人员蓄一种或者几种发型。军人染发只准染与本人原发色一致的颜色。第九十条规定军人不得文身。着军服时，不得化妆，不得留长指甲和染指甲，不得围围巾，不得在外露的腰带上系挂钥匙和饰物，不得戴耳环、项链、领饰、戒指等首饰。除工作需要和眼疾外，不得戴有色眼镜。

第三节 纪律条令

纪律条令是中国人民解放军维护纪律、实施奖惩的基本依据，适用于中国人民解放军现役军人和单位，以及参战、支前的预备役人员。

一、纪律条令概述

中国人民解放军历来重视维护纪律。纪律条令内容包括：总则、奖励、处分、特殊措施、控告和申诉、首长责任和纪律监察、附则等。这些规定反映了人民军队的本质，体现了赏罚严明，以说服教育为主、惩处为辅和严禁打骂、体罚、侮辱人格等基本原则，保证了革命军人的民主权利。

二、纪律条令的主要内容

纪律条令是在长期的军事斗争和军队建设实践中逐步形成和完善起来的。我军自建军之日起，就把加强组织纪律性放在各项工作首位。在新时期，我军以一切为打赢为主要战略目标，就必须继承和发扬纪律建军的优良传统，加快实现我军的现代化、正规化建设。

（一）纪律条令的基本内容

1. 总则

第一章为总则，共11条。阐明本条令的目的、适用对象和依据，规定了我军纪律建设的基本精神，是整个条令的统帅部分，包括我军纪律的基本内容、我军纪律的性质和地位作用、维护和巩固我军纪律必须坚持的原则、各级首长维护纪律的职责、全体军人维护纪律的责任和义务等方面的内容。

其中，第三条指出，中国人民解放军纪律的基本内容：①执行中国共产党的路线、方针、政策；②遵守国家的宪法、法律、法规；③执行军队的条令、条例和规章制度；④执行上级的命令和指示；⑤执行三大纪律、八项注意。

同时，第四条指出，中国人民解放军的纪律要求每个军人必须做到：①听从指挥，令行禁止；②严守岗位，履行职责；③尊于爱兵，团结友爱；④军容严整，举止端正；⑤提高警惕，保守秘密；⑥爱护武器装备和公物；⑦廉洁奉公，不谋私利；⑧拥政爱民，保护群众利益；⑨遵守社会公德，讲究文明礼貌；⑩缴获归公，不虐待俘虏。

2. 奖励和处分

第二、第三章，主要介绍奖励和处分，这是纪律条令的主体部分，包括奖惩的目的和原则、奖惩的项目、奖惩的条件、奖惩的权限和实施等内容。

第十二条指出奖励的目的在于维护纪律，鼓励先进，调动官兵的积极性、创造性，发扬爱国主义、共产主义和革命英雄主义精神，保证作战、训练和其他各项任务的完成。

第十四条指出对个人和单位的奖励项目分别有：①嘉奖；②三等功；③二等功；④一等功；⑤荣誉称号。这些项目依次以嘉奖为最低奖励，荣誉称号为最高奖励。

第十五条规定，对获得三等功、二等功、一等功奖励的个人，分别授予三等功、二等功、一等功奖章。对获得荣誉称号奖励的个人，由军区以及其他相当等级的单位批准，授予二级英雄模范奖章；由中央军事委员会批准的，授予一级英雄模范奖章。

对获得三等功、二等功、一等功奖励的单位颁发奖状；对获得荣誉称号奖励的单位授予奖旗。

第十六条规定，对获得三等功以上奖励的义务兵，可以提前晋衔；对获得二等功以上奖励或者3次三等功奖励的士官，可以增加军衔级别工资档次；对获得二等功奖励或者3次三等功奖励的军官、文职干部，可以增加职务（专业技术等级）工资档次；对获得一等功以上奖励的军官，可以提前晋衔或者增加职务（专业技术等级）工资档次；对获得一等功以上奖励的文职干部，可以提前晋文职干部级别或者增加职务（专业技术等级）工资档次。

提前晋衔适用于列兵和上校以下军官（不得超过其职务等级的最高编制军衔）；提前晋级别等级适用于四级以下的文职干部（不得超过其职务等级规定的最高级别）；提前提高衔级工资档次适用于低于本衔级工资最高档次的各级士官；提前提高职务（专业技术）等级工资档次适用于各级低于最高档次的军官、文职干部。提前晋衔、晋文职干部级别、增加工资档次，通常分别只晋一衔、晋一级、提高一档。

对士兵的处分项目有：①警告；②严重警告；③记过；④记大过；⑤降职或者降衔；⑥撤职；⑦除名；⑧开除军籍。这些项目依次以警告为最低处分，开除军籍为最高处分。

第八十条规定对军官、文职干部的处分项目有：①警告；②严重警告；③记过；④记大过；⑤降职（级）或者降衔（级）；⑥撤职；⑦开除军籍。这些项目依次以警告为最低处分，开除军籍为最高处分。降职（级），即降低职务等级（专业技术等级）；降衔（级），即降低军官军衔（文职干部级别）。

降职（级）不适用于排职和专业技术十四级军官，办事员级和专业技术十四级文职干部；降衔（级）不适用于少尉军官和九级文职干部。降职（级）、降衔（级）通常只降一职（级）或者一衔（级）。对被撤职的军官、文职干部，至少降低一职（级）待遇；对撤职的排职和专业技术十四级军官、办事员级和专业技术十四级文职干部。

3. 我军维护纪律的有关措施和条令的附则

第四、第五、第六、第七章，主要介绍，包括特殊措施、控告和申诉、首长责任和纪律监察三个部分内容。在第五章中指出控告和申诉是军人的民主权利，其目的在于充分发挥群众的监督作用，保护军人的合法权益，维护军队严格的纪律。

第一百六十三条指出，军人对违法违纪者有权提出控告；认为给自己的处分不当或者合法权益受到侵害，有权提出申诉。控告和申诉应当忠于事实。

第一百六十四条指出，控告和申诉可以按级或者越级提出。越级控告和申诉一般应当以书面形式提出。军人控告军队以外人员，可以将情况告知政治机关。政治机关应当及时了解情况，必要时予以协助。

第一百六十五条指出，被控告者有申辩的权利，但不得阻碍控告者提出控告，更不得以任何借口打击报复。对打击报复者，应当给予处分。

第六章规定了首长责任和纪律监察，明确指出各级首长负有维护纪律的直接责任。

（二）贯彻纪律条令的要求

贯彻执行纪律条令，重在做到"一勤"：勤学习。胡锦涛总书记指出，"面对知识日新月异的当今时代，我们只有勤于学习、不断学习、善于学习，才能始终走在时代前列"。

贯彻执行纪律条令，重在做到"二清"：清心寡欲、清正廉洁。一是清心寂欲。古人云："财能使人贪，色能使人嗜，名能使人矜，势能使人倚。四患既都去，岂在尘埃里？"要不断提高思想素养，树立正确的人生观、价值观、道德观以及正确的权力观、利益观、地位观，时刻保持清醒的头脑，明辨诱惑、守节持定，防止因价值取向错位和人生追求偏差而发生违法违纪。二是清正廉洁，制欲戒贪。

第四节　队列条令

队列条令是规范中国人民解放军的队列动作、队列队形和队列指挥的法规，是我军队列生活的准则和队列训练的基本依据。适用于中国人民解放军现役军人和单位，以及参训的预备役人员。

一、队列条令的基本内容

队列条令的共内容包括：总则，队列指挥，队列队形，单个军人的队列动作，班、排、连、营、团的队列动作，分队乘坐汽车、火车、舰（船）艇，敬礼，国旗的掌持、升降和军旗的掌持、授予与迎送，阅兵，晋升（授予）军衔、授枪和纪念仪式，附则等。这些规定反映了人民军队的特点，是技术训练、战术训练的基础，是加强军队正规化建设的一种必要形式。这些规定反映了部队队列生活的特点，是加强部队正规化建设的必要形式。

（一）队列训练原则

队列训练原则，是在总结训练实践经验的基础上，根据训练规律而确定的。

1. 统一标准、严格要求

统一标准、严格要求是队列训练的根本要求，只有准确地把握标准，严格实施训练，克服随意性，才能确保训练质量。贯彻这一原则的要求是：

（1）正确理解条令，严格把握标准。队列条令是以命令的形式下达的简明条文，它不可能将所有的细小内容都包括进去，这就要求教（练）员要对条令内容有充分、正确的理解，熟悉标准，严格把握。

（2）坚持高标准、高质量，从严、从难训练，苦练、巧练相结合。

2. 因人施教、分步细训

因人施教是教学规律的客观反映，是教（练）员根据受训练者不同的情况、不同的需求所采取的有针对性的训练方法。它突出了教（练）员的施教主动性，考虑了受训者个体差异性，是提高训练效果的重要环节。分步细训是指在队列训练中必须遵循队列条令的系统性和军人认识活动的规律性，有计划、按次序、分步骤地进行教学与训练。从内容上体现由静到动，由站到走；从形式上体现由易到难，由分解到连贯，逐步掌握各个训练内容。贯彻这一原则应做到：

（1）要了解受训者的基本情况，包括对队列训练重要性的认识、队列基础和接受能力等，使训前准备更具有针对性。训练中针对不同受训对象，采用不同的训练步骤和方法。

（2）科学地运用训练方法。

3. 突出重点、精讲多练

突出重点，精讲多练，是指在时间安排上要抓住主要矛盾，突出重点；讲练结合，以练为主，提高时效。贯彻这一原则的要求是：

（1）认真分析，准确把握训练的重点与难点。难点有时就是重点，必须安排较多的时间训练。

（2）正确认识精讲与多练，防止以形式代训，应以高质量促训。

4. 形象教学、启发诱导

形象教学、启发诱导，就是通过教（练）员准确、生动的语言和形象、直观的动作，引发受训者的学习兴趣和对训练重要性的认识，进而调动其学习的主动性和训练的积极性。

5. 训管一致、注重养成

训管一致、注重养成的原则，是指在队列训练和队列生活中，将训练与管理有机地结合起来，寓管于训、训管结合，同时把养成教育作为巩固队列训练效果的一个主要手段，训练与养成相结合，做到教养一致。贯彻这一原则，需注意以下几个方面：

（1）认真学习条令，严格落实条令。条令是队列训练的准绳，它既是教学内容，又是管理的基本依据。因此，学好条令，严格落实，是做到训管一致，教养一致的前提条件。

（2）要在训练中加强管理，在管理中巩固训练效果。队列具有强制性、统一性和规范性的特点，因此，在组织训练时，要靠铁的纪律和顽强的作风，保证训练的正常进行。

（3）注重养成、齐抓共管。队列训练的时间是有限的，相比之下，军人

159

的日常队列生活则是大量的，应将队列训练的成果体现在日常队列生活之中，形成规范的军人队列养成。

（二）单个军人队列动作训练

1. 立正、跨立、稍息

（1）立正。是军人的基本姿势，是队列动作的基础。听到"立正"的口令，两脚跟迅速靠拢并齐，两脚尖向外分开约60度；两腿挺直，小腹微收，自然挺胸；上体正直，微向前倾；两肩要平，稍向后张；两臂下垂自然伸直，手指并拢自然微曲，拇指尖贴于食指第二节，中指贴于裤缝；头要正，颈要直，口要闭，下颌微收，两眼向前平视。

（2）跨立。主要用于体能训练、执勤和舰艇上分区队列等场合，可与立正互换。听到"跨立"的口令，左脚向左跨出一脚之长，两腿挺直，上体保持立正姿势，身体重心落于两脚之间。两手后背，左手握右手腕，拇指根部与外腰带下沿（内腰带上沿）同高；右手手指并拢自然弯曲，手心向后。

（3）稍息。是队列动作中一种休息和调整姿势的动作，可与立正互换。听到"稍息"的口令，左脚顺脚尖方向伸出约全脚的三分之二，两腿自然伸直，上体保持立正姿势，身体重心大部分落于右脚。稍息过久，可以自行换脚。

2. 停止间转法

停止间转法是停止间（原地）变换方向的方法。分向左转、向右转、向后转，需要时也可半面向右（左）。

（1）向右（左）转。听到"向右（左）转"的口令，以右（左）脚跟为轴，右（左）脚和左（右）脚掌前部同时用力，使身体和脚向右（左）转90度，体重落在左（右）脚，左（右）脚取捷径迅速靠拢右（左）脚，成立正姿势。转动和靠脚时，两腿挺直，上体保持立正姿势。

（2）向后转。听到"向后转"的口令，按照向右转的要领向后转180度。转动和靠脚时，两腿挺直，上体保持立正姿势。

3. 行进与立定

（1）齐步与立定，齐步主要用于部队的整齐行进

听到"齐步走"的口令，左脚向正前方迈出约75厘米，按照先脚跟后脚掌的顺序着地，同时身体重心前移，右脚照此法动作；上体正直微向前倾；手指轻轻握拢，拇指贴于食指第二节；两臂前后自然摆动，向前摆臂时，肘部弯曲，小臂自然向里合，手心向内稍向下，拇指根部对正衣扣线，

并与最下方衣扣同高（着作训服时与第四衣扣同高，着水兵服时与腰带同高），离身体约 25 厘米；向后摆臂时，手臂自然伸直，手腕前侧距裤缝线约 30 厘米。行进速度 116 步/分钟～122 步/分钟。听到"立定"的口令，左脚再向前迈大半步着地（脚尖向外约 30 度），两腿挺直，右脚取捷径迅速靠拢左脚，成立正姿势。

（2）跑步与立定，跑步主要用于快速行进

听到预令时，两手迅速握拳（四指蜷曲，拇指贴于食指第一关节和中指第二节），提到腰际，约与腰带同高，拳心向内，肘部稍向里合。听到动令，上体微向前倾，两腿微弯，同时，左脚利用右脚掌的蹬力跃出约 85 厘米，前脚掌先着地，身体重心前移，右脚照此法动作两臂前后自然摆动，向前摆臂时，大臂略直，肘部贴于腰际，小臂略平，稍向里合，两拳内侧各距衣扣线约 5 厘米；向后摆臂时，拳贴于腰际。听到"立定"的口令，再跑 2 步，然后左脚向前大半步（两拳收于腰际，停止摆动）着地，右脚靠拢左脚，同时将手放下，成立正姿势。

（3）踏步与立定。踏步分齐步踏步和跑步踏步两种，主要用于调整步伐和整齐。

听到"踏步"的口令，两脚在原地上下起落。（抬起时，脚尖自然下垂，离地面约 15 厘米；落下时前脚掌先着地），上体保持正直，两臂按照齐步或者跑步摆臂的要领摆动。踏步是原地的动作，应注意不要移动位置；上体要保持正直。

听到"立定"的口令，左脚踏 1 步，右脚靠拢左脚，原地成立正姿势。

4. 步法变换

步法变换，均从左脚开始。

齐步换跑步，听到预令，两手迅速握拳提到腰际，两臂前后自然摆动；听到动令，即换跑步行进。跑步换齐步，听到口令，继续跑 2 步，然后，换齐步行进。起步换踏步，听到口令，即换踏步。跑步换踏步，听到口令，继续跑 2 步，然后换踏步。踏步换齐步或跑步，听到"前进"的口令，继续踏 2 步，再换齐步或跑步行进。

5. 行进间转法

行进间转法是行进间变换方向的方法，分别向右走、向左转走和向后转走。听到"向左（右）转走"的口令，左（右）脚向前半步（跑步时，继续跑 2 步，再向前半步），脚尖向右（左）约 45 度，身体向右（左）转 90 度时，左（右）脚不转动，同时出右（左）脚按照原步法向新方向行进。

向后转走时，左脚向右脚迈出约半步，脚尖向右约45度，以两脚的前脚掌为轴，向后转180度，出右脚，按照原步法向新的方向行进。

6. 脱帽、戴帽

脱、戴帽时，双手取捷径，上体保持正直，不得晃动。

（1）脱帽。听到"脱帽"的口令，双手迅速抬起帽檐或者帽前端两侧（贝雷帽口左、右两端）将帽取下，取捷径置于左小臂，帽徽向前，掌心向上，四指扶帽檐（无檐帽扶帽墙前端中央），小臂略成水平，右手放下。

（2）戴帽。听到"戴帽"的口令，双手捏帽檐或者帽前端两侧（贝雷帽口左、右两端），取捷径将帽迅速戴正（贝雷帽帽顶向右下倾斜）。

7. 敬礼

（1）举手礼。行举手礼时，应首先面向受礼者成立正姿势，然后右手取捷径迅速抬起，五指并拢自然伸直，中指微接帽檐右角前约2厘米处（戴无帽檐或者不戴军帽时微接太阳穴，与眉同高），手心向下，微向外张（约20度），手腕不得弯曲，右大臂略平，与两肩略成一线，同时注视受礼者。

听到"礼毕"口令或对方还礼后，将手放下。

（2）注目礼。单个军人敬礼，通常是在距受礼者5~7步处行举手礼或者注目礼。

行注目礼时，面向受礼者成立正姿势，同时注视受礼者，并目迎目送（左、右转头角度不超过45度），听到"礼毕"的口令，将头转正。

（3）行进间敬礼。行进间敬礼时（跑步时换成齐步），转头向受礼者行举手礼（手不随头转动），并继续行进，左臂仍自然摆动，待受礼者还礼后礼毕。

（三）分队队列动作训练

1. 班的队形

班的基本队形，分为横队和纵队，需要时，可以成二列横队或者二路纵队。队列人员之间的间隔约10厘米，距离（前一名脚跟至后一名脚尖）约75厘米；需要时可以调整队列人员的间隔和距离。

2. 整齐、报数

（1）整齐。这是使队列人员按照规定的间隔和距离保持行列齐整的一种队列动作。整齐分为向右、向左和向中看齐。

听到"向右（左）看齐"的口令，基准兵不动，其他军人迅速向右

（左）转头，眼睛看右（左）邻军人的腮部，以小碎步取齐，前四名能通视基准兵，自第五名起，以能通视到本人以右（左）第三人为度。

（2）报数。听到"报数"的口令，横队从右至左（纵队由前向后）依次以短促洪亮的声音转头（纵队向左转头）报数，最后一名不转头。

3. 集合、离散

（1）集合。这是使单个军人、分队、部队按照规范队形聚集起来的一种队列动作。

集合时，班长应当先发出预告或者信号，全班听到预告或者信号，原地面向班长成立正姿势。听到"集合"口令，军人跑步到指定位置面向班长集合，自行对正、看齐，成立正姿势。

（2）离散。这是使列队的单个军人、分队、部队各自离开原队列位置的一种队列动作。

离散分离开和解散，班通常只进行解散。队列人员听到"解散"的口令后，应当迅速离开原列队位置。

4. 出列、入列

单个军人和分队出、入列。通常用跑步（5 步以内用齐步，1 步用正步），或者按照指挥员指定的步法执行；然后，进到指挥员右前侧适当位置或者指定位置，面向指挥员成立正姿势。

（1）出列。听到"×××（或者第×名），出列"口令后，被呼点者应当答"到"，听到"出列"的口令后，应当答"是"。

（2）入列。听到"入列"口令后，出列者应当答"是"，然后，按照出列的相反程序入列。

5. 行进与停止

（1）行进。横队行进以右翼为基准，纵队行进以先头为基准。

（2）停止。当听到指挥员下达"立定"，按照立定的要领实施。停止后，听到"稍息"的口令后，先自行对正、看齐，再稍息。

（四）阅兵

1. 阅兵权限

阅兵，由党和国家领导人，中央军委主席、副主席、委员及团以上部队军政主要首长或者被上述人员授权的其他领导和首长实施。通常由 1 人检阅。

2. 阅兵形式

阅兵，分为阅兵式和分列式。通常进行两项，根据需要，也可以只进行一项。

3. 阅兵程序

阅兵，分为上级首长检阅和本级首长检阅。当上级首长检阅时，由本级军事首长任阅兵指挥；当本级军政主要首长检阅时（由 1 人检阅，另 1 人位于阅兵台或者队列中央前方适当位置面向部队），由副部队长或者参谋长任阅兵指挥。

（1）迎军旗。在阅兵式开始前进行。

（2）阅兵式。团阅兵式的队形，通常为营横队的团横队，由各营横队依次向左并列组成。或者由团首长临时规定。列队时，各枪、炮手分别持枪（冲锋枪手挂枪）、持炮。

阅兵式程序：

首先，阅兵首长接受阅兵指挥报告。当阅兵首长行至本团队列右翼适当距离时或者在阅兵台就位后（当上级首长检阅时，通常由团政治委员陪同入场并陪阅），阅兵指挥在队列中央前下达"立正"的口令，随后跑到距阅兵首长 5~7 步处敬礼，待阅兵首长还礼后礼毕并报告。例如，"师长同志，步兵第 X 团列队完毕，请您检阅。"报告后，左跨 1 步，向右转，让首长先走，尔后在其身后侧（当上级首长检阅时，团政治委员在团长右侧）跟随陪阅。

其次，阅兵首长向军旗敬礼。阅兵首长行至距军旗适当位置时，应当立正向军旗行举手礼（陪阅人员面向军旗，行注目礼）。

再次，阅兵首长检阅部队。当阅兵首长行至团机关、各营部、各连及后勤分队队列右前方时，团机关由副团长或者参谋长，各营部由营长，各连由连长，后勤分队由团指定的指挥员下达"敬礼"的口令。听到口令后，位于指挥位置的军官行举手礼，其余人员行注目礼，目迎目送首长（左、右转头不超过45度）。当首长问候"同志们好"或者"同志们辛苦了"时，队列人员应当齐声洪亮地回答"首长好"或者"为人民服务"。当首长通过后，指挥员下达"礼毕"的口令，队列人员礼毕。

最后，阅兵首长上阅兵台。阅兵首长检阅完毕后上阅兵台，阅兵指挥跑步到队列中央前，下达"稍息"口令，队列人员稍息。当上级首长检阅时，团政治委员陪同首长上阅兵台，然后跑步到自己的列队位置。

（3）分列式。团分列式队形由团阅兵式队形调整变换，或者由团首长临时规定。

团分列式，应当设四个标兵。一、二标兵之间和三、四标兵之间的间隔各为 15 米，二、三标兵之间的间隔为 40 米。标兵应当携带 81 式自动步枪或者半自动步枪，并在枪上插标兵旗。

分列式，步枪手托枪，冲锋枪手挂枪。

分列式程序：

① 标兵就位。分列式开始前，阅兵指挥在队列中央前，下达"立正"、"标兵，就位"的口令。标兵听到口令，成一路纵队持（托）枪跑步到规定的位置，面向部队成持枪立正姿势。

② 调整部（分）队为分列式队形。标兵就位后，阅兵指挥下达"分列式，开始"的口令，尔后，跑步到自己的列队位置。听到口令后，各分队按照规定的方法携带武器（掌旗员扛旗），团、营指挥员分别进到团机关和营部的队列中央前，各分队指挥员进到本分队队列中央前，下达"右转弯，齐步走"的口令，指挥分队变换成分列式队形。

③ 开始行进。变换成规定的分列式队形后，团机关由副团长或者参谋长下达"齐步走"的口令。听到口令后，团指挥员、团机关人员齐步前进，其余分队依次待前一分队离开约 15 米时，分别由营、连长及后勤分队指挥员下达"齐步走"的口令，指挥本分队人员前进。

④ 接受首长检阅。各分队行至第一标兵处，将队列调整好。进到第二标兵处，掌旗员下达"正步走"的口令，并和护旗兵同时由齐步换正步，扛旗换端旗（掌旗员和护旗兵不转头）。此时，阅兵首长和陪阅人员应当向军旗行举手礼。副团长或者参谋长和各分队指挥员分别下达"向右看"的口令，队列人员听到口令后（可喊"一、二"），按照规定换正步（步枪手换端枪）行进，并在左脚着地的同时向右转头（位于指挥位置的军官行举手礼，并向右转头，各列右翼第一名不转头）不超过 45 度。注视阅兵首长，此时，阅兵台最高首长行举手礼，其他人员行注目礼。进到第三标兵处，掌旗员下达"齐步走"的口令，并与护旗兵由正步换齐步，同时换扛旗。其他分队由上述指挥员分别下达"向前看"的口令，队列人员听到口令后，在左脚着地时礼毕（将头转正），同时换齐步（步枪手换托枪）行进。当上级首长检阅时，团长和团政治委员通过第三标兵后，到阅兵首长右侧陪阅。各分队通过第四标兵，换跑步到指定的位置。待最后一个分队通过第四标兵，阅兵指挥下达"标兵，撤回"的口令，标兵按照相反顺序跑步撤至预定位置。

（4）阅兵首长讲话。分列式结束后，阅兵指挥调整好队形，请阅兵首长讲话。讲话完毕，阅兵指挥下达"立正"口令，向阅兵首长报告阅兵结束。当上级首长检阅时，由团政治委员陪同阅兵首长离场。

（5）送军旗。在阅兵首长讲话后或者分列式结束后进行。

第七章　军事战术

所谓战术，就是进行战斗的方法。其主要内容包括战术思想、战术基本原则、战斗部署、战斗指挥、战斗行动、战斗保障等。战术的形成和发展，受军事技术、士兵成分、组织编制、训练水平、民族特点、地理条件等影响，其中军事技术和士兵素质具有决定作用。根据时机、地点、部队等情况，灵活地运用和变换战术，对夺取战斗胜利有着重要意义。

第一节　战术的基本类型

战斗是敌对双方的兵团、部队和分队，为了达到一定的战术目标，在较短的时间和较小的空间内所进行的有组织的直接武装战斗。战斗类型是根据战斗的性质所做的分类，主要分为进攻战斗和防御战斗。

一、进攻战斗

进攻战斗是主动攻击敌人的战斗行动，目的是歼灭敌人，攻击重要地区或目标。进攻战斗一般具有优势的兵力、较大的机动空间、行动的主动性和机动性等特点。主要体现在：

（1）进攻方掌握了行动的主动权，能够根据战场情况主动选择对敌实施攻击的目标、方向、时间和方法，使敌措手不及，迫敌就范。

（2）进攻方可以预先做好战斗准备。由于进攻方处于主动地位，可以事先进行较为周密的组织和计划，有较大的机动空间，便于形成有利的兵力、兵器部署，为全面夺取战斗的胜利创造了条件。

（3）进攻方能够造成在兵力兵器上对比的优势。进攻方可以根据敌方的兵力兵器等情况采取积极主动的方式进行配比，进攻时可以以优势兵力兵器，选敌弱点，实施主要突击。

（4）进攻方便于实施战斗的突然性。由于掌握进攻的主动性，进攻方可以根据战区的实际情况捕捉和创造战机，趁敌不备，进行出其不意的攻击，具有较大杀伤力。

（5）进攻方气势高，突击力量增强。由于是主动进击敌人的行动，各方面部署到位，具有获得较高胜利的机会，战斗时队伍气势就高，突击力量可以得到明显的增强。

现代进攻战斗，是在使用现代技术特别是高技术武器装备条件下进行的诸军种、兵种合同战斗，将在激烈的电子对抗中，全方位、全纵深、全高度同时展开，具有更大的坚决性、突然性、快速机动性和速决性。进攻战斗的主要方法：集中优势兵力、火力和器材，采取袭击、强攻或袭击与强攻相结合的方法，选敌弱点，突然攻击，迂回包围，穿插分割，纵深立体打击，速战速决。

二、防御战斗

防御战斗是抗击敌人进攻的战斗行动，是辅助进攻或准备转入进攻的一种手段。目的是大量杀伤、消耗敌人，扼守阵地，争取时间，为转入进攻或保障其他方向的进攻创造条件。

防御战斗是一种被动的作战形式。防御方通常在兵力兵器对比上处于劣势，战斗行动受到进攻方牵制，时刻防备着敌人从不同方向的突击，作战状态处于高度紧张的态势中。防御战斗容易陷入被动地位，但是，只要防御方能够充分发挥长处，照样能同超过自己数倍的敌人作战，并能有效地挫败敌人的进攻。主要体现在：

（1）能够依托有利的地形和阵地条件进行战斗和防护。在通常情况下，防御者通常先于进攻者占领有利地形，预先构筑工事，设置障碍，在隐蔽地配置兵力、兵器，为实施战斗创造有利的阵地条件。

（2）具有比较充分的准备时间。就攻防双方进行战斗的特定的空间和时间而言，一般总是防御者首先占领阵地，组织防御，在此之后才有攻者实施进攻的战斗行动。这便使防御者通常能赢得较充分的准备时间，不但坚固阵地是这样，就连野战阵地防御，甚至仓促防御也能先敌一步。

（3）可以以逸待劳。在通常情况下，防御者能先于敌人占领战斗地区，依托阵地等待敌人的进攻。因此，防御方可以以逸待劳，积蓄力量。

（4）能更多地得到民众的直接支援与配合。防御与进攻之间显著的不同点，在于进攻流动性较大，而防御战斗的地区通常比较固定。这个特定的条件决定了防御能得到人民群众更多的直接配合和支援。特别是遂行坚固阵地防御和岛屿、海岸防御任务的部队，依靠人民群众，搞好军民联防，对于粉碎敌人来自地面和海上的进攻，具有非常重要的意义。

防御者如能充分地利用防御的有利条件，就能弥补兵力的不足，以较少的兵力抗击敌人优势兵力的突击，达到守住阵地、重创敌人的目的。

防御战斗因任务、阵地性质和准备时间的不同，分为坚固阵地防御战斗、野战阵地防御战斗、运动防御战斗和仓促防御战斗。由于地形、气候的不同，还有海岸、岛屿、城市、热带山岳丛林地、沙漠地、严寒地等特殊条件下的防御战斗。

坚固阵地防御战斗，是依托以坑（地）道和地面的永备工事为骨干，与野战工事相结合进行的坚守防御战斗。这种防御战斗，具有准备时间充裕，组织计划周密、工事坚固，防御配系比较完善，持续时间长等特点。

野战阵地防御战斗，是依托临时构筑的野战阵地进行的防御战斗，通常在任务较紧迫，组织准备时间较短，工事不够坚固，防御配系不够完善，组织准备不够充分的情况下进行。未来战争，野战阵地防御将是一种常见的防御形式。在以坚守防御作战为主的情况下，对于填补空间地带，掩护坚固阵地的翼侧安全，掩护主力机动、集中，阻隔敌人或断敌后路，保障主力运动歼敌将发挥重要作用。

运动防御战斗，是在一定地区和时间内，逐次转换阵地，节节抗击敌人的防御战斗。运动防御战斗具有防御正面宽、纵深大、翼侧暴露、部队交替掩护、轮番战斗的特点。其目的是消耗、牵制敌人，利用空间换取时间。采取运动防御的形式，既要在上级限定的时间内顽强阻击，大量杀伤敌人，迟滞其进攻，又要在完成任务后，适时、巧妙地摆脱敌人。

仓促防御战斗，是在受敌直接威胁的紧急情况下组织实施的防御战斗。其特点是：在敌人火力直接威胁下，预先没有准备或准备时间极为短促，且常常是边打边组织，边打边准备。由于敌人在进攻作战中强调尽量避开或绕过对方筑垒地区，在对方没有设防或防守薄弱的方向实施高速度进攻，并以遭遇战斗的形式，消灭对方向前机动的部队。因此，在现代条件下，仓促防御将是不可避免和经常出现的防御战斗样式。

第二节　战术基本原则

战术基本原则又称战斗基本原则，是指导和进行战斗的准则和基本依据。它反映了战斗的客观规律，是战斗实践经验的科学总结。不同类型的战斗有不同的战术原则，要根据实际情况灵活运用。自从战术产生以来，世界各国军队曾从不同角度和侧面提出过许多原则，比较带有共同性、稳定性并在现代条件下仍然运用的，主要有下列基本原则：

一、消灭敌人，保存自己

保存自己与消灭敌人，是战斗的基本目的。战斗中，消灭敌人是主要的，保存自己是第二位的；只有大量消灭敌人，才能有效地保存自己。进攻与防御是达成战斗目的的基本手段。进攻具有主动性，是消灭敌人的主要手段；防御具有被动性，是保存自己和辅助进攻的手段。由于高技术武器装备运用于战斗，增大了消灭敌人的效能，也增加了保存自己的困难。战斗中，需充分发挥各种武器装备的效能，灵活运用各种战法，勇敢顽强、坚决积极，最大限度地歼灭敌有生力量。同时，采取各种有效措施，特别是加强对核、化学武器和精确制导武器的防护，尽可能保存自己的力量。

二、知彼知己，正确指挥

知彼知己是正确指导战斗的基础。熟识敌对双方各方面的情况，从中找出行动的规律，用于指导自己的行动，使主观指导符合客观实际。现代技术特别是高技术条件下，需运用各种侦察手段，不间断地查明敌方企图、兵力部署、行动方法，以及可能使用核、化学武器的时机和方式等，掌握敌方行动特点，预见其可能的变化；正确理解上级的作战企图，熟识参战各军种、兵种、各部队的特长和战斗力；熟悉战斗环境，认识其对双方行动的利弊关系。在此基础上，对各方面的情况进行综合比较、分析，正确地做出判断，确定能扬己之长、击敌之短的战法，制订周详的战斗计划。战斗中，不断掌握战场情况的发展变化，适时修改计划；当情况发生重大变化时，及时构成新的判断，确定新的行动方法，或调整部队的行动，使主观指导符合不断变化的客观实际。

三、集中兵力，重点打击

集中优势兵力，掌握战斗的主动权，是克敌制胜的根本方法。现代技术特别是高技术条件下，无论进攻或防御，均须在主要方向上和重要时机，集中强大的兵力、火力，纵深疏散配置。兵力集中力求迅速、隐蔽和适时。进攻时，集中火力和电子对抗器材从不同高度、不同距离、不同方向对主要方向之敌实施全纵深综合火力杀伤和电子干扰，并保持不间断的火力优势；将主要兵力突然迅速地集中于主要突破地段上，以地面攻击与空中突击相结合的方法，突破敌人防御；适时机动后续力量，保持进攻锐势，在纵深打击部队的配合下，对敌实施分割包围，立体封锁，各个歼灭。防御时，集中主要兵力、火力和器材于主要防御方向，组成全纵深、全方位和有重点的防御体系。集中火力突击主要方向上的敌人，以主要兵力坚守主要阵地，适时机动兵力、火力和障碍器材，增强或支援主要方向上的防御，并以积极的反冲击、反击行动，挫败敌人进攻。

四、主动灵活，因势制敌

主动权是军队行动的自由权，行动的自由是军队的命脉。灵活是指挥员审时度势恰当处置情况的一种才能，是自觉能动性在战斗中的表现。力量的优势是争取主动的基础。正确的主观指导、灵活地使用兵力和变换战术，是夺取和保持主动、克敌制胜的重要条件。现代技术特别是高技术条件下，战斗情况复杂，变化急剧，指挥员需在客观物质基础上，充分发挥主观能动性，灵活指挥战斗。战斗中，需积极进攻，使己方处于主动地位；当处于防御时，力求以积极的攻势行动，摆脱被动，争取主动；在主要方向和重要时机，适时集中兵力、火力，形成和保持对敌优势；广泛机动，建立有利态势，积极寻找和制造敌人的弱点和错误，调动敌人，使其陷于被动地位；根据任务、敌情、我情、地形，巧妙部署兵力，采取恰当的行动方法；善于观察战场态势，审时度势，迅速做出反应，灵活机动兵力、火力，变换行动方法，不失时机地打击敌人；当情况发生重大变化或与上级中断联络时，根据上级总的意图，积极机断行事，灵活主动地完成战斗任务。

五、隐蔽突然，出敌不意

出敌不意的行动，可以改变敌对双方优劣形势，使敌人丧失优势和主动，以小的代价夺取大的胜利。现代技术特别是高技术条件下，需周密侦察，发现敌人的弱点，掌握其行动规律；采取有效的伪装和保密措施，实施兵力、火力、电子佯动，欺骗、迷惑敌人，造成敌人的错觉和不意，隐蔽己方企图和行动；利用夜暗、不良天气或有利地形，隐蔽、迅速地接近敌人，在敌意想不到的时间和地点，集中实施兵力、火力突击和电子干扰；乘敌混乱和协调失灵之际，不失时机地歼灭敌人。

六、密切协同，主动配合

各军种、兵种、部队在统一计划下，按目的、时间、地点协调一致地行动，充分发挥整体威力，合力打击敌人，是夺取战斗胜利的关键。现代技术特别是高技术条件下，参战部队须贯彻统一的战术思想，实行集中统一的指挥；指挥员在熟识军种、兵种特长和各部队战斗力以及各种武器装备的性能和使用方法的基础上，根据上级意图，合理部署兵力，恰当区分任务；部队须正确理解上级的企图，坚决贯彻上级决心，严格执行协同计划，遵守协同纪律，主动配合，相互支援。战斗中，运用指挥、控制、通信、情报系统实施指挥和协调部队的行动，不间断协调地面攻击与空中突击、前沿战斗与纵深打击的行动，使火力、突击、机动、电子对抗和防护紧密结合。当情况发生变化或协同失调、遭到破坏时，适时调整或恢复协同动作，保证协调一致地完成战斗任务。

七、全面保障，重点突出

组织周全、严密的战斗保障、后勤保障和技术保障，对于顺利执行战斗任务具有重要意义。现代技术特别是高技术条件下，须集中主要保障兵力和器材，保障主要方向和执行主要任务的部队的行动，并控制预备兵力和器材；各种保障行动须符合战斗行动的要求；专业分队保障与部队自身保障相结合；使用制式器材保障与使用就便器材保障相结合。战斗中，须建立全方位的侦察配系和警戒配系，采取各种伪装措施，防止敌人突然袭击；采用电子对抗结合敌后破袭等方法，对付并制止敌人的电子侦察、干扰；严密组织对敌核、化学及燃烧武器袭击的防护；加强工程保障，提高防护、机动能力，限制敌人的机动；及时组织对各种技术装备进行保养和维修。综合运用各种力量，适时供应战斗所需的物资、器材；及时救治伤病员，巩固和提高部队连续战斗的能力。

军事技术的发展将对战术的发展产生重大影响。原有基本原则将不断充实新的内容，还将形成一些新的原则；立体纵深的战斗方法将进一步完善；综合火力杀伤与电子干扰结合，将成为打击敌人的重要手段；空中机动、立体封锁将被广泛采用；信息战将成为一种新的战斗内容；战斗指挥更加注重运用指挥自动化系统；战斗保障中的某些内容，将成为战斗行动的组成部分。

第三节　单兵战术动作

单兵战术动作是战士在战斗中和具体行动。战士在战斗时所采取的各种不同动作，是保存自己、消灭敌人的重要手段，是不被敌人发现和敌火力杀伤的最有效的方法。

一、准备冲击与冲击

战士在冲击时，必须具有一往无前的精神，以压倒一切敌人的英雄气概，根据不同的冲击目标、地形及任务，灵活地采取不同的冲击行动，勇猛冲入敌阵，坚决消灭敌人。

（一）冲击准备

战士占领冲击出发阵地后，应根据情况构筑（加修）工事，注意观察和伪装，看清冲击目标、冲击路线、通路位置、记住班（组）、自己的任务和信号、记号。听到"准备冲击"的口令后，应迅速做好如下工作：装满子弹、准备好手榴弹和爆破器材、整理好装具，系好鞋带，扎好腰带和子弹袋，装具尽量靠后，以免妨碍冲击动作；做好跃起或跃出工事的准备，遮蔽物较高时应挖好踏脚孔。

做好准备后，向班（组）长报告，报告方法："×××冲击准备完毕"。

（二）冲击

1. 通过通路时的动作

战士听到"冲击前进"的口令或看到冲击信号时，应迅速跃起或跃出工事，最大限度地利用我军的火力效果，迅猛地向指定目标冲击前进。接近通路时，应按班（组）长规定的顺序，迅速进入通路。如通路纵深较小时，应利用我军炮火准备的效果，快跑通过；通路纵深较时，应在我军炮火的掩护下分段逐次跃进通过。

2. 向敌步兵冲击时的动作

通过通路后，进至投弹距离时，应自行或按班（组）长的口令，向敌堑壕内投弹，乘手榴弹爆破的瞬间，勇猛冲人敌阵地，以抵近射击，拼刺消灭敌人，并不停地向指定目标冲击前进。

当几个敌人同时向自己逼近时，应先消灭威胁大的敌人；当敌与友邻战士格斗时，应主动支援；如敌逃跑时，应以火力追歼。

二、利用地形

利用地形的目的在于隐蔽身体，发扬火力。利用地形时，就做到"三便于、三不要、一避开"。"三便于"：即便于观察和射击，便于隐蔽身体，便于接近、利用和变换位置；"三不要"：即不要妨碍班（组）长的指挥及邻兵火器的射击，不要几个人拥在一起、以免增大伤亡，不要在一地停留过久；"一避开"：即尽量避开独立、明显、易燃、易倒塌的物体和难以通行的地段。

利用地形时，应根据敌情和遮蔽物的高低取适当姿势，迅速与隐蔽地接近，由下而上地占领，周密细致地观察，不失时机地出枪。利用地形主要有以下几种方法：

（一）对坎的利用

坎有纵向、横向和高低之分。横向坎要利用背敌面隐蔽身体，纵向坎要利用弯曲部、残缺部或顶端的一侧隐蔽身体，以其上沿做射击依托。对土坎最好利用残缺部，对堤坎尽量利用凹陷部。根据坎的高度可取立、跪、卧等姿势。

接近坎时，通常应采用跃进的方法。当进至坎的最大遮蔽界后，迅速卧倒，再匍匐至坎的底部，视情况可左右移动，选择好利用的部位。占领时，应由下而上地占领，隐蔽地观察，需要射击时应迅速出枪；占领后，应不断观察战场，选择好前进的路线和暂停的位置。转移时，迅速收枪缩体，视情况可采取左右移动、扬土、施放烟幕等方法欺骗、迷惑敌人，突然跃起（出）前进。

（二）对土堆的利用

对独立土堆通常利用其右侧，视情况也可利用其左侧或顶端。双土堆可以利用其鞍部。对空射击时，通常利用其后侧或顶端。接近、占领、转移的动作与利用坎时相类似。

（三）对坑的利用

对坑通常利用其前切面隐蔽身体，利用其上沿作射击依托，按其深浅、大小以跳、跨、匍匐等方法进入，取立、跪、卧等姿势射击。跳入通常是在进入较深的坑时采用。其要领是右手持枪，左手撑坑沿顺势跳入坑内。跨入通常是在进入较浅的坑时采用。其要领是接近坑沿时，左脚迅速跨入，顺势侧卧于坑内。

（四）对壕沟的利用

对壕沟通常利用其壕壁或拐弯处隐蔽身体，利用其上沿或拐角作射击依托。

（五）对树木的利用

树木通常利用其背敌面隐蔽身体，依其右后侧作射击依托。利用大树时，可取立、跪、卧等姿势；利用小树后，通常采取卧姿。

（六）对高苗地、丛林地的利用

对高苗地、丛林地通常应尽量利用靠近敌方的边缘内侧，以便观察和射击。

（七）对墙壁、墙角、门窗的利用

利用墙壁时，根据其高度取适当姿势。对矮墙可利用顶端或残缺部作射击依托。墙高于人体时，可将脚垫高或挖射击孔。转移时，可绕过或跃过。

三、敌火下运动

单兵通常按班（组）长的口令，利用我军火力掩护或敌火减弱、中断、转移的瞬间，迅速隐蔽地前进。有时，也可采取欺骗、迷惑敌人的方法突然前进。

单兵在运动前应选择好运动路线和暂停位置；运动中应不断观察敌情、地形、班（组）长的指挥和友邻的行动，保持前进方向；发现目标后，应按班（组）长的口令或自行射击。

下面介绍几种主要的运动姿势和方法：

（一）卧倒

左脚向右脚尖前迈出一大步，左腿弯曲，上体前倾，两眼注视前方，左手顺左脚方向伸出，掌心向下，手指稍向右，以左膝、左手、左肘的顺序着地，迅速卧倒，左小臂横贴于地面上，右手腕压在左手腕上；两手握拢，手心向下，两腿伸直，两脚分开与肩同宽，脚尖向外。卧倒时，也可右脚向前一大步，左手撑地迅速卧倒。

携枪卧倒时，右手提枪并握背带，其余要领同徒手；卧倒后，右手将枪轻贴身体右侧，枪面向右，枪管放在左小臂上。

（二）起立

转身向右，两眼注视前方，左腿自然微弯，左小臂稍向里合，以左手、左膝、左肘的支撑力将身体支起，同时右脚向前迈出一大步，左脚再迈出一步，右脚靠拢左脚，成立正姿势。

携枪时，在转身向右的同时，右手提枪并握背带，然后按徒手要领起立，成持枪立正姿势。

（三）直身前进

直身前进是在地形隐蔽，敌人对我军观察不到时采用。通常以大步或快步持枪前进。

（四）屈身前进

屈身前进通常是在遮蔽物略低于人体时采用。其要领是：右手持枪，上体前倾，两腿弯曲，屈身程度视遮蔽物高低而定，目视前方，以大步或快步前进。

（五）跳壕

跳壕时应根据壕的深浅，采取不同方法，壕较浅时，右脚踏壕沿，左脚迈出的同时收枪，以右脚掌的弹力，顺势跳入壕内，两脚着地的同时（或下落中）劈枪。壕较深时，右手持枪紧贴右侧，左手扶壕沿，左脚踏壕沿，以左手的撑力和左脚和蹬力，顺势跳入壕内。在壕内运动时，根据壕的深浅，通常采取直身或屈身前进。其要领是：右手持枪紧贴身体右侧，左手扶装具，目视前方，隐蔽地前进。运动中做到：姿势低、速度快，不断地观察敌情和前进路线，同时防止枪托碰撞壕壁。

（六）跃进

跃进是在敌火下迅速通过开阔地时经常采用的运动方法。其要领是：跃进前，可左、右移动（滚动）以迷惑敌人，迅速收枪，屈左脚于右腿下，右手提枪，以左手、左膝、左脚的力量将身体撑起，迈出右脚，突然跃起前进。也可在收枪的同时，屈左腿于腹下，以左手、右膝和左小腿的外侧支撑身体，迈出右脚，突然跃起前进。跃进时，右手持枪，目视敌方，屈身快跑。跃进的距离、速度应根据敌火力强弱和地形情况而定。地形越开阔，敌火力越猛烈，跃进的距离应越短，速度应越快。每次跃进的距离通常为 20～40 步。停止时，应迅速隐蔽或卧倒。卧倒时，左脚向前一大步，按左小腿的外侧、左手、左肘的顺势卧倒；或右脚向前一大步，左手撑地迅速卧倒，并做好射击准备或继续前进的准备。

（七）滚进

滚进是为了避开敌人的观察和射击而左右移动或通过棱线时采用。其要领：关上枪的保险，滚动的同时微收枪，两臂肘里合，两腿自然伸直，全身用力向移动的方向滚进；也可在卧倒的同时（通常是侧卧）右手将枪顺置于胸腹前，两臂紧贴两肋，两腿自然伸直，全身用力向移动方向滚进。

（八）匍匐前进

匍匐前进是通过敌火力封锁下的较短地段或利用较低遮蔽物时采用。根据遮蔽物的高低分为低姿、高姿、侧身和高姿侧身匍匐四种。

四、担任观察员

（一）观察员的任务和要求

（1）任务：观察敌坦克、步兵及敌机的活动情况；观察和判断敌核、化学、生物武器袭击的征候；观察上级发出的信号、记号以及本分队和友邻的行动等。

（2）要求：观察员应熟记方位物、观察地境和主要观察方向；熟悉观察地境内的地形特征和景况；掌握敌核、化学、生物武器袭击的时机与景象；熟记上级规定的信号、记号、指挥员位置以及发现情况后的报告方法。

（二）观察位置的选择

观察位置通常由上级指定，有时也可在规定的地段内自行选择。观察位置应选择在视野开阔、隐蔽良好，便于进出和报告情况，能监视到敌人的行动，并不易被敌人发现的地方。

（三）观察要领

（1）将观察地境分成若干地段，由近至远，由右至左反复不断观察。

（2）迅速而全面地扫视、搜索明显目标。

（3）先由右至左观察近地段，再由左至右观察中间地段，然后由右至左观察远地段。

（四）报告方法

（1）口头报告。指明目标的位置、距离、名称及活动情况。

（2）信号报告。如用信号旗、手势、音响器材、信号弹等。情况紧急时，可用鸣枪报告。

第八章　军事地形学概述

军事地形学，是根据军事应用的角度研究和利用地形的一门学科，是每个军人必备的基本知识。军事地形学所研究的内容都是围绕研究和利用地形而选定的。随着现代战争的突发性增大，战争范围扩大，参战军种、兵种增多，部队机动能力提高，研究利用地形愈发显得重要，加之军事测绘成果的不断丰富，军事地形学已经发展成为一门专门学科，并成为军事训练的一门重要学科。本章主要介绍地形对作战行动的影响，地形图基本知识和现地使用地形图等内容。

第一节　军事地形学

一、地形的概念和分类

地形是地貌和地物的统称。地貌是指地表面高低起伏的自然状态，如平原、丘陵、山地等；地物是指地表面固定性的物体，包括自然形成和人工建造，如居民地、道路、河流、森林等。

由于不同的地貌和地物的错综结合，形成了各种不同类型的地形。依地貌的状态，可分为平原、丘陵地、山地和高原；依地物的分布和土壤性质，可分为居民地、水网稻田地、江河与湖泊、山林地、石林地、黄土地形、沙漠与戈壁、草原、沼泽地等；依对作战行动的影响，又可分为开阔地、隐蔽地和断绝地等。

二、地形的军事意义

地形是影响军事行动诸变数中的重要因素之一。军队的活动都是在一定地形条件下实施的，都要受到地形条件的影响和制约，如军队的运动、观察、射击、工程构筑、隐蔽伪装、战术兵器的运用、防原子和防化学，以及后勤保障等，都和地形有着密切关系。所以，古今中外的军事家、指挥员对研究和利用地形都十分重视，把地形条件视为用兵的主要条件。战争经验证明，无论进攻还是防御，在其他条件都具备的情况下，善于利用地形，可以减少损失，取得胜利；不善于利用地形，会给战斗增加困难，甚至遭到失败。

三、主要地形的特点及对作战行动的影响

军事活动，都是在一定的地形条件下进行的，都要受到地形条件的影响和制约。无论进攻或防御，在其他条件具备的情况下，善于利用地形，可减少损失，取得战斗的胜利；否则，会给战斗增加困难，甚至遭受挫折或失败。

（一）平原

地面平坦广阔而海拔不高的区域叫作平原。平原地形特点是：河渠较密，水源丰富，水利设施完善；居民地密集，经济发达；道路成网，交通便利；农田连片，森林覆盖较少，经济作物发达。军队在平原地区作战，便于摩托化、机械化部队行动；便于组织指挥和通信联络；便于观察射击；便于物资补给。其不利于对原子、化学武器的防护。

（二）丘陵地

地表面起伏较缓、岗丘错纵连绵，山顶到山脚的高差一般在 200 米以下的地区叫丘陵地。丘陵地地形特点是：高差不大，山顶圆凸，谷宽岭低，坡度平缓，断绝地较少；山脚附近全为耕地、梯田和谷地，它是介于山地与平原之间的过渡地形。丘陵地对军队的机动和各种兵器器材的使用一般限制较小，不论攻防，均便于部署兵力、兵器，是兵家必争之地。

（三）山地

山地是指高差在 200 米以上的地区，地面起伏显著，群山连绵交错。山地地形复杂，山高坡陡谷深，人烟稀少，交通不便。山地便于选择良好的制高点，设立观察、指挥所；便于隐蔽伪装；便于凭险固守，能减少核武器杀伤效能。其不利于军队机动、指挥、协同；判定方位困难，容易迷失方向；运输给养有一定困难。

上述三种地形对战斗行动的影响，为分析其他地形对作战行动的影响奠定了基础。如山林地形，只需要在山地地形对作战行动影响的基础上，考虑到森林覆盖对作战行动的影响就可以了。又如城市居民地形，建筑物密集，

机动困难，观察受限，不便于指挥，便于隐蔽、掩蔽；高层现代建筑结构坚固，有一定防护能力，但战时房屋易于倒塌，起火燃烧；水管煤气管道易于破裂，引起水患、爆炸和中毒。再如沙漠戈壁地形，植被极为稀少；视界、射界开阔，但却缺乏方位物而易迷失方向；土质疏松，影响通行，工事易于滑塌；水源缺乏，昼夜温差大，影响部队生存能力。

地形对作战行动有着广泛的、重要的影响，了解地形对作战行动的影响，有利于在作战行动中趋地形之利，避地形之害，并根据需要能动地改造地形，以赢得作战胜利。

第二节　地图基础知识

一、地图基本概念

地图，是地球表面的缩写。将空地地形按一定的投影方法和比例关系，用规定的符号、颜色和注记综合绘制的图，叫地图。它具备以下五个特点：具有一定的数学法则（即采用适当的投影方法和一定比例关系）；有特定的图式符号；有规定颜色；有规定的文字、数学注记；经过一定的制图结合。

地图的种类很多，分类方法也不一，通常按其内容、比例尺、表现形式、用途、制图区域范围等标志划分。按其内容可分为普通地图和专门地图；按比例尺可分为大、中、小比例尺地图；按表现形式可分为线划地图、影像地图和立体地图等；按用途可分为参考图、军事图、航海图等；按制图区域范围可分为世界图、大洲图、国家图、省区图等。其中专门地图又称"专题地图"或"主题地图"，是以普通地图为底图，着重表示某一个专题内容的地图，如水文图、地貌图、地质图等。地形图是普通地图的一种，它是国家经济建设、国防建设及军队作战、训练不可缺少的主要地形资料。

二、地物符号

在地形图上表示实地地物的特定图形和文字、数字注记叫作地物符号。根据地物符号可以在地形图上识别出实地地物的种类、形状、大小和分布情况，了解它在军事上的应用价值。

（一）地物符号的图形

符号的图形，多数是按地物的平面形状制定的（正形图形），如街区、河流、公路等；有些是按地物的侧面形状制定的（侧面图形），如突出阔叶树、烟囱、水塔等；也有少数符号是按有关意义制定的（象征图形），如矿井、变电所、气象台等（表 8 - 1）。

表 8 - 1　地物符号的图形特点

类　别	特　点	符号及名称		
正形图形	与地物的平面形状相似	街　区	河流、苗圃 苗1	公路和、车行桥
侧形图形	与地物的侧面形状相近	突出阔叶区	烟　囱	水　塔
象征图形	与地物的有关意义相应	变电所	矿　井	气象台

（二）地物符号的分类

1. 依比例尺表示的符号（轮廓符号）

实地面积较大的地物，如街区、森林、江河、湖泊等，其外部轮廓是按比例尺缩绘的，在图上可了解其分布、形状和性质，计算出相应实地长、宽和面积。这类符号的轮廓线与实地地物的轮廓相一致，尤其是轮廓的转折点的位置精度较高，可供部队指示目标和判定方位时使用（图 8 - 1）。

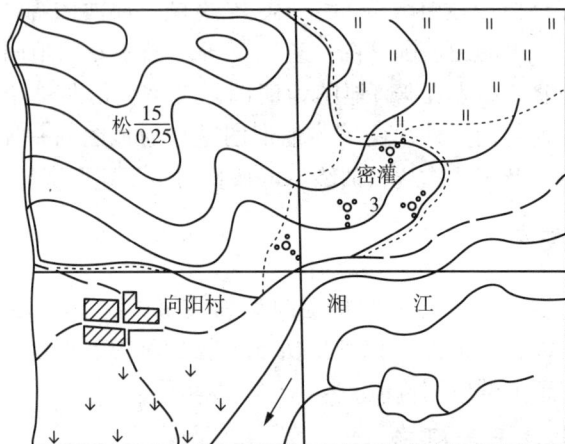

图 8 - 1　依比例尺符号

2. 半依比例尺表示的符号（线状符号）

实地窄长的线状地物，如道路、城墙、土堤、通信线等，其转折点、交叉点位置是按实地精确测定的，其长度是依比例尺缩绘的，而宽度则不是依比例尺缩绘的。这类符号在图上只能量测其位置和相应的实地长，而不能量取宽度和计算面积，地物的转折点、交叉点可作为方位物和明显目标使用（表8-2）。

表8-2　半依比例尺表示的符号

以符号的中心线表示其真实位置	以符号的底线表示其真实位置

3. 不依比例尺表示的符号（点状符号）

实地对军队行动有价值的某些独立物体，如独立树、房、亭和水塔等，因其面积较小，在图上不能按比例尺表示，只能按规定的符号表示。在图上可了解地物的性质和位置，不能量取大小。符号的定位点表示实地地物的中心位置（表8-3）。

表8-3　不依比例尺表示的符号的定位点

类　型	定位点	符号及名称		
有一点的符号	在该点上	三角点	亭	窑
几何图形符号	在图形中心	油　库	独立房屋	发电厂
底部宽大符号	在底部中点	水　塔	气象站	碑
底部直角符号	在直角顶点	路标	突出阔叶树	突出针叶树
组合图形符号	在主体图形中心	变电所	散热塔　散	石油井　油
其他符号	在图形中心	车行桥	水　闸	矿井　煤

（三）说明和配置符号

地物符号，只能表示实地地物的形状、位置、大小和种类，但不能表示其质量、数量和名称。因此，还需用文字和数字予以注记，作为符号的补充和说明。如街区、江河和山的名称，森林的种类，公路的质量等均用文字注记；高程、比高、河宽、水深等则用数字注记。

三、地形图比例尺

（一）地形图比例尺的定义

图上某线段长与相应实地水平距离之比，叫作地形图比例尺，即地形图比例尺＝图上长：相应的实地水平距离。

如图上两点间的长度为 1 厘米，相应实地两点间的水平距离为 5 万厘米，这幅地形图比例尺则为：1：5 万。比例尺通常用图形结合数字绘制在图廓下方。1：1 万至 1：10 万的地图称为大比例尺地图；1：20 万至 1：100 万地图称为中比例尺地图；小于 1：100 万地图称为小比例尺地图。

（二）图上距离的量读取

1. 依直线比例尺比量

用两脚规（或直尺、纸条、线绳等）准确量取所求两点间的长度，保持量取的长度不变，使两脚规的一端落在尺身大分划上，另一端落在尺头小分划上（如不够一个分划时，应估读），大小分划数相加，即为两点间的实地水平距离。

2. 依数字比例尺换算

依数字比例尺换算距离时，先用直尺在地形图上量取所求两点间的长度，然后乘以该地形图比例尺分母，即得相应的实地水平距离。其公式为：

$$实地水平距离＝图上长×地形图比例尺分母$$

若已知实地水平距离，同样可求出图上长，其公式为：

$$图上长＝实地水平距离÷地形图比例尺分母$$

3. 用里程表量读

在地形图上量取较长的弯曲距离时，通常用指北针的里程表。量读距离时，先使里程表的指针对准表盘内的零分划，然后右手持指北针，滚轮垂直向下，由起点沿所量线回滚至终点，指针在相应比例尺分划圈上所指的公里数，即为所求实地水平距离。

第三节　地形图的运用

一、现地判定方位

判定方位就是现地辨明东、南、西、北方向，判定方位的方法很多，最基本的方法是利用指北针判定。必要时也可采用其他简便的方法判定，如利用地物特征、时表与太阳、北极星等。

（一）利用指北针判定

判定时，平持指北针，待磁针稳定后，磁针红色一端（N端）所指的方向为实地的磁北方向。面向磁北，右为东、左为西、背后为南。判定时，不要距离磁性物质太近，更不能错将磁针的S端当作北方。

（二）利用地物特征判定

由于有些地物受阳光、气候等自然条件的影响，形成了一些与方向有关的特征，可利用地物的这些特征来概略判定方位。如独立树，通常是南面枝叶茂盛、色泽鲜艳、树皮光滑，向北的一侧则相反；独立大树砍伐后，树桩上的年轮通常是北面间隔小，南面间隔大；凸出地物，如土堆、堤坎、独立石、建筑物等，南面地面干燥、春草早生、冬雪先化，北面则相反；凹入地物，与凸出地物的现象恰恰相反；房屋，一般门朝南开，特别是我国北方尤其如此；庙宇，通常也南向设门，尤其是庙宇群中的主要殿堂。

二、利用地形图行进

现地对照地形，当达到两个直接目的：一是将地图上的地物、地貌符号和现地的地物、地貌一一对应辨清；二是通过对照发现地图和现地的变化情况。通常在标定地图、确定站立点的基础上，根据目标的方向、特征、距离、高程及关系位置等因素进行对照。

当需对照某目标时，可先从站点向目标点（图上或现地）确定一条方向线，然后在该方向线上按上述因素找出相应的现地（或图上）目标，或发现它们的变化情况；当对照某一区域地形时，通常先对照大而明显的特殊地形，再由近及远、由点到面或逐段分卡地进行对照；对照山地和丘陵地形时，可根据地貌形态、山脉走向，先对照明显的山顶、山脊，然后顺着山脊、山背、山脚和山谷的方向进行对照，对照中要注意其前后层次的色调变化和透视关系；对照平原的地形时，可先对照主要的道路、河流、居民地和高大突出的建筑物，再根据地物分布规律和相关位置，逐点分片地进行对照，此类地形，现地变化的可能性较大，对照中尤应注意对照点应选择在便于观察、视界开阔的位置点。保持正确的行进方向和路线，在遇到现地地形变化与地形图不一致时，应采用多种方法，仔细对照，全面分析地形的变化和关系位置，然后准确地判定站立点的位置和行进方向，做到"有疑问不走，方向不明不走"。当发现走错时，应回忆走过的路线，判明从什么地方错的，偏离原定路线有多远，根据情况采用迂回方式返回到原路线上后，再继续前进。

按磁方位角行进

按磁方位角行进，就是按照在地形图上预先测定的磁方位角行进。它是按地形图行进的辅助手段。通常是在缺少方位物的沙漠、草原和森林等地区，在浓雾风雪等不良天候和夜间视度不良的条件下行进时采用。

1. 在出发点上

首先依据行进资料在现地找到出发点的准确位置，查明到达下一点的磁方位角、距离和时间，并记住沿途经过的重要地形和下一点的地形特征；然后手持指北针，转动身体，使磁针北端指向下一点的磁方位角。这时，通过照门、准星瞄出去的方向就是行进方向，并在该方向寻找第二点方位物（如看不见时，可在该方向线上选一辅助方位物）。最后数复步或记下时间按此方向行进。

2. 在行进中

要随时根据地形图或记忆对照地形，用指北针检查行进方向；记清已走过的复步数或行进时间；到达辅助方位物后，如仍看不到第二点方位物时，则按原磁方位角再选一辅助方位物，继续前进；要注意根据地形的起伏状况，调整步幅或步速；当走完预定距离时，应立即停止前进，若未见到第二点方位物，可在这段距离的1/10为半径的范围内寻找。如找不到，应仔细分析原因，是地形有了变化还是方向、距离出了差错，或者利用反方位角向第一点瞄准，进行检查；准确到达第二点方位物后，重复出发点的工作，继续朝下一个转折点前进，依次走到终点。

　　如遇到障碍物，应根据不同情况采取不同的方法通过。对能通视的障碍物，应在障碍物地段的对面选一辅助方位物，然后从一侧迂回到辅助方位物处，加上障碍物地段的距离，继续前进；对不能通视的障碍物，可采用平行四边形法或直角迂回法绕过。

第九章　野营训练

在战争条件下，情况瞬息万变，为了形成有利态势，争取战斗的主动权，除了基本的技能之外，还应具备野外生存的能力和方法，这些方法在现代战争中必不可少。野营训练则是提高部队战斗力，养成良好的军人作风，增强身体、心理素质，提高艰苦条件下作战能力的主要途径。

第一节　行军与宿营

一、行军

（一）行军的特点

行军是军队沿着指定路线进行的有组织的移动。目的是为了争取主动，转移兵力，向指定方向或地区实施有组织的移动，造成歼敌的有利条件。

行军的种类，按行动方式分为徒步和乘车行军；按时间分为昼间和夜间行军；按行程速度分为常行军、急行军和强行军；按行进方向分为向敌行军、侧敌行军和背敌行军。

行军的速度，应根据任务、道路状况和天候季节而定。常行军，按正常的每日行程和时速实施。摩托化行军，每日行程 150～250 千米，时速为昼间 20～30 千米/小时，夜间 15～20 千米/小时。急行军是以最快的速度实施的行军，执行紧急任务时采用。强行军是以加快行进速度和延长行军时间的方法实施，通常徒步 7 千米/小时左右，日行程 50 千米以上。

行军时，休息通常由领导统一掌握。徒步每行进 1 小时左右休息 10 分钟，乘车通常每行进 2～3 小时休息 20～30 分钟。第一次小休息，时间可稍长些，以便整理装具。大休息通常是在走完当日行程的一半时，进入指定地区休息 1～2 小时。走完一日行程后，按上级指示进行宿营。

（二）特殊条件下的行军

在山地行军，应依据道路的起伏状况，预先准备通过山涧、河川、上下陡坡的器材。在狭窄的地方、急转弯处和山坡口，应派出调整哨，只准单向行进。为了保障翼侧的安全，应向翼侧的制高点派出哨兵注意侧方警戒，控制通向行进路线的山间道路、谷地和小径。

在荒漠、草原地行军，应特别注意对行进路线的侦察，设立必要的路标，准确掌握行进方向；采取防寒、防暑和防风湿的措施，加大粮、水的携行量，并规定用水标准。

在高寒地区行军，应加强防冻保暖措施，通常不进行大休息。需休息时，人员应下车活动，禁止躺卧。载人汽车应装上篷布，车内铺上干草。武器装备、车辆和器材应做好在低温条件下工作的准备。雪地行军，应加强伪装、道路侦察，采取防滑和防雪崩的措施，并严格执行冰雪道路驾驶操作规程。

在热带山岳丛林地行军，应加强对道路的侦察和对车辆的技术保障，并采取防暑、防虫咬的措施。雨季还应采取防洪、防滑、防塌方和防雷击的措施。尽可能利用日出前和日落后的凉爽时间行军，并注意掌握行进方向，设置路标。

二、野营

（一）野营训练的意义

野营训练是部队离开营区，以机动为主要形式进行战术、技术、战斗勤务等内容的综合训练，使部队在走、打、吃、住、藏等方面得到适应战时环境的全面锻炼。

野营训练是一种在和平时期最大限度地创造近似实战条件而实施的诸兵种协同训练，是技术、战术综合训练的有效形式，也是我军和平时期提高综合作战能力和野战生存能力的一条重要途径。它有利于缩短与实战的距离，使部队掌握严寒、酷暑等恶劣条件下作战的本领；有利于磨炼广大官兵的思想和意志，培养不怕流血牺牲、吃苦耐劳和敢打敢拼的精神，增强适应战时环境的心理素质；有利于缓解训练场地不足的矛盾，提高训练效益，完成训练任务；有利于增强全民国防意识，密切军政、军民、官兵关系。

（二）复杂地形、复杂气候下宿营

所谓复杂条件下宿营是指在无居民地及农作物可利用的山岳、丛林、沙漠、戈壁、沼泽等环境中设营。

1. 山地宿营

山地宿营时，应把宿营地选择在避风、防洪、避开山崩、塌方的山坡地段上或者谷地、峡谷的高坡上，并且要考虑到尽量靠近水源，冬季要避开有雪崩危险地段。因山区水源不足，应特别注意保持环境卫生和防止水源污染。

在一般山区宿营时，通常用制式器材和就便器材架设帐篷或搭草棚。搭草棚时，通常以班为单位，也可以组或个人为单位，但不得成片砍伐树木，破坏天然伪装，帐篷、草棚周围要挖排水沟。

在高山区，特别是当有可能吹倒帐篷的暴风雪时，最好构筑地窖式简易掩蔽部。

2. 沙漠、戈壁、草原的宿营

沙漠、戈壁、草原地宿营应尽量选择在绿洲或具有水源的地区、居民地。沙漠、戈壁、草原地宿营时，以制式器材和就便器材架设帐篷或搭草棚，结合垒石墙，挖土壕（坑）设置宿营地点。搭设帐篷时，应避开风口，避开沙丘的迎面风，帐篷应尽量低下，多设固定钢钎和拉索，用沙土或雪尽量将帐篷布脚埋设压紧，以防被风吹拔。根据不同的地形和季节，注意防洪水、防暴风沙（雪）、防泥石流等，并注意节约燃料和用水。

3. 酷暑条件下宿营

酷暑条件下宿营时，可采用搭遮棚或吊床的方法进行。搭遮棚时，位置应选择在干燥、通风的缓坡上，要避开大树、陡崖峭壁，以防雷击塌方。遮棚周围要挖排水沟，铲除杂草，必要时，撒些草木灰，以防毒蛇、毒虫。就地取材时，应注意不要成片砍伐草、木，以保护天然伪装。

4. 严寒条件下宿营

高寒地区宿营时，人员应减少在外停留时间，防止冻伤。通常采用搭帐篷、草棚、挖雪洞、堆雪墙、堆雪房等方法。有条件时还可在棚舍中燃火取暖，但必须时刻有防火员值勤，以防火灾和一氧化碳中毒。宿营时，应尽量吃热食，喝热汤以增加热量。睡觉前应多用雨布（衣）、干草等隔湿材料铺设地铺。睡觉时，应注意避风和保暖，可采取两人合睡的方法，同盖大衣棉被，相互依靠取暖。

5. 架设简易掩蔽体

（1）屋顶型帐篷

将绳子拴在两棵树之间拉紧形成脊线，或者用锹柄、木棍等物作支柱，用背包带连接两个支柱顶端，两端延长斜拉固定在地上、桩上形成屋脊样式，将方块雨布或军毯等搭在脊线上形成两个屋顶坡面，坡面底边用石块压牢即成。根据需要还可将数块雨布连接，构成 4~8 人用的大帐篷。架搭帐篷时，脊线下应加设若干支柱，以减少绳子拉力，保证帐篷牢固。

（2）单坡面帐篷

利用断墙、塄坎等，将雨布的一边固定在墙或坎上，另一边固定在地面上，即可形成单面坡帐篷。

（3）遮棚

在林中过夜，可以就地取材搭制临时遮棚。

丛林遮棚：在热带丛林中，宿营时间较长时，搭制严密的遮棚，可以纳凉遮雨隔潮。其方法是：根据遮棚的面积竖 4 根直径 10 厘米、高 2 米左右的立柱，在立柱离地面 40 厘米处，两个对边上，绑两根直径 10 厘米横杆作底架，底架上密铺等长的树杆做地板。然后向上每隔 40~50 厘米绑横杆，以便于挂雨布或树枝作遮墙，顶部平铺雨布，即成丛林遮棚。

搭制遮棚宜选用新砍伐的质地坚硬的树木拉杆，使用枯树枝干时，应将其敲打或剥皮驱除昆虫。

夏季丛林中，宿营时间短时也可采用吊床。吊床制作很简便，帆布、军毯、伪装网都可以制作。吊床两端拴在两棵树上，上面再拉一根绳子，搭上方块雨布，四角用绳子系牢，便成为一个防水遮阳的帐篷。

（4）猫耳洞、雪洞

时间充裕时，可挖猫耳洞宿营。即在土质较好的沟壕、土坡的侧壁上，挖掘一猫耳形状的栖身洞，洞口开设在向阳背风的方向。

在积雪较厚的寒区，还可以挖掘雪洞避风御寒，当气温在-30℃时，雪洞内温度可达到-5℃。雪洞应选在积雪较厚的地方。通常积雪 1.5 米以上即可直接开口构筑，积雪较薄的地方，可以将雪堆积起来后开口构筑。

雪洞一般不宜过大，以防坍塌。洞口呈拱形，开在避风之处。进出通道可根据情况掘成水平式或倾斜式。洞掏好后，可用雨布封闭洞口保温，但须留一通气孔防止窒息。洞内要留一把铁锹或刀，用于雪洞坍塌或风雪封堵洞口时自救（图 9-1）。

在高山区，特别是当前有能吹倒帐篷的暴风雪时，采用地窖式简易掩蔽部。方法是在地面或积雪中挖一个四方坑，然后用就近的土、石块或硬雪块堆成墙，用木棍树枝作横梁，上面盖上帐篷或雨布、雨衣等，并压紧。用制

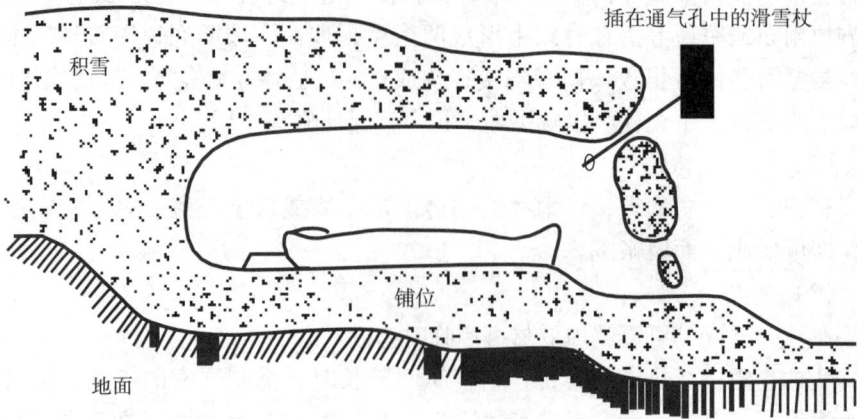

图 9-1 地窖式简易掩蔽部

式棉帐篷更为方便，但周围必须用土或雪压紧，做到密封、保温、坚固、能抗风暴袭击。

三、侦察与警戒

进入宿营地前，指挥员应迅速了解宿营地域的情况，应组织对宿营地域进行侦察搜索，查明情况，对水源进行检查和警戒。

进入宿营地后，应迅速派出班哨、步哨、游动哨和潜伏哨，严防敌人突袭和敌特破坏。

（一）步哨的兵力与距离

步哨，通常由连（排）和班派出。人员 1～2 人，1 人称单哨，2 人称复哨，复哨应指定 1 人为哨长。

步哨也可由宿营、警戒或防御分队派出。派出距离应根据敌情、地形、任务而定，一般派出距离为 200～400 米。夜间 100 米以内。任务是及时发现敌人，防止敌侦察人员的渗透活动。

步哨的位置，通常由派出的指挥员或班长指定。应选择在敌人可能接近的地形和道路附近，且观察、射击、联络、隐蔽进出，避开声音嘈杂和独立明显物体附近的地点。

（二）执勤的方法

进入哨位后，首先对观察地境、补加观察地境进行全面观察，并将观察地境地区分为若干个地段，再由右至左、由左至右、由近至远、由远至近地反复观察。

步哨执行任务时，发现来自敌方人员应令其停止，问其口令，确定是我方人员方可放行，如果是敌投降人员应令其放下武器，禁止其走动，然后进行搜查，并报告上级。如问其口令不答或令其停止不听者可鸣枪警告，发现单个或小群敌人时应一面监视，一面报告上级并做好战斗准备。若是单个敌人应设法将其击毙或捕获，若是小群敌人可待其靠近后以猛烈的火力消灭之。

（三）换岗

步哨换岗由班长掌握，通常两小时换一次。在酷暑、严寒和不良天气条件下，可缩短时间。交班时由哨长将观察地境和补加观察地境特别是警戒方向和执勤中发现的情况，交代给接班的步哨。交班中不能中断观察，不要暴露位置。交完班后要清点好武器、弹药、器材、整理着装，按上级指定路线迅速撤回。

第二节　野外环境生存

野外环境生存，即人在食宿无着落的山野丛林中求生。无论是军人还是平民学习和掌握一些野外生存常识，对于食品断绝情况下的求生，较长时间远离基本生活区的野外作业和训练，战争时期野外行军训练或意外情况下的求生都是至关重要的。

一、物质准备

对于有计划的野外行动，出发前，应根据客观环境，选择适合的装备和进行适当的物质准备是十分必要的。

（一）基本物品

（1）鞋子：挑选合适的鞋子，并在出发前两周进行试穿，使新鞋与脚有一个磨合过程，以避免或减少脚起泡。

（2）衣服：根据预定野外生活时间的长短，仔细挑选合适的衣服，必须有一套换洗的衣服和一套休息时能保暖的衣服；严寒天气应多带几件御寒的衣服。

（3）雨衣：雨季外出必须带上雨衣。

（4）被装：根据季节选择合适的被装，最好选择柔软、轻便、保暖性能好的被装。

（5）帐篷：在野外生存的时间较长时，应备有帐篷，以作为日常活动的场所。帐篷最好选择轻质材料制成的，以便于携带。

（6）背包、行囊：要有一个背着舒适而且结实的行囊或背包，以便携带衣物和必要的装备。

（7）食品：应带熟食品，盐要放在适宜的容器内。遇到严寒天气，要多带一些高脂的食品。各种食物的比例可按自己的口味确定，但一定要保证各类营养物之间的平衡。

（8）通信设备：基本的通信设备是野外行动的必备品。

（二）医疗用品

医疗卫生盒内装常用药和卫生用品，主要有镇痛药类、肠道镇静剂、抗生素、抗感冒药、防中暑和抗过敏药类、防毒蛇咬（蚊虫叮）伤药、抗疟疾类药品、跌打损伤药、膏药类、急救包、绷带等。此外，还应各有高锰酸钾和漂白粉之类的消毒、灭菌药物。所有药品都应标明用法、用量和有效期。

上述各类医疗卫生用品可根据个人的习惯，以及执行任务区域的流行病特点，灵活选择搭配。

（三）杂物盒

在紧急情况下，有些平时并不起眼的小器具却能帮你增加生存的机会。把这些小器具集中放在小盒里，以便携带，这就是人们常说的"百宝盒"。"百宝盒"中通常装有生火用的火柴、蜡烛、打火石和放大镜，针线、鱼钩和鱼线。

（四）工具包

工具包主要装有：指南针、绳索、手电筒、饭盒、救生袋、刀具等。

为了便于使用和保管，可以把上述各项必备工具集中装在饭盒内，也可以分开装在背包或行囊的边袋内。

二、行进要领

（一）山地行进

山地行进时为避免迷失方向，节省体力，提高行进速度，应力求有道路不穿林翻山，有大路不走小路。如没有道路，可选择在纵向的山梁、山脊、山腰、河流、小溪边缘，以及树高林稀、空隙大、草丛低疏的地形上行进。要力求走梁不走沿，走纵不走横。行进时能大步走就不小步走，这样几十千米下来可以少迈许多步。疲劳时应用放松的慢行来休息，而不要停下来。

（二）山坡行进

沿 30 度以下的山坡攀登时，身体稍向前倾，全脚掌着地，两膝弯曲，两脚呈"外八字"形，迈步不要过大过快。坡度大于 30 度时，一般采取"之"字形路线攀登。攀登时腿微曲，上体前倾，内侧脚尖向前，全脚掌着地，外侧脚尖稍向外撇。在行进中不小心滑倒时，应立即面向山坡，张开两臂，伸直两腿，脚尖翘起，使身体尽量上移，以减低滑行的速度。这样，就可设法在滑行中寻找攀引和支撑物。千万不要面朝外坐，因为那样不但会滑得更快，而且在较陡的斜坡上还容易翻滚。

（三）涉河行进

河流是山区和平原地区经常遇到的障碍。遇到河流不要草率入水，要仔细观察之后再确定渡河的地点和方法。山区河流通常水流湍急，水温低，河床坎坷不平，涉渡时，为了保持身体平衡，应当用一根杆子支撑在水的上游方向，或者手执重达 15～20 千克石头。集体涉渡时，可三人或四人一排，彼此环抱肩部，身体最强壮的位于上游方向。

三、用水要领

水是人体的最基本需求，离开它，人就无法生存。水分是野外生存必须优先考虑的因素。保持体液和补充获取饮用水的途径通常有两种，一种是挖掘地下水，另一种是净化地面水。下面简单介绍一下从地表水获取饮用水的方法。

通常雨水可以直接饮用。下雨时，可用雨布、塑料布大量收集雨水，也可用空罐头盒、杯子、钢盔等容器接收雨水。当没有可靠的饮用水又无检验设备时，可以根据水的色、味、温度和水迹，概略鉴别水质的好坏。纯净水水层浅时无色透明，深时呈浅蓝色，可以用玻璃杯或白瓷碗盛水观察。通常水越清水质越好，水越浑则说明杂质越多。一般清洁的水是无味的，而被污染的水则时常带有一些异味。地面水的水温，因气温变化而变化，浅层地下水受气温影响较小，深层地下水水温低而恒定。如果所取样的水不符合这些规律，水质一般都有问题。此外还可以用一张白纸，将水滴在上面晾干后观察水迹。清洁的水无痕迹，如有痕迹则说明水中有杂质、水质差。

在野外最好不要饮用从杂草中流出的水，而以从断崖或岩石中流出的清水为佳。饮用河流或湖泊中的水时，可在水边1~2米的地方挖个小坑，坑里渗出的水较之直接从河湖中提取的水清洁。

在野外饮水，可以用饮水消毒片、漂白粉精片以及明矾等药品净化水。在专家指导下，还可用一些含有黏液质的野生植物净化水。切记，无论多么口渴，都不要饮用不洁净的水。万不得已时，也要把水煮开再喝。

四、野生食物的识别要领

（一）野生食物识别的一般方法

识别野生食物的关键是要善于鉴别有毒野生动植物。

在各种野生动物里，除了海洋中外型奇特的鱼类、贝壳、鲨鱼和少数江河中的河豚有毒以及野生动物内脏，尤其是肝和卵一般不能食用外，其他均可食用。

在各种野生植物里，有毒植物种类不多，数量有限，大部分野生植物均可食用。可食用的野生植物可分为根茎类、野菜类和野果类。但松树、柳树、杨树和白梓树的内皮也可食用。在鉴别野生植物是否有毒时，可采取如下方法：首先用手仔细触摸，无毒植物通常不会使手上皮肤产生发痒、发红、起风疹块等刺激症状，如折断枝、叶也不会有牛奶样的汁液流出，闻之也无腐败及其他使人感到怪异的气味。而后可将少量食物放入嘴里咀嚼几分钟，无毒植物一般不会有烧灼感，也无辛辣、苦味或滑腻味，此时，就可以将此类植物采集少量食用。如果食用8小时后没有特殊感觉，就可较大量的食用。另外，还可以通过观察哺乳类动物所食用的植物种类，以分辨哪些植物能够被人食用。像老鼠、松鼠、兔子、猴子、熊等吃过的植物一般都可以食用。鸟类可以食用的植物，不一定能够食用。

有乳汁状汁液的植物和野果核里的种子，一般不能食用，但面包果、木瓜、野生无花果则可以食用，白果（银杏）、苦杏仁、毒草莓、毒覃（毒蘑菇）和水芹不能食用。毒蘑菇一般色彩鲜艳，有特殊气味，靠近根部有菌托，茎上有菌环；水芹通常生长在潮湿的地方，空心茎的根部有一空心球茎，根茎的形状像纺锤，有刺鼻的怪味；毒草莓一般生长在山坡上或树木较多的沼泽地。发芽的马铃薯在芽及芽点周围有龙茎素，食用时应削除；木薯不经过处理不能食用。

（二）野生食物的食用技巧

野生食物分为可食用的野生动物和可食用的野生植物。可食用的野生动物一般应去掉其内脏，食用其肉。可食用的根茎类野生植物，应食用根部和微茎叶，树的内皮及微软的树尖；野菜类野生植物应食用其嫩苗、嫩茎叶、菌体；野果类野生植物应采果食用。食用各种野生食物一般应利用炊具进行煮炒，也可采取烤和石煮的方法进行制作。

烤，即将可食用的动物和根茎类植物块根用木根等穿挂，放在火焰上或炭火中烤（烧）熟。鱼（不去鳞片）和块茎应用泥土包囊烤熟后剥皮食用。贝壳类动物可放在火堆下烤熟食用：先在地上挖个浅坑，坑的四周衬以树叶或湿布，然后将食物放入坑内，再在食物上面盖上树叶或布，上面再压一层3厘米厚的沙子。最后在该坑上面生起火堆，待食物烧熟后取出食用。

石煮，就是先在地上挖个坑，将火堆中烤热的石块先放于坑内，再将食物放在石块上，上面再盖一层湿树叶、草和一层沙土，靠热石块散发的热气将食物煮熟。

五、野外取火

火在野战生存中具有重要作用，它可以用来热熬食物、烧水、烘烤衣物、取暖御寒、驱除远兽和有害昆虫，必要时还可以作为信号使用。在没有火柴的情况下，可采取以下几种方法取火：摩擦取火、击石取火、凸透镜利用太阳能取火。但在取火前要准备好引火物，引火物可选用干燥的棉絮、绒线、草根或撕成薄片的树皮、干木片等。

六、野外求救

在野外，生存环境非常恶劣，各种灾难会不期而至。对野外生存者来说，及时了解自己所面临的困境，通知别人，求得救援，是非常重要的。遇险求救时，要通过各种方式与别人取得联系，发出的信号要足以引起人们的注意。应根据自身的情况和周围的环境条件，发出不同的求救信号。一般情况下，重复三次的行动信号都象征寻求援助。下面介绍求救信号的种类。

（一）烟火求救

火光作为联络信号是非常有效的。白天可在火堆上放些苔藓、干柴，使火烧旺、升高，遇险时可根据自身的情况，保证其产生浓烟。晚上燃烧三堆火焰是国际通行的求救信号，将火堆摆成三角形，每堆之间的间隔相等最为理想，这样安排也方便点燃。如果燃料稀缺或自己伤势严重，或者由于饥饿，过度虚弱，凑不够三堆火焰，那么就因陋就简，点燃一堆也行。不可能让所有的信号火种整天燃烧，但应随时准备妥当，使燃料保持干燥，一旦有任何飞机路过，就尽快点燃求助。堆的燃料要易于燃烧，点燃后要能快速燃烧，白柳树皮是十分理想的燃料。可以利用汽油，但不可将汽油倾倒于火堆上。用一些布料做灯芯带，在汽油中浸泡，然后放在燃料堆上，将汽油罐移至安全地点后再点燃。点燃之后如果火势即将熄灭，添加汽油前要确保添加在没有火花或余烬的燃料中。

在白天，烟雾是良好的定位器，所以火堆上要添加散发烟雾的材料。浓烟升空后与周围环境形成强烈对比，易受人注意。在夜间或深绿色的丛林中亮色浓烟十分醒目，添加绿色树叶、苔藓或蔬类植物都会产生浓烟。其实任何潮湿的东西都产生烟雾，潮湿的草席、坐垫可熏烧很长时间，同时飞虫也难以逼近伤人。

黑色烟雾在雪地或沙漠中最醒目，橡胶和汽油可产生黑烟。如果受到气候条件限制，烟雾只能近地表飘动，气流上升势头更猛，会携带烟雾到相当的高度。

（二）旗语求救

将一面旗子或一块色泽亮艳的布料系在木棒上。持棒运动时，在左侧长划，右侧短划，加大动作的幅度，做"8"字形运动。如果双方距离较近，不必做"8"字形运动。一个简单的划行动作就可以，在左侧长划一次，右侧短划一次，前者应比后者用时稍长。

（三）声音求救

如相隔较近，可大声呼喊，通过呼喊求救。

（四）反光求救

利用阳光和一个反射镜即可折射出信号光。任何明亮的材料都可加以利用，如罐头盒盖、玻璃、一片金属片，有面镜子当然更加理想。持续的反射将规律性地产生一条长线和一个圆点，这是莫尔斯代码的一种。即使你不懂莫尔斯代码，随意反照，也可能引人注目。无论如何，至少应掌握 SOS 代码。即使距离相当遥远也能察觉到一条反射光线信号，甚至你并不知道联系目标的位置，所以应多多试探。要注意环视天空，如果有飞机靠近，应快速反射出信号光。这种光线或许会使营救人员目眩，所以一旦确定自己已经被发现，应立即停止反射光线。

七、野外救护

（一）昆虫叮咬的防护

在野外为了防止昆虫叮咬，人员应穿长袖衣和长裤，扎紧袖口，皮肤暴露部位涂搽防蚊药。不要在潮湿的树荫和草地上坐卧。宿营时，烧点艾叶、青蒿、柏树叶、野菊花等驱赶昆虫。被昆虫叮咬后，可用氨水、肥皂水、盐水、小苏打水、氧化锌软膏涂抹患处止痒消毒。

（二）毒蛇咬伤、蚂蟥叮咬、蜇伤的救治

（1）毒蛇咬伤的救治。进行野外作业时，应当备有蛇药。当被蛇咬伤时，应当尽快（不能超过 1 小时）采取急救措施。首先，马上缚住伤处靠近心脏的一端，以减少毒液上流。然后在被毒蛇咬伤处，用刀子浅浅地划一个十字口，挤出毒液，以减轻中毒症状。也可用口吸出毒液，随吸随吐，但口舌生疮或口腔黏膜溃疡的人不能口吸，以免中毒。口吸须进行 20 ~ 30 分钟。伤口上可用 1% ~ 3% 的高锰酸钾溶液湿敷，或用大蒜汁、雄黄、干草等配合涂敷。为确保安全，进行上述处理后，在可能的情况下，还须马上注射抗毒血清或用蛇药外敷和口服。像眼镜蛇之类的毒蛇，不仅会咬人，而且会喷射毒液，一旦遇到这种情况，应立即用水冲洗被喷射到的皮肤表面。

（2）蚂蟥叮咬的防治。遇蚂蟥叮咬时，不要硬拔，可用手拍或用肥皂液、盐水、烟油、酒精滴在其前吸盘处，或用燃烧着的香烟烫，让其自行脱落，然后压迫伤口止血，并用碘酒涂抹伤口以防感染。野外生存训练行进中，应注意查看有无蚂蟥爬在脚上。如在鞋面上涂些肥皂、防蚊油，可以防止蚂蟥上爬。涂一次保持的时间约为 4 ~ 8 小时。此外，将大蒜汁涂抹于鞋袜和裤脚，也能起到驱避蚂蟥的作用。

（3）蜇伤的救护。被蝎子、蜈蚣、黄蜂等毒虫蜇伤后，伤口红肿、痛痒，并伴有恶心、呕吐、头晕等症状，这时要先挤出毒液，然后用肥皂水、氨水、烟油、醋等涂搽伤口，或用马齿苋捣碎，汁冲服，渣外敷。也可将蜗牛洗净后捣碎涂在伤口上。此外，蒜汁对蜈蚣咬伤有疗效。

（三）中暑的防治

（1）中暑的原因。由于气温增高，人体产生的热量散不出去，产热与散热失去平衡，体温调节和其他生理机能产生障碍，就会引起中暑。此外，劳动量过大，缺少适当休息，水盐补充不足，衣服不通气等也会导致中暑。

（2）中暑的症状。突然头晕、恶心、昏迷、无汗或湿冷，瞳孔放大，发高烧。发病前，常感口渴，浑身无力，眼前阵阵发晕。

（3）中暑的救护。遇到中暑，应立即在阴凉通风处平躺，解开衣裤带，使全身放松，再服十滴水、人丹等药。发烧时，可用凉水浇头，或冷敷散热。如昏迷不醒，可掐人中、合谷穴使其苏醒。

（四）中毒的救护

（1）中毒症状：恶心、呕吐、腹泻、胃疼、心脏衰弱等。

（2）中毒的救护：遇到中毒，首先要洗胃，快速喝大量的水，用手指触咽部引起呕吐，然后吃蓖麻油等泻药清肠，再服药用炭等解毒药及其他镇静药，多喝水，以加速排泄。为保证心脏正常跳动，应喝些浓茶、糖水，暖暖脚并立即送医院救治。

（五）冻伤的护理

1. 冻伤的症状

皮肤冻伤时，首先感到刺痛，皮肤出现苍白的斑点，感到麻木，接着出现卵石似的硬块并伴有疼痛、肿胀、发红、起疮，最后减弱消失；严重冻伤者，冻伤部位的肌体组织变灰、变黑、死去，最终剥落。

2. 冻伤的护理

（1）对初步冻伤者，用手或干燥的绒布摩擦伤处，促进血液循环，或将受冻部位放到温暖处。如将手夹在腋窝处，将脚抵住同伴的腹部，还可用辣椒泡酒涂擦伤处。

（2）对深度冻伤者，要防止冻伤部位进一步恶化，注意不要用雪揉擦或放在火上烘烤。最好的方法是将冻伤部位放在 28℃～28.5℃ 的温水中慢慢解冻。

（3）对严重冻伤者，注意不要挑破水疱和摩擦伤处，要防止感染，并力争送医院治疗。

第十章　综合训练

在战争条件下，情况瞬息万变。为了形成有利态势，争取战斗的主动权，战士除了要具体基本战斗技术，还就学会各种各样的生存和竞争的方法。这些方法是现代战争中必不可少的。综合训练是为了提高部队战斗力，养成良好的军人作风，增强身体、心理素质，使其适应艰苦条件下的作战的主要途径。

第一节　行军和宿营

一、行军

行军是指军队沿指定路线进行的有组织的移动，是军队机动的基本方法。目的在于进行快速、安全地转移兵力，争取主动，形成有利态势。

（一）行军的分类

1. 按任务分有正常行军和战备行军

（1）正常行军

正常行军亦称常行军。按正常的日行程和时速实施的行军。通常在任务不是很紧急，敌情顾虑不大时采用。有时是指执行战斗任务以外的日常行军。组织实施正常行军，要侦察道路和地形，制订行军计划，编组行军队形，严密组织对空防御和警戒等各项保障，规定行军日程、速度、休息地点和通信联络，并组织好调整勤务和收容工作。

（2）战备行军

战备行军是准备进入战斗的行军。按进入战备的等级，分为紧急战备行军和战备行军。通常在任务紧急，敌情顾虑较大时实施。有时在敌空炮火力威胁下进行。组织战备行军，要求迅速、准确、周密，不失时机，要充分利用各种情报，快速制订行军计划；按照临战和战备等级的要求，周密编组行军队形；严密组织对空防御、侦察、警戒和伪装；搞好运动保障、技术保障和后勤保障，并做好调整勤务和收容工作。

2. 按方式分有徒步行军、摩托化行军和两者结合的混合行军

（1）徒步行军

徒步行军是步行实施的行军，是步兵的行军方式之一。其特点：对道路的依赖性小，受天候季节影响不大，能在各种地形和天候条件下行动，便于隐蔽企图。但行进速度较慢，体力消耗较大。组织实施徒步行军，要周密计划，加强对道路和地形的侦察，正确选定行军路线。合理编组行军队形，使其符合战斗行动企图，便于隐蔽迅速行进，便于展开进入战斗，要求编成行军纵队，确定担任前卫、本队、后卫、侧卫人员，规定通信联络信号和组织各种防护。严密组织保障，特别是对空防御、对核、化武器的防护，适时派出设营人员，安排好宿营和休息。通常连续行军 3～4 天安排一个休息日，部队进入休息地域后，要疏散配置，加强对空防御和警戒，组织部队休整，补充给养，并组织好继续行军的准备。

（2）摩托化行军

摩托化行军亦称乘车行军，是乘坐运输汽车或战斗车辆实施的行军，也是摩托化部队主要的行军方式。摩托化行军出现于第一次世界大战末期，起初只有乘坐运输汽车的行军，随着战斗车辆装备到军队，摩托化部队增多，使摩托化行军逐渐成为主要的行军方式。其特点：车辆行进速度快，行程远，对道路的依赖性较大，常受天候、地形条件制约。车辆多，型号不一，组织指挥复杂，各种保障特别是技术保障任务艰巨。组织摩托化行军，根据上级意图、敌情道路、天候和车辆情况进行。

（3）混合行军

混合行军亦称综合行军，是徒步与乘车相结合的行军。通常在车辆不足和道路不便于实施摩托化行军时采用。以徒步和乘车两种方式交替进行；或在同一时间内一部分步行，一部分乘车。组织实施混合行军，要周密计划，合理编组行军队形，区分行军路线，明确转换行军方式的时间、地点和指挥关系，而后行动的方向和任务。严密组织对空防御、对核、化武器的防护，加强侦察、警戒伪装等措施，搞好通信联络和工程、技术、后勤保障，适时派出调整勤务和做好收容工作。行进时，指挥员严格掌握行进速度，按时到达指定地点，并注意做好车辆的检修和保养。

3. 按行军强度分有常行军、强行军和急行军。

（1）常行军

徒步日行程为 30～40 千米，时速 4 千米/时～5 千米/时；摩托化日行程为 150～250 千米，时速夜间 15 千米/时～20 千米/时，昼间 20 千米/时～30 千米/时。

（2）强行军

强行军是加快速度、加大日行程的行军。在遂行奔袭、追击、迂回等任务或摆脱敌人时采用。日行军时间在 12 小时以上，必要时可昼夜兼程。徒步日行程可达 50 千米以上，时速不小于 5 千米；乘车日行程可达 300 千米以上，时速夜间大于 25 千米/时，昼间大于 35 千米/时。组织强行军要争时间、抢速度，简化组织指挥程序，可边行进边完成组织工作，不组织大休息，尽量减少休息次数和时间，严密组织各种保障，果断处置各种情况，随时准备进入战斗。

（3）急行军

急行军以最快速度实施的行军。在遂行紧急任务时采用。可按强行军的方法组织，要少休息或不休息。多以快步行进，也可走跑交替，时速达 8 千米/时～9 千米/时。必要时可轻装，时速可达 10 千米/时～12 千米/时。整个急行军时间不宜过长，一般不超过一日行程。

（二）行军的组织和实施流程

1. 行军命令

行军命令是下达行军任务的命令，是组织与实施行军的依据。部队受领行军任务后，指挥员根据任务、敌情、地形、道路和天气等情况，进行综合分析判断，及时定下决心，由司令部根据决心拟制行军命令，书面或口头下达。

2. 行军计划

行军计划是组织实施行军的计划，是计划组织行军的主要文书。部队受领行军任务和分析判断情况后，根据上级行军计划和指挥员的意图拟制。

3. 行军部署

行军部署是指行军时对兵力所确定的任务区分、编成和序列。通常根据敌情、任务、地形和行军方式确定。基本要求是：符合行动企图，便于迅速隐蔽行进，便于展开成战斗队形，便于对抗敌人地面和空中的袭击，便于组织指挥和实施各种保障。师可以编成两个以上行军纵队，有时也可只编一个。

各行军纵队按前卫、本队、后卫编成。师炮兵部队编入主力纵队。坦克部队可编成独立的行军纵队。防空兵部队按对空掩护部署编入各行军纵队，实施要点掩护或跟进掩护。工程兵分队配属必要的步兵、防化兵，在侦察、警戒分队之后进行，负责排除前进路上的障碍物。后勤、技术机关在本队后跟进。

4. 行军报告

向上级报告行军情况的文书。通常在行军告一段落或行军结束后上报。主要内容：出发时间，行军路线、行程，目的地和到达的时间；组织实施行军的做法，人员、减员和装备损耗情况，发生的问题，处置的结果；现在各部队部署的位置，下一步安排，请示事项。行军结束后的报告，还要包括经验和教训，以及存在问题和改进措施等。

二、宿营

部队行军或战斗后的临时住宿。分露营、舍营或两者结合的宿营。目的是停顿休整，为继续行军做好准备。宿营是随着行军、作战的出现而产生。

（一）宿营的基本要求

（1）预先计划，正确选择宿营地域。宿营地要有适当地幅，充足水源，良好的进出道路，便于继续行军和进入战斗。

（2）充分利用地形，隐蔽疏散配置。配置位置力求与行军或战斗部署一致，避开明显目标和疫情区，并根据地形适当疏开。

（3）加强侦察、警戒、防空、工程作业和伪装，周密组织对核、化学、生物武器的防护。

（4）严密组织警报报知和通信联络，保持经常戒备，作好抗击敌人空降和地面袭击的准备。

（二）宿营的组织实施

组织实施时，要根据任务、敌情、地形等条件，下达宿营命令，明确宿营地域的划分，指挥所的位置、进入宿营地域的顺序和时间以及警戒和各种保障措施。

1. 进入宿营地前

有条件时，进入前派出设营队先于部队出发，先进行周密的侦察、勘察和选定宿营地域，排除各种可能影响宿营的障碍物，消除隐患，并引导部队进入。

2. 进入宿营地

进入营地由工程、通信、防化等保障分队先行进入，主力按顺序逐次进入，或多路同时进入。

3. 进入宿营地后

派出警戒，建立对空掩护部署，指定值班分队，加强对核、化学、生物武器防护措施，构筑必要的工事并进行伪装。按上级统一规定建立警报系统，做好防敌突然袭击的准备，规定紧急集合场，夜间加强灯火管制，及时报告和通报情况。

4. 宿营中

宿营中遇敌空袭，正确采取对抗措施，防止暴露宿营地域。遇敌空降或地面袭扰时，及时判明敌人企图，根据情况以值班分队或指定部队抗击、歼灭。

（三）组织实施宿营的注意事项

未来作战，连续性增强，战隙短暂，宿营与战斗的联系更加紧密，要求组织实施宿营，要简化程序，运用科学的方法，以赢得更多的宿营时间。

第二节　野外生存

野外生存，是人类在非生活环境下，依靠个人或团队的努力，最大限度地维持生命力的行为，是特种部队、侦察兵和空降兵、海军陆战队等必备的军事技能。对当代大学生进行野外生存训练是高校国防教育的重要组成部分，也是提高当代大学生综合素质的有效途径。

一、野外生存的基本知识

（一）野外生存装备

装备是野外生存训练必不可少的物质条件，在紧急关头，所携带的所有装备，对维持生命的存在都将起到举足轻重的作用。

（1）基本装备。如背包、帐篷、睡袋、防潮垫等。

（2）技术装备。如主绳、安全带、扁带、滑轮、上升器、下降器（保护器）、主锁、安全帽、指北针、通信设备等。

（3）生活装备。如服装、鞋子、套锅、炉头、气罐、头灯、刀、火种、哨子、水壶、帽子、急救包、针线包、个人生活用品等。

（二）野外着装

野外着装主要起到保暖、保护、舒适等作用，在野外活动时不能随便着装，必须遵循野外着装宽松、舒适、耐磨、随意的基本原则。

1. 服装

在选择野外衣服时应重视衣服的功能性。功能性主要体现在衣服的保暖性、耐磨性、透气性、舒适性和色彩等方面。目前，在野外着装上为应付各种天气的变化以及野外活动的实际需求，往往都采取三层衣服的着装方法，即排汗层（内衣），保暖层（保暖衣）、防水防风层（外衣）。

2. 裤子

在野外行进时下半身的运动量远大于上半身，在长时间的行走和穿越中，不能穿很紧的裤子，因为穿很紧的裤子行走时不舒服，严重时还会磨伤裆部大腿内侧的皮肤，导致抬腿走路非常痛苦；也不能穿裆很低的裤子，因为这样在行走和跨越时很不方便。野外穿的裤子必须要宽松、牢固、耐磨，最好能有弹性，如宽松式的牛仔裤和棉制的休闲裤都是不错的选择。

3. 鞋子

脚要承担着人体和背包的重量，进行长时间的连续行走和穿越，一旦脚受伤就无法继续完成活动，甚至还要连累其他同伴。在野外，保护脚不受伤最直接的方法取决于所穿的鞋子。野外用鞋种类有很多，如登山鞋、溯溪鞋、攀岩鞋、沙漠鞋、雪地鞋等，具体的选择要根据每次活动的内容、性质等具体情况而定。

4. 袜子

穿着合适的袜子可以达到绝缘、保温、吸汗、减少冲击以及减少足部与鞋子摩擦的作用。

5. 帽子

帽子在野外主要是起到保温、防风和防晒的作用。帽子的种类、式样很多，功能和材料也各不相同，在选择野外用帽子时最好根据使用环境和个人爱好进行选择。

6. 手套

手套在野外主要起到寒冷天气下的保温和防止野外穿越时被荆棘划、刺伤以及操作器械时手灼、擦伤等。在寒冷的天气下手部是肢体末端血液循环较差的部位，若保护不当很容易遭受冻伤或其他伤害。在气温低且潮湿的环境下要特别注意对手的防潮及保温工作。

在戴着手套进行攀登、保护等技术操作时，所戴手套的手掌部位要有防滑、耐磨的功能。手套分为连指型和分指型。连指型的手套保暖性好，但使用时不灵活；分指型的手套使用时较灵活，但在手指处不够保暖。

（三）营地的选择和建设

1. 营地的选择

营地是野外休息和集结供应地点。营地的选择必须遵循安全、方便、舒适性的原则，在此基础上还要根据人数、活动性质、装备量等进行综合的考察。营地的选择一般应注意以下几点：

（1）近水

营地要选择离水源近的地方，这样既能保证做饭和饮用用水，又能提供洗漱用水，如果远离水源则会给营地带来很多不便，甚至是危险的。但在深山密林中，近靠水源会遇到野生动物，要格外小心注意。

（2）避险

营地上方不要有滚石、滚木、风化的岩石，不要在泥石流多发地和雨水通道建营。雷雨天不要在山顶、独立大树下以及空旷地上安营，以免遭到雷击，不要在河滩、河床、溪边及川谷地带建立营地，以防被突如其来的洪水冲走。

（3）背风

风会迅速带走人体的热量、制造寒冷、卷走帐篷等，甚至会引发疾病。同时大风会使点火做饭，取暖很困难，也很不安全。所以营地一定要避风，最好是在小山丘的背风处，林间或林边空地，山洞、山脊的侧面和岩石下面等。

（4）防兽

建营地时要仔细观察营地周围是否有野兽的足迹、粪便和巢穴和蜂巢，不要建在多蛇、多鼠地带和野生动物饮水的必经之路上，以防动物伤人或损坏装备设施。要有驱蚊、虫、蝎药品和防护措施。在营地周围遍撒些草木灰、硫磺粉、煤油等，会非常有效地防止蛇、蝎、毒虫的侵扰。

（5）日照

营地要尽可能选在日照时间较长的地方，这样会使营地比较温暖、干燥、清洁，便于晾晒衣服、物品和装备。

（6）平整

营地的地面要平整，不要存有树根、草根和尖石碎物，也不要有凹凸或斜坡，这样会损坏装备或刺伤人员，同时也会影响人员的休息质量。

2. 营地的建设

营地选择好后即要根据营地的大小、风向、日照、地势、地表等进行合理的布局建设营地，方便野外生活和营地活动的开展，保障营地生活的安全和卫生。营地的建设分以下步骤进行：

（1）平整场地

将营地中的障碍物清除，如大石块、荆棘、树枝等；特别是将已经选择好的帐篷区打扫干净，清除石块。矮灌木等各种易刺穿帐篷的东西，不平的地方可用土或草等物填平。

（2）场地分区

一个齐备的营地应分帐篷宿营区、用火区、就餐区、娱乐区、用水区、卫生区等区域。用火区应在下风处，以防火星飘到帐篷，烧破和烟吹进帐篷。就餐区应就近用火区，以便烧饭做菜及就餐。活动及其娱乐区应就餐区的下风处，以防活动的灰尘污染餐具等物。卫生区同样应在活动区的下风处。

（3）建设帐篷宿营区

尽量在坚硬、平坦、干燥的地上搭帐篷；帐篷门最好都向一个方向开，并排布置，帐篷之间应保持一定的间距；帐篷的入口要背风向阳，如遇刮风天气帐篷四角要用地钉固定住或大石头压住，同时用防风绳牵引住；为避免下雨时帐篷被淹，应在帐篷四周挖一条排水沟；帐篷内应保持空气流通。

（4）建设用火就餐区

就餐同用火一般建在一处，做饭的地方最好是有土坎、石坎的地方，以便挖灶建灶，柴火应当堆放在区外或上风处。就餐区最好有一块大家围坐的草地，"餐桌"可以用一块大平石，或者就在地上。

（5）建设取水用水区

出于卫生的需要，取水用水区如在溪流及其河流上应分为上下两段，上段为食用饮水区，下段为生活用水区。如是湖水，同样要分开地方，两种用水处应当距离 10 米以上。另外，应当在白天把取水用水要经过的路段上的荆棘、树枝、灌木、乱石等物清理安静，这样取水用水就方便、安全，也有利于晚上的取水用水。

（6）建设卫生区

卫生区即建设野外厕所。野外厕所应选择在营地的下风处，较少人经过的地方，地点要比营地稍低一些，并应远离河流（至少 20 米以外）。野外厕所搭建的方法如下：

① 挖一个宽 30 厘米左右、长 50 厘米左右、深约半米的长方形土坑，里面放些石块和杉树叶（消除臭味）。

② 三面用塑料布或包装箱围住，固定好，开口一面应背风且背向营地，高约 1.5 米。

③ 在厕所内准备一些沙土和一把铁锹，另准备一块木板、纸板或带树叶较多的树枝，便后用一些沙土将排泄物及卫生纸掩埋，并用木板、纸板或带树叶较多的树枝将便坑盖住，以消除异味保持卫生。

④ 在厕所外立一块较明显的标志牌，使别人在较远处即可看到厕所是否有人正在使用。

⑤ 当露营结束时，用沙土将便坑掩埋好，并做好标记，告诉其他参加野外活动的人。

（四）野外食品保存

在野外，随身携带的食物一定要注意保鲜，千万不能变质。一般的食物保鲜方法有如下几种：

1. 泡在水里

如果营地附近有河流，可以把鱼、肉、蔬菜分别装在塑料袋里封起来，再装入一个大的塑料袋子里，放在河水中，并用绳子把它绑在石头上，以防被水冲走。只要水是流动的，其冷藏效果特别好。

2. 放在土坑里

如果周围没有水，可以利用泥土。即使在夏天，土中的温度也是比较低的，尤其是在背阴见不到太阳的地方，如通风较好的朝北的山坡或树阴较多的地方，其温度更低。我们可以在这些地方挖个洞，洞要深一些，但要手够得到。在洞底和洞的内壁垫上树枝，以隔热。洞口也可以用树叶多的树枝遮住，这样既通风又可以提高冷藏的效果。

3. 挂在阴暗处

如果是短时间的存放，可以把食物吊在阳光照不到的地方。如果担心是昆虫爬上去，可在上面洒点醋。

（五）野外天气的预测

1. 天气变坏的征兆

（1）白天，山谷的风从山顶吹向山谷，夜间从山谷吹向山顶。

（2）早晨出现绢云，而后黑云增多，并徐徐下沉。

（3）云团行走很快，并有增多之趋势，这可能是暴风雨的前兆。

（4）风向突然变化，并愈吹愈大，同时还伴有乌云吹来。

（5）在干热或雾气弥漫过后，突然能见度转好。

（6）清晨雾满山谷，至晚仍不消散。

（7）白天太阳周围出现大晕圈，夜间月亮周围出现小晕，这是大风的征兆。

（8）在黎明前星光闪烁不定。

（9）傍晚气温增高，夜间很暖，并有闷热感。

（10）半山谷的云雾上升，可能是暴风雨来临的兆头。

（11）燕子蜻蜓低飞、蚂蚁搬家、蛇过道，蚯蚓钻出地面、青蛙成群叫，大雨不久就来到。

（12）植物叶面潮湿，苔藓卷曲的小叶逐渐展开，表明空气湿度增加，一天之内必有雨。

（13）身体变化：当天气变坏时，卷发者会感觉到头发变紧，更不易梳理。如果变得易于缠绕或者不再如通常那样挺直易于梳理，很可能将是一场暴风雨的来临；任何有风湿性关节炎，鸡眼或相关症状者，在空气湿度增加时都会感到疼痛和不舒服。

（14）观察篝火：如果烟火稳稳上升，表明天气不会有太大变化，依然会很好；如果烟火闪烁不定，或者升起又降下，可能会有暴风雨。

2. 天气变好的征兆

（1）白天时，谷风一般自下而上吹，在夜间则正好相反，一般从峰顶吹向山谷下方。

（2）白天（特别是早上）可见山口一朵朵的云团逐渐分化为雾气，并逐渐消散。

（3）傍晚日落时，在西方山谷上空出现一片片橙色或玫瑰色晚霞（火烧云）。

（4）傍晚时山下有雾，而且天气较凉（夜寒），说明第二天天气可能较好。

（5）清晨草地见有露水和霜冻。

（6）星光稳定，很少闪烁。

（7）蜘蛛张网补网兆天晴。

（8）天上鱼鳞斑，晒谷不用翻。

（9）早晨若看见蜘蛛网上有水滴，则天将放晴。

（10）早晨若见到霜冻情况，则将是一个好天气。

（六）野外急救

1. 外伤止血

血液是维持生命的重要物质。因此，在野外当人体受到外伤时，首要的是在现场立即采取有效的止血措施，防止因大出血引起休克，甚至死亡。

（1）外伤出血的种类

① 毛细血管出血。血色鲜红，血液从整个伤口创面渗出，一般不易找到出血点，在血小板的作用下，常可自动凝固而止血，危险性少。

② 静脉出血。血色暗红，血流较缓慢呈持续状，不断流出。危险性较动脉出血少。

③ 动脉出血。血色鲜红，出血呈喷射状，与脉搏节律相同。危险性大。

（2）处理方法

① 加压包扎法。当小动脉、小静脉和毛细血管出血时，先用消毒纱布覆盖伤口，再用绷带加压包扎，以压住出血的血管而达到治血的效果。在缠绕绷带时，不能太紧，防止伤口感染和影响血液循环。

② 指压法。在出血部位的上方，在相应的压迫点上用拇指或其余四指把该动脉管压迫在临近的骨面上，以阻断血液的来源而达到止血的效果。指压法是最快、最简单的方法，一般在动脉出血时，在紧急情况下先用指压法止血，然后再根据出血情况改用其他止血法。但事先必须要熟知各动脉的压迫点。指压止血法适用于头、颈部和四肢的动脉出血。

手指出血：压迫出血手指的两侧的指根部，即可止血。

手掌出血：压迫出血手掌腕部的尺、桡动脉，即可止血。

上肢出血：压迫出血上肢的上臂内侧中部凹陷处的肱动脉，即可止血。

下肢出血：压迫出血下肢的大腿内侧腹股沟中点稍下方的股动脉，即可止血。由于股动脉较粗，需用双手拇指或掌根压迫才有效果。

足部出血：用两手拇指与食指分别压迫足背中间近脚腕处的足背动脉以及足跟内侧与内踝之间处的胫后动脉，即可止血。

211

头顶出血：压迫出血头部的耳前约一指宽的颞动脉，即可止血。

脸部出血：压迫出血脸部下颌前半寸凹陷内的面动脉，如压迫面动脉无效，可压迫颈总动脉即可止血。

肩部出血：压迫锁骨上窝内 1/3 处的锁骨下动脉，即可止血。

③ 止血带法。只适合用在四肢动脉大出血的止血。用橡胶带扎缚在伤口近心端的动脉上，在野外没有橡胶带的情况下，可用绷带、三角巾、软布带等代替，扎止血带的松紧度要适宜，太松没有止血效果，太紧容易造成组织损伤。扎止血带时，皮肤与止血带之间不能直接接触，应加垫敷料、布垫或将止血带扎在衣裤外面，以免损伤皮肤。上肢出血时，止血带扎在上臂，但不要扎在中段，避免损伤桡神经；下肢出血时，止血带应扎在大腿并靠创口的近心端。扎上止血带后，上肢每隔 30 分钟或下肢每隔 1 小时必须放松一次，每次放松 1~3 分钟，以免引起肢体坏死。为防止止血带放松后大量出血，放松期间应在伤口处加压止血。

2. 外伤包扎

当外伤止血、伤口破溃、骨折时均需进行包扎。一般是利用纱布、棉垫覆盖伤口，再以绷带或三角巾缠绕，这样可以起到压迫止血、保护伤口、防止污染、支持关节和肢体、限制骨折端移动等重要作用。在野外如没有现成的包扎物，可利用手帕、毛巾、围巾、干净衣服、袜子等代替。

3. 固定

在野外活动中由于不小心、注意力不集中等因素可能会导致骨折、关节严重损伤、肌肉拉伤等。骨折、关节严重损伤和大面积软组织损伤需要进行及时、正确的固定，以预防休克，防止伤口感染，避免神经、血管、骨骼、软组织等再遭损伤，同时有利于搬运，就近送医院治疗。

野外固定物有：各种 2~3 厘米厚的木板、竹竿、竹片、树枝、木棍、硬纸板以及伤者健肢等都可代替正规医疗器材，作为临时应急固定物。

（1）骨折的种类

① 闭合性骨折：骨折处皮肤完整，骨折断端与外界不相通。

② 开放性骨折：外伤伤口深及骨折处或骨折断端刺破皮肤露出体表外。

③ 复合性骨折：骨折断端损伤血管、神经或其他脏器，或伴有关节脱节等。

④ 不完全性骨折：骨的完整性和连续性未完全中断。

⑤ 完全性骨折：骨的完整性和连续性完全中断。

（2）骨折的症状

疼痛、肿胀、畸形、骨擦音、功能障碍、大出血。

（3）骨折固定的方法

① 颈椎骨折固定：使伤者的头颈与躯干保持直线位置；用棉布、衣物等，将伤者头两侧垫好，防止左右摆动；用木板放置头至臀下，然后用绷带或布带将额部、肩和上胸、臀固定于木板上，使之稳固。

② 锁骨骨折固定：用绷带在肩背做"8"字形固定，并用三角巾或宽布条于颈上吊托前臂。

③ 肱骨骨折固定：用代用夹板2~3块固定患肢，并用三角巾、布条将其悬吊于颈部。

④ 前臂骨折固定：用2块木板，一块放前臂上，另一块放背面，但其长度要超过肘关节，然后用布带或三角巾捆绑托起。

⑤ 股骨骨折固定：用木板2块，将大腿小腿一起固定。置于大腿前后2块长达腰部，并将踝关节一起固定，以防这两部位活动引起骨折错位。

⑥ 小腿骨折固定：腓骨骨折在没有固定材料的情况下，可将患肢固定在健肢上。

（4）急救原则和注意事项

① 要注意伤口和全身状况，如伤口出血，应先止血，包扎固定。如有休克或呼吸、心博骤停者应立即进行抢救。

② 在处理开放性骨折时，局部要作清洁消毒处理，用纱布将伤口包好，严禁把暴露在伤口外的骨折端断送回伤口内，以免造成伤口污染和再度刺伤血管和神经。

③ 对于大腿、小腿、脊椎骨折的伤者，一般应就地固定，不要随便移动伤者，不要盲目复位，以免加重损伤程度。

④ 固定骨折所用的夹板的长度与宽度要与骨折肢体相称，其长度一般应超过骨折上下两个关节为宜。

⑤ 固定用的夹板不应直接接触皮肤。在固定时可用纱布、三角巾、毛巾、衣物等软材料垫在夹板和肢体之间，特别是夹板两端、关节骨头突起部位和间隙部位，可适当加厚垫，以免引起皮肤磨损或局部组织压迫坏死。

⑥ 固定、捆绑的松紧度要适宜，过松达不到固定的目的，过紧影响血液循环，导致肢体坏死。固定四肢时，要将指（趾）端露出，以便随时观察肢体血液循环情况。如发现指（趾）苍白、发冷、麻木、疼痛、肿胀时，说明

固定、捆绑过紧，血液循环不畅，应立即松开，重新包扎固定。

⑦ 对四肢骨折固定时，应先捆绑骨折断处的上端，后捆绑骨折端处的下端。如捆绑次序颠倒，则会导致再度错位。上肢固定时，肢体要屈着绑（屈肘状）；下肢固定时，肢体要伸直绑。

4. 搬运

搬运伤病员的方法是野外急救的重要技术之一。搬运的目的是使伤病员迅速脱离危险地带，安全迅速地送往医院治疗，是对伤员生命的维护和延续，避免造成伤员残废。搬运伤病员的方法，应根据当地、当时的器材和人力而选定。常用的搬运有徒手搬运和担架搬运两种。

（七）常见伤病防治

1. 毒蛇咬伤

在我国已发现的毒蛇有 50 余种，常见的有 10 余种。在野外，被毒蛇咬伤而死亡的发生率在动物伤害中的比例是最高的。

一般防止毒蛇咬伤的方法是：进入草丛前，应先用棍棒驱赶毒蛇；在穿越丛林时，应穿好长袖上衣，长裤及鞋袜，必要时戴好帽子，随时注意观察周围情况，及时排除隐患；遇到毒蛇时不要惊慌失措，应采用左、右拐弯的走动来躲避追赶的毒蛇，或是站在原处，面向毒蛇，注意来势左右避开，寻找机会拾起树枝、石块等进行自卫；四肢涂擦防蛇药液，携带毒蛇药等，均能起到预防蛇伤的作用。

如被毒蛇咬伤，根据毒蛇的种类及毒性，马上采取有效的措施进行急救。

2. 毒虫咬伤

野外穿行在树林间、草丛中、溪流边很容易被虫叮蚊咬，但如被有些毒虫咬伤，必须及时地进行处理，否则会造成中毒，轻则全身瘙痒、疼痛、浑身没劲，重则可能导致死亡。因此，首先要预防在野外被毒虫咬伤，出行前带好防虫药水和药品，穿长袖、长裤等做好防护措施。

3. 虫咬皮炎

虫咬皮炎是夏秋季在野外常见的皮肤病，是因被虫类叮咬，或因接触某种虫的毒毛而引起的皮肤炎。常见叮咬人体的害虫有蚊、臭虫、蚤、螨、飞蠓、黄蜂等。另外有些虫的毛，如桑毛虫、刺毛虫的毒毛刺入皮肤也会引发皮肤炎。

（1）受害主要症状。

叮咬处出现丘疹、丘疱疹、风团，甚至大疱等，伴有瘙痒、烧灼感或疼痛，常因抓挠引起继发性感染或局部淋巴结肿大。

（2）处理方法。

① 如有刺或毒毛，在野外可用胶带、橡皮膏等粘在被刺部位，然后拉下。这种方法可以有效地拔出刺或毒毛。

② 有过敏现象的可内服苯海拉明、氯苯那敏等抗过敏药物。

③ 在瘙痒处可涂清凉油、风油精等止痒，尽量不要用手去乱抠乱挠。

④ 采集马齿苋捣碎，外敷。

4. 中暑

中暑是因高温环境或受到烈日的暴晒而引起的疾病。连续大强度的野外活动会由于身体大量出汗使盐分流失过多，身体出现疲劳，而在水分得不到及时的补充和降温的情况下极易发生中暑。因此，预防野外中暑，首先在出行前要带上防暑药、穿浅颜色的衣服，带上遮阳帽；在烈日下野外活动的时间不能太长，要间歇休息；出汗过多时，要及时地补充水分，在水中加入一定量的食盐。

5. 冻伤

冻伤是由于身体长时间暴露于低温的环境中，引起血液循环不良，皮肤表层或深层受到低温损伤的现象。通常鼻子、脸颊、耳朵、手指和脚趾是最容易冻伤的部位。冬季出行或到低温环境活动，必须先做好保暖工作，如戴上手套、防寒帽或耳朵套；保持脚部的温暖干燥，袜子湿了要及时更换；风大时停止活动，找个避风的地方休息；经常按摩、揉搓易冻伤部位，以促进血液循环，预防冻伤。

6. 扭伤

关节活动超出了正常范围，使关节周围的组织拉伤或撕裂，称为扭伤。扭伤多发生在足、腕、膝、腰等部位。扭伤是野外常见的损伤，扭伤后往往活动功能受到限制，行动很不方便，甚至会影响团队活动的顺利进行。在野外活动前应做好热身活动，在活动中注意力要集中、运动量要适宜，动作幅度要循序渐进，尽量避免扭伤的发生。

7. 昏厥

昏厥也称晕厥，俗称昏倒。昏厥是一时性脑缺血、缺氧引起的短时间意识丧失现象。昏厥的种类有很多，原因也有很多。夏季在野外活动中，由于活动剧烈、体力消耗过大，尤其是未能及时补充体内损失的水分和盐分时，容易发生热昏厥。

（八）野外求救信号

SOS 是国际通用的求救信号。一般情况，重复三次都象征求助，根据自身的情况和周围的环境条件，可以点燃三堆火、制造三股浓烟、发出三声响亮口哨、呼喊等。

二、野外生存的基本技能

（一）野外行走和穿越

1. 野外行走

（1）平地行走

在平地行走时，上体正直稍向前倾，两眼平视前方，以脚后跟先着地，自然过渡到前脚掌着地，蹬地时腿应充分蹬直。两腿交替进行，两臂前后自然摆动。行进时身体应尽量不要向两侧摇晃，走路保持一定的弹性，把步幅放小，以同节奏速度来行进。不要跨大步、时快时慢、相互追赶等，这样容易会使肌肉过早的产生疲劳。

如在野外平地长距离行走，为了保证不引起过度疲劳，步幅应适当改小，步速要适当加快，并尽可能保持匀速，在途中还要尽量保持乐观的态度，制造一些欢乐的气氛，这样才能平衡全身肌肉，活动大脑，达到消除疲劳的目的。同时，在连续行走了 30 分钟后应停下来休息 3～5 分钟，放松一下腿部肌肉。

（2）山地行走

在山地行进，为了避免迷失方向，节省体力，提高行进速度，应坚持"有道路不穿林翻山，有大路不走小路，走高不走低"的原则。可沿山脊线行进，也可沿山体斜面行进。行进中要严密注视行进路况，及时观察是否有断崖滑坡，防止跌伤。

① 上坡行走技术。

在行走坡度为 30 度以下的上坡时可采用直线攀登法。上体应稍向前倾，全脚掌着地，两膝弯曲，两脚呈八字，迈步不要过大过快，保持一定的行走速度前进。

在攀登坡度大于 30 度的上坡时，采用直线攀登法就比较困难了。因为两脚的脚踝关节不好伸展，容易疲劳，且坡度大，碎石更容易滚动，在行走时很容易滑倒以及碎石容易下滚砸伤下面的人，因此在攀登坡度较大的山坡时均采用"之"字形攀登法，以减少直线攀登时的难度和滑坠的危险。"之"字形攀登法是指按照"之"字形的路线左右斜越、盘旋而上的攀登方法。采用这种方法攀登时，腿微微弯曲，上体前倾；内侧脚脚尖向前，全脚掌着地，外侧脚脚尖稍向外撇。采用"之"字形行走时，应注意向左转弯时要先迈左脚，向右转弯时要先迈右脚，这样做可以保持身体平衡。

在上坡行进时如不小心滑倒，不要惊慌失措，要立即面向山坡张开两臂，伸直两腿，使身体的重心上移，从而减低滑行速度；同时要设法寻找攀抓物以阻止下滑，但攀抓物不能攀抓一些草蔓，要抓一些活的树枝或树根等。

② 下坡行走技术。"上山弯腰，下山凸肚"，就是说，上山时要上体前倾，下山时身体要后倾。另外，下山时越是陡坡则越要慢行。下山时，腿部肌肉会发僵而造成疲劳，如果抬起臀部，以似站非站的姿势下山，则会造成重心后移，容易滑倒。

在下坡坡度小于30度的山坡时，一般是两腿微微弯曲，膝关节放松，用脚跟先着地，身体重心先放在两脚跟上，而后过渡到全脚掌，将整个身体的重量压在脚上，步子要小而有弹性。

在下坡坡度大于30度的山坡时，则仍需要采用"之"字形路线斜着下山。一般是内侧脚用脚掌和脚外侧蹬地，外侧脚用脚跟和脚内侧蹬地；身体向山坡方向倾斜以保持身体的平衡。

在坡度很陡的沙石地段人容易向下滑坠，此时可采用"四足行走"的方式进行下移，把双手撑于身体后面的坡面，借助臀部着地帮助支撑，由于身体重心低，可保证安全，但这是不得以采取的方法，要注意不要磨破手掌。

在下坡如不小心出现滑坠时所采取的方法与措施与上坡时出现的滑坠一样。

③ 山地行走的注意事项。

不管是上坡还是下坡的碎石路行进时，应特别注意落脚要实，抬脚要轻，以免碎石滚动而碰伤了别人。

在上坡行进时，如前面的人不小心碰翻了石块或突然发现有滚石，要立即喊叫，让后面的人注意避开。

在下坡行进时，如后面的人不小心碰翻了石块或突然发现有滚石，要立即喊叫，让前面的人注意避开。

在山地行进时，需把女队员分别安排在两个男队员中间，有利于行进中的保护和帮助。

雨季在山地行进，应尽量避开低洼地，如沟谷、河流，以防山洪和塌方。如遇雷雨，应立即到附近的低洼地或稠密的灌木丛去，不要躲在高大的树下。

在山地如遇风雪、浓雾、强风等恶劣天气，应停止行进，躲避在山崖下或山洞里，待气候好转时再走。

2. 野外穿越技术

（1）穿越丛林

在穿越丛林前，为防止蚊虫、蚂蟥、毒蛇等的叮咬，应穿靴子，并要扎紧裤腿和袖口、领口，最好将裤腿塞进靴子里面，有条件的应戴手套。在鞋面上涂驱虫剂或肥皂，可防止蚂蟥上爬。在穿越丛林中，为了防止毒蛇的袭击，行进中可用木棍"打草惊蛇"。同时，也应注意树上有无毒蛇。

休息时，要仔细观察后再坐下。如遇到蜂窝，应避开；遇到成群的毒蜂，最好的办法就是快跑，因为人比蜂跑得快。实在不行，应伏地蹲下，用雨衣遮住皮肤，附近有水，潜入水中最好，潜泳至蜂看不到的地方再逃脱。

（2）穿越竹林、高草地

在穿越竹林、高草地前，最好穿长袖和长裤，这样可避免和减少草木的枝杈刺伤或划破皮肤以及防止蚊虫叮咬，然后戴上手套，护住两耳及面部。在穿越密竹林和高草地时，应先在前面高处选一个明显方位物，测算大概距离和通过时间。开始前行，等到预计时间还未走出，就应停下，在高处寻找预定的方位物，校正方向后再前进。

在穿越时最好在砍刀的开路下行进，对于横的挡道应"两刀三段，拿掉中间"，直的挡道应"一刀两段，拨开就算"。对于草深而密的茅草丛地，用刀开路时方法是："不过头，两边分，从中走；不见天，砍个洞，往里钻"。若草不是很茂密，则可本着"高草分，低草压或低草迈"的原则通行。对于密集、枝干细、弹力强、刀下竹倒、刀起竹立的竹子，应采用分、压、拨、钻等方法通行。

（3）野外穿越注意事项

① 方向。尤其是在穿越不熟悉的山林时，应带上指北针，最好请熟悉该地区地形的人员做向导。

② 联系。应携带简易的无线电通信设备，加强队伍前后通讯联络工作。另外，队伍不能拉得太长太散，以免失去联系。

③ 捕兽器。在丛林中行进时，可以踩着大型野兽踩出的路走，这样可以避免误入毒虫区或陷入沼泽地，但要注意，在兽径上经常有猎人设置的陷阱，特别是路中间突然有散盖着的乱草和树叶，或是路边突然有不自然弯下来的树干或竹竿，要注意有可能是捕兽的铁夹子或吊索等。

（二）器械攀登

1. 上升器攀登

（1）攀登前的准备

利用上升器攀登法，第一个攀岩者登上或从侧面爬上，在上方将主绳固定好，将另一端扔至峭壁下方，下方攀登者穿上安全带，在安全带上套上丝扣锁，将主绳套入"GRIGRI"，把"GRIGRI"套入丝扣锁，把丝扣锁的螺帽扣拧紧。在主绳上套进上升器并卡紧，将扁带一头在上升器的手柄上套进系住，另一头打绳环套进脚上，如右手推上升器则将扁带套进左脚，反之。

（2）攀登的技术动作

在开始攀登时，右手向上推上升器，同时屈膝抬左脚，将上升器推至过头后向下拉紧上升器，左脚发力充分蹬绳伸膝，挺髋靠近上升器，使上升器与"GRIGRI"之间的主绳松弛，这时左手迅速提起"GRIGRI"下方松弛的主绳迅速向上提拉，提拉充分后迅速往左侧压绳，同时身体重心马上向后靠将主绳锁住，以免主绳回溜，提高上升的效果。利用上升器攀登是通过腿部的蹬伸、抽动主绳不断地向上攀登，在进行攀登时应有人进行保护。

2. 缘绳攀登

当攀登的岩石陡壁的坡度小于90度时，第一攀登者登顶后，要在岩石顶部固定好主绳一端，将另一端扔至下方，后继攀登者可拉紧主绳，屈臂引体，一手迅速上移，另一手紧握主绳向上攀登。向上引体时，身体后仰角度不宜过大，两脚随着屈臂引体及时有力地向上蹬踏岩壁。蹬踏时以前脚掌为主，手脚要协调配合。为了防止滑脱，可在主绳上打抓结与身体连接，手推抓结向上攀登，或另增加一条主绳与攀登者身体连接，采取上方保护的方式助攀。

3. 抓结攀登

抓结是一种绳结，抓结攀登是在没有上升器的情况下采用的攀登方法。其连接方法是用两根辅绳在主绳的手握端打成抓结，另一端即连接脚端打成双套结，不断向上攀登。其攀登的方法要领与上升器攀登的方法相同，都是抬脚提膝使拉紧的辅助绳松弛，脚步随之下蹬，身体重心移到上升一侧，如此动作反复进行，直到登顶。在操作过程中，为了维持好身体平衡，可利用岩壁的摩擦力向上抬腿，始终保持面朝岩壁姿势。

4. 挂梯攀登

攀岩者如遇到岩壁陡峭光滑，无任何可利用的自然支点，或岩壁成屋檐状时，就必须利用挂梯攀登的方法。挂梯攀登就是将准备好的挂梯交替向上挂于相应的人工支点上，然后攀岩者利用挂梯作支点向上攀登。利用挂梯攀登，首先要学会使用挂梯。挂梯悬在空中，要想用脚踩稳挂梯是较难的，如用力不当就会造成身体在空中转动，这样就会消耗体力，延误攀登时间。另外，还要在攀登过程中利用挂梯打岩石锥。有时打岩石锥要用双手来操作，这样就必须学会一脚后伸蹬紧挂梯，使身体平稳地坐在脚跟上，以便腾出双手进行操作。

5. 攀登的注意事项

（1）攀登前要对岩石峭壁进行细致的观察，识别岩石的质量和风化的程度，确定攀登的方向和路线，提前考虑好解决攀登路线中所遇到难点的办法。

（2）攀登前要检查所需的装备是否完整，保护装置是否正确，还要做适当的准备活动。

（3）攀登途中遇到的浮石或松动的石块，不能乱扔，可放置安全处或通知下面的同伴注意后再进行处理。

（4）攀登者和保护者要密切配合，没有必要的保护要拒绝攀登。

（5）在攀登中，切忌抓草和小树枝作支点。有积雪或过于潮湿的岩壁不宜进行攀登。

（6）攀登者必须要戴安全帽进行操作，在操作中要保持镇静。

（三）下降技术

（1）"8"字环下降

利用"8"字环下降的条件是在岩壁坡度还未接近90度时，可采用"8"字环下降。

① 下降前将主绳一端在峭壁顶部固定，另一端抛至下方，下降者穿好安全带，腹前挂好铁锁，然后将主绳按"八"字形缠绕于"8"字环上，再将下降器和铁锁连接，左手握住"8"字环，右手在腰旁紧握住从"8"字环中穿绕出来的主绳。

② 下降时下降者面向岩壁，两腿分开，手拉紧主绳，左右脚上下支撑，用前脚掌蹬住岩壁，开始下降，臀部先后坐，同时右手松绳，两脚随身体的下降而迅速向下移步，使之始终保持身体的平衡。如果右手松绳，臀部后坐，

而两脚仍停留不动，则会使身体失去平衡而造成向后翻倒的危险。因此，右手松绳，两脚随身体重心的下移而且及时向下倒脚，支撑身体维持平衡，是能否顺利下降的关键。

③ 右手松绳，两脚迅速向下移动，要协调配合，并要有节奏。由于两脚呈上下支撑，身体向右侧倾斜，这样不但便于移动，且可观察下降路线。下降速度的快慢主要看右手松绳的多少。快松绳就要快倒脚，下降速度也就加快，一旦要停止下降，右手只要将主绳拉紧，即刻就可停下来。

（2）"GRIGRI"下降

"GRIGRI"下降的条件是在岩壁坡度接近90度时或更大时，可采用"GRIGRI"下降。

① 下降前将主绳一端在峭壁顶部固定，另一端抛至下方，下降者穿好安全带，腹前挂好铁锁，然后将"GRIGRI"打开，把主绳卡进合上"GRIGRI"，再将"GRIGRI"和铁锁连接，左手握主绳下端并将左手紧靠左大腿外侧，右手握住"GRIGRI"上的把柄。

② 下降者下降时面向岩壁，两腿分开用脚前掌撑住岩面，开始下降，臀部先后坐，上体向后靠，同时右手由左向右扳动"GRIGRI"上的把柄使主绳松开，两脚随身体的下降也迅速向下移动。当身体停止下降时，必须马上用脚前掌撑住岩壁，用来控制和维持身体的平衡和稳定，以及避免膝关节撞在岩壁上。

③ 在进行下降时要对下面的岩壁情况随时进行观察，出现有比较大凹凸面时必须放慢下降速度。下降速度的快慢主要看右手扳动把柄的多少。扳动把柄的幅度越大，下降的速度也就越快。若要停止下降，只要右手停止扳动把柄即可。

（3）坐绳下降

坐绳下降的条件是在只有主绳的情况下采用，是利用主绳与身体的直接摩擦而下降的。

① 坐绳下降首先要进行准备动作，面向固定绳端，两腿夹住上方固定好的主绳，将身后主绳沿右腿外侧绕至前面，经腹、胸、左肩至背后，拉至右侧，用右手在胯后将其握住，握绳时虎口朝上。

② 下降时，应身着较厚而耐磨的衣服，一定要熟练掌握动作要领，维持好身体平衡。经右大腿根部的主绳不能移位或脱离，右手始终握住主绳，随身体的下降逐渐松动主绳。

③ 下降速度要有节奏，不宜过快。为了保证安全，可采用双主绳练习，

即用一条主绳下降，另一条主绳做上方保护，绳下端连接在下降者的胸绳上或腰部的安全带上，保护者与下降者协调配合完成下降动作。

（4）缘绳下降

缘绳下降的条件在坡度小于 90 度时，可采用缘绳下降的方法。此方法只要有一条主绳就可进行下降。

① 将主绳在陡壁上方固定，余下的主绳扔至崖下。下降者在主绳上打好抓结，另一端与腰部安全带上的铁锁相连。抓结到连接处的距离不能过短，以臂伸开能抓住抓结为限。下降者面向固定点、两腿分开站到崖棱上时，一定要拉紧主绳，并握住抓结，方可开始下降。

② 下降时，沿主绳依次向下倒手，在倒手时，一手先将抓结捋下，两脚随着双手的下移，也同时向下倒步，前脚掌尽量踩住突起的岩石或棱角，以便减轻手臂的负担。

③ 倒手和移步要有节奏地协调配合，两腿稍分开，以便使身体保持平衡。倒手时，握主绳的手一定要抓紧。臂长不足倒手有困难时，也可双手沿绳下滑，注意速度不能过快，防止擦伤。

（5）下降的注意事项

① 下降前要有充分的心理准备。将自己全部注意力集中在动作要领上，这样既可消除恐惧心理，又便于熟悉下降动作的操作，使下降时的动作敏捷、准确。

② 下降前要选择下降路线。选择原则以坡较缓而且支点多者为好；对于同样困难程度的路线，应选择坡壁的风化程度小，路较短的线路。

③ 不论采取何种方法下降，为防止擦伤都应戴手套进行操作。

（四）保护技术

1. 固定保护方式

固定保护是对行进者或攀登者预设的专门保护。保护者将主绳进行某种固定，选有利位置专门负责保护。在攀登岩石峭壁、冰峭壁等技术操作复杂、危险性大的路段时多被采用。

固定保护的方式根据保护者与被保护者的相对位置可分为交替、上方和下方三种保护方式。

（1）交替固定保护

野外生存中，结组通过较陡峭危险的地段时，多采用这种保护方式。

其具体要求是：一组内同时只能有一个人进行攀登，其他人停止攀登进行保护。首先将钢锥或冰镐打入斜坡或冰面，作为牢固的支点，将主绳在它的上面按特定的要求缠绕。攀登者走完主绳间隔那一段距离后，停下来改做保护者（方法同上），然后第2人开始攀登，依次反复进行。

（2）下方固定保护

第一人攀登峭壁时，因上方无人，只能采用下方固定保护，即保护者的位置在攀登者的下方。其保护装置也是将主绳一端在保护者附近固定，另一端交攀登者牢系在身上。攀登者在行进过程中，要不断地把主绳挂到自己打入峭壁的新支点上，保护者要随着攀登者的上升，不断做放绳动作。在攀登者失误滑脱时，因牵动保护者的拉力来自上方，故对保护者构不成威胁，一般情况下，下方可不设自我保护装置；若在进行器械攀登或下降时，将保护绳在上方绕过固定物后，一端固定于练习者身上，另一端则抛至峭壁的下方，保护者的位置在练习者的下方，保护时通过保护器不断地做收绳或放绳动作。在练习者出现意外脱落时，因牵动保护者的拉力来自上方，会对保护者构成很大的威胁，保护者必须在下方做自我固定保护装置。

（3）上方固定保护

这种保护的固定保护者处于被保护者的上方，多在攀登岩石峭壁时采用。保护者在峭壁顶部利用打入的钢锥或自然物将主绳牢牢固定，然后，将自己身体也牢结于主绳的相应位置，以防攀登者失误脱落时被牵动。最后将主绳另一端抛给峭壁底部的攀登者。攀登者将绳牢牢固结于自己身上，通知上方后，便可以行动。保护者要随着攀登者的行进，不断做收绳动作；若在进行器械攀登或下降时，固定保护者处于被保护者的上方，保护者在峭壁顶部利用打入的钢锥或自然物将保护绳牢牢固定，另一端抛至峭壁下方固定于攀登者身上或将保护绳理顺盘放在峭壁顶上，绳头端固定于下降者身上。同时，保护者将自己的身体也牢结于主绳的相应位置，以防攀登者失误脱落时被牵动。练习时，保护者通过保护器不断地做收绳或放绳动作。

2. 固定保护的方法

固定保护的方法普遍采取的有站立式保护法、坐式保护法和器械保护法等。

（1）站立式保护法

① 保护前的准备。保护者应首先要选好保护位置，做好自我保护；然后身体侧对岩壁站立。站立时先将前腿（左或右）迈出一步，脚蹬在有利的支点上，腿伸直、脚尖指向攀登者，后腿稍屈成弓箭步，身体重心落在后腿上，

形成保护姿势。如果站立重心较高，一旦受力就有被牵动而拉倒的危险。

为了使保护绳不易脱落，保护者应在身上适当缠绕绳索，其方法是：先将保护绳的一端从左或右腋下由里向外在胳膊上绕一圈后紧握绳索，保护绳的上端经背部再从右或左肩搭下，用右、左手在胸前握绳。保护准备工作做好后，就可以通知攀登者进行攀登。随着攀登者的逐渐上升，保护者要不断地将绳索收回，从而起到保护的作用。

② 保护攀登的方法。在攀登时，要做收绳的动作，其方法是：左或右臂屈肘拉绳，右或左手臂伸直向回收绳，左或右手沿绳下滑握紧绳，右或左手沿绳上移于胸前握紧，如此反复做收绳动作，保护攀登者不断向上攀登。一旦攀登者失误而脱落，保护者立即做制动动作，即在两脚站稳的基础上，左或右肩后撤、右或左肩迅速前压，使缠绕在身体上的保护绳拉得更紧，从而使脱落者停止下跌。

③ 保护下降的方法。在下降时，则要做放绳动作，其方法是：在右或左手握紧绳索的前提下，左或右手沿绳上移，并同时将绳放出，左或右手随绳的被拉出而移至胸前握绳，待左或右手握紧时，右或左手又沿绳下滑至腹前握绳，如此反复动作，绳索就会逐渐放出。

④ 收、放绳的注意事项。在保护中无论是收绳或放绳，都不要把绳拉得过紧或放得过松，过松就失去了保护的作用，过紧则会影响攀登者或下降者的动作。

（2）坐式保护法

① 保护前的准备。这种保护也要首先选好有利地形，做好自我保护。保护者面对被保护者，坐在地上，两腿自然分开，两脚蹬住较凸出的岩石等做支点。保护者同样要把保护绳在自身上缠绕。将保护绳一端连接被保护者，另一端（即固定一端）经腰部向前拉拢，两手在腹前握住。

② 保护攀登的方法。在攀登时，要做收绳的动作，其方法是：右手或左手收绳至腹前，左或右手同时由腹前向外拉绳，收至腹前的右或左手将经腰部缠绕于腹前的两端绳同时握住抓牢。左或右手迅速收回至腰间抓绳，右或左手同时沿绳滑出握绳，准备再次收绳。

③ 保护下降的方法。在下降时，则要做放绳动作，其方法是：右或左手从腹部将绳向外拉出，左或右手顺势握绳收回腹前并抓紧经腰部缠绕于腹前的两端绳索，右或左手此刻迅速收回腰间握绳，左或右手亦同时沿绳向外滑放握绳。

（3）器械保护法

器械保护法是利用下降器和铁锁进行保护的方法。其保护姿势可根据地形条件采取站立式或坐式。现在野外保护基本上都是采用器械保护法，其优点是省力、安全、操作简便，但必须具备登山器材，如下降器等。

① 利用"8"字环下降器保护。首先要安装好保护装置，将绳索按"八"字形缠绕在下降器上，双手分别握紧从下降器绕出的绳索。收绳方法是：左或右手向下拉绳，右或左手同时将通过下降器缠绕的绳拉紧，如此反复操作。放绳方法同收绳操作方法相同，但动作的方向相反，将绳逐渐放出即可。一旦攀登者失误脱落时，可做制动性保护，将一端的绳索向相反方向用力拉紧，就可使绳索停止滑动而使脱落者得到保护。

② 利用铁锁保护。首先要选好有利地形，做好自我保护，并安装好保护装备。这种保护实际上是在站立式保护的基础上又增加了铁锁保护，从而使保护的效果更加完善，使因脱落造成的牵动力大大的减弱。这种保护的收放绳方法同站立式保护一样，是通过两个铁锁作为支点加大绳索和铁锁的摩擦力而使保护奏效，但保护的制动性较差。

3. 保护注意事项

（1）保护前对使用的器材、装备应认真的检查。

（2）选择的保护地点要安全可靠，要有利于保护者的操作。

（3）在攀登岩石峭壁等保护中，一定要随时观察绳索是否有磨损情况，如果有磨损，一定要进行处理。在被保护者未到达安全地点前，保护者的注意力一定要集中，以高度负责精神，克服一切困难完成保护任务。

（4）保护者首先要做好自我保护，并带好手套和安全帽。

（5）保持镇静，听从指挥。保护者和被保护者在未联系好之前，都不要急于操作。

（五）野外渡河（湖）

1. 水情判断

（1）利用竹竿探测水情

方法是：找一根长棍或帐篷竿、竹竿等插入水中，判断水的深浅，并了解水底的结构是岩石还是淤泥等。

（2）观察水流

方法是：一般来说，如果水下有岩石或物体障碍时，水流会出现"V"字形水波纹；如果水底有圆石或巨礁，水面的水波纹会凸起，使水流向上偏斜；如果靠近水面的水下有障碍物，会在其下游产生一个漩涡；如果有巨型圆石挡在向下倾斜的河床，这些漩涡会产生强劲的吸力，这是很危险的，它会把人和物体吸住。

2. 野外渡河（湖）方法

（1）徒步涉水渡河

对河流的水情、河底结构经过探测了解后，如采用徒步涉水渡河时，一般应选择水性最好、身体最强壮的队员，带绳先过河，其余队员拉住绳子慢慢放行，以备万一出现险情，可以将其拉回。

当第一个队员安全过河后，将绳子系在固定物上，其余人可以攀缘绳子依次通过。过河队员的顺序事先应该有所安排，应该将体力较弱或水性较差的队员安排在中间位置，两边有人护送，确保安全。

如果没有绳索可利用，或河面较宽，绳索长度不够，可以采取组合过河的方法。在水不深的情况下，即使水流速度较大，也可以几个人互相搭肩膀，组成一堵"墙"斜向对岸，由第一人用棍棒探索前进；也可以采取几人围成圆圈，互搭肩膀，组成"车轮"状，顺着水流方向，边转动边斜向前进。

（2）游泳渡河（湖）

如果具有较高的游泳技术和较强的游泳能力，在水流不太急的情况下，可采用游泳渡河的方法。游泳时不要穿外衣，衣服在水里是起不到保暖作用的，下水的地点应选在上游，要观察水上漂浮物，估计水流速度，以便选择上岸地点。因为游泳时，由于水流的作用，会把人带到下游的某个地方。在水中如遇到水草用手或棒拨开，避免被水中的水草、树枝纠缠。水性不好的人可借助漂浮物（如圆木、塑料桶、油箱等）进行渡河。

（3）架独木桥渡河

要想渡过一个河面不宽，但水流很急的河流，可采用架独木桥的形式渡河。方法是：选用一个较粗的木材当桥面，长度比河面宽，架在河的两边。架桥时，先将木头的一端搭在此岸，然后用绳索将另一端打结捆起，竖立后几个人一起放绳，将木头放到对岸。

过独木桥宜用外"八"字足行走，步子不宜大，与肩膀同宽，眼睛看前方一米的地方，一步步贴在桥面上迅速过河。过河速度不宜太慢，因为较快的步频可以使身体平稳地通过。

（4）牵引渡河

当遇到水流湍急、河底淤泥多、有碎石尖、水温低而水位深的情况下，可考虑采用牵引过河的方法。

　　但牵引过河必须具备一定的自然条件：第一，水面不宜太宽；第二，河的两端要有可以固定绳索的大树或岩石；第三，两个固定点要有一定的高度落差。有了这些天然条件还必须备有滑轮、滑锁等设备，这样便可以将滑轮、滑锁牵引在绳上滑行渡河。

　　（5）野外扎筏渡河（湖）

　　当遇到河面较宽、水深流速急或湖泊时，可利用木筏或竹筏进行渡河或渡湖。

　　木筏或竹筏的制作材料，就地取材。制作的方法是：木筏，用圆木做筏身，用四根足够长的木棍分别在圆木两端将其固定；竹筏，将粗壮的竹竿砍成3米长的一段，两端和中间部分钻孔，用坚韧的树棍穿过竹孔，再用绳或藤条把竹竿与树棍绑牢。单层竹筏稳定性差，能支撑的重量小，也难操纵，所以最好制成双层竹筏。双层竹筏间要相互压紧，绑结实。渡河前，首先要考虑筏子所能承担的负荷，千万不要超重。然后，将随身携带的物品用塑料袋套好，系在筏子上。过河或渡湖时要密切注意水面和水下的障碍物，发现障碍物要及时采取措施，设法避开。

参 考 文 献

[1] 王海棠，田远芬．大学生军事训练教程[M]．武汉：华中师范大学出版社，2009.

[2] 任民．国防动员学[M]．北京：军事科学出版社，2008.

[3] 汤晶阳，张小平．世界主要国家军事战略[M]．北京：国防工业出版社，2005.

[4] 张万年．当代世界军事与中国国防[M]．北京：中共中央党校出版社，2003.

[5] 姚有志．国防理念与战争战略[M]．北京：中国人民解放军出版社，2007.

[6] 廖国良．毛泽东军事思想发展史[M]．北京：中国人民解放军出版社，2007.

[7] 王和中，吕冀蜀．大学军事教程[M]．北京：清华大学出版社，2008.

[8] 姚有志，杨家祺．新编大学军事教程[M]．北京：清华大学出版社，2007.

[9] 翟兆魁．大学军事课基础教程[M]．天津：南开大学出版社，2005.

[10] 王厚卿．军事思想与现代战役研究[M]．北京：中国人民解放军出版社，2004.

[11] 曾峰．当代大学生军事教育教程（第二版）[M]．广州：暨南大学出版社，2009.

[12] 朱建明，赵建世．高校军事理论教程（第五版）[M]．上海：上海交通大学出版社，2009.

[13] 刘剑，赵良渊．普通高等学校军事教程[M]．北京：国防工业出版社，2008.

[14] 庾建设．军事课新编教程[M]．北京：高等教育出版社，2007.

图书在版编目(CIP)数据

大学生军事理论教程/宋晓文,杨云山主编. —合肥:合肥工业大学出版社,
2017.8

ISBN 978 - 7 - 5650 - 3542 - 5

Ⅰ. ①大⋯ Ⅱ. ①宋⋯②杨⋯ Ⅲ. ①军事理论—高等学校—教材 Ⅳ. ①E0

中国版本图书馆 CIP 数据核字(2017)第 220903 号

大学生军事理论教程

宋晓文　杨云山　主编			责任编辑　袁　媛	
出　版	合肥工业大学出版社	版　次	2017 年 8 月第 1 版	
地　址	合肥市屯溪路 193 号	印　次	2017 年 8 月第 1 次印刷	
邮　编	230009	开　本	710 毫米×1010 毫米　1/16	
电　话	艺术编辑部:0551 - 62903120	印　张	14.75	
	市场营销部:0551 - 62903198	字　数	260 千字	
网　址	www.hfutpress.com.cn	印　刷	安徽联众印刷有限公司	
E-mail	hfutpress@ 163.com	发　行	全国新华书店	

ISBN 978 - 7 - 5650 - 3542 - 5　　　　　　　　　　定价:38.00 元

如果有影响阅读的印装质量问题,请与出版社市场营销部联系调换。